DENNIS T. JAFFE

LA GUÉRISON EST EN SOI

Traduit de l'américain par Jean Duriau

ÉDITIONS ROBERT LAFFONT
PARIS

Titre original : HEALING FROM WITHIN

ISBN 2-221-00724-7
(édition originale :
ISBN 0-394-41032-7 Alfred A. Knopf, Inc., New York)

RÉPONSES/SANTÉ
Collection dirigée par Joëlle de Gravelaine

A Yvonne, Oren et Kai,
qui, chaque jour, m'enseignent à aimer.

« Avez-vous déjà remarqué qu'il existe deux classes de patients dans les États, des esclaves et des hommes libres; les médecins des esclaves courent dans tous les sens et guérissent les esclaves ou les attendent dans des dispensaires — ces praticiens ne parlent jamais individuellement à leurs patients ni ne les laissent parler de leurs propres souffrances. Le médecin des esclaves prescrit ce que la simple expérience suggère, comme s'il avait la science infuse et, ses ordres donnés, tel un tyran, il s'éloigne rapidement, avec une assurance égale, vers quelque autre serviteur malade. Mais l'autre médecin, homme libre, s'occupe des hommes libres et les soigne; il enquête loin dans le passé et pénètre la nature du trouble; il s'entretient avec le patient et ses amis, obtenant ainsi de lui des informations, tout en l'instruisant autant qu'il le peut; il ne prescrira rien tant qu'il ne l'aura convaincu. Si l'un de ces médecins empiristes, qui pratiquent sans détenir aucune science, rencontrait un médecin évolué parlant à son malade évolué, utilisant presque le langage de la philosophie, abordant la maladie à son début et discourant sur la nature du corps en sa totalité, il éclaterait de rire il dirait que la plupart de ceux que l'on nomme docteurs, ne soignent qu'avec leurs discours : Idiots, dirait-il, vous ne soignez pas l'homme malade, vous l'éduquez : et il ne veut pas devenir médecin mais se bien porter. »

PLATON

AVANT-PROPOS

Nous sommes les derniers des hominiens. Après des millions d'années d'évolution, l'*Homo Sapiens* demeure, seul survivant des créatures humaines de notre planète. Nous portons tous en nous les preuves d'une entente fructueuse avec notre environnement. La santé apparaît comme un des principaux facteurs ayant contribué à cet exploit humain. Grâce aux historiens, archéologues, philosophes et sociologues, nous savons très bien comment vivaient nos premiers ancêtres. La sagesse antique, autrefois transmise oralement, est aujourd'hui disponible instantanément par l'électronique, ce qui nous permet d'être immédiatement informés; à condition d'avoir appris à écouter. Le message de nos ancêtres est cohérent. Toutes les grandes religions nous fournissent les mêmes indications sur la nourriture, le repos, l'intimidé, la méditation, la famille, les amis et les valeurs qui doivent guider nos vies. La santé est à l'évidence le thème central de tous ces enseignements.

Cela m'a souvent fait réfléchir au prestige accordé aux anciens dans les tribus primitives. Pourquoi étaient-ils si respectés et admirés? Je crois que c'est parce qu'ils avaient survécu beaucoup plus longtemps que les autres et étaient dépositaires non seulement de l'histoire de la tribu mais aussi de la sagesse et des valeurs antiques qui devaient être transmises à la jeune génération. Ils alliaient la longévité — habituellement conséquence d'une bonne santé — à l'expérience, au savoir et à la sagesse. De ce point de vue, la santé a toujours été essentielle au développement humain et continuera d'être le plus influent des principaux facteurs d'évolution de l'homme moderne. C'est dans ce cadre que *La Guérison est en soi* de D. Jaffe peut être considéré comme une importante contribution à la quête grandissante du bien-être et à la médecine holistique.

Nos esprits et nos corps ne sont pas très différents de ceux des êtres de l'âge de pierre. L'homme moderne, en ayant conservé le cerveau d'un homme des cavernes, évolue dans un monde totalement différent. Une grande partie de notre environnement actuel, conséquence des technologies modernes, est faite de structures et de fonctions urbaines inhumaines, dépassant nos facultés d'adaptation. Les hauteurs de pierre, d'acier et de verre contrastent violemment avec les fleurs, les arbres, les rivières et les contours de collines et de plaines. On se déplace moins vite en voiture dans une grande ville congestionnée comme New York, à midi, qu'en marchant et cependant, après 22 heures, un promeneur est en danger dans les rues pratiquement désertes. La divergence s'accroît entre les attributs humains forgés par l'évolution et les conditions de vie que nous nous créons. La culture industrielle et urbaine est peut-être en train de se séparer de notre évolution précédente et nous sommes peut-être sourds aux messages intérieurs vitaux de notre corps et de notre esprit, qui nous avertissent du danger à venir. Cela fait penser aux canaris qu'on descendait dans les mines de charbon; leur mort soudaine indiquait la présence de gaz toxiques bien avant que le mineur soit affecté. Ceux qui passent leur vie entière en milieu urbain accumulent des signes de malaises, tant physiques que comportementaux, qui pourraient bien être des avertissements semblables à ceux dus aux canaris.

Statistiquement, l'espérance de vie des Américains aujourd'hui est de soixante-dix ans, les femmes ayant un net avantage sur les hommes. Les facteurs qui pourraient permettre de comprendre cette différence sont inconnus et, comme c'est souvent le cas, en l'absence de preuves concluantes, il existe des douzaines de théories spéculatives. Ce problème pourrait justifier à lui seul des recherches approfondies sur les caractéristiques des deux sexes, leurs différences et leurs ressemblances. Je crois cependant qu'un concept encore plus vaste s'ouvre à nous, conséquence directe de cette plus grande longévité. L'espérance de vie étant assez longue aujourd'hui, que pouvons-nous faire pour améliorer notre qualité de vie pendant les années de la maturité? La santé au-delà de trente-cinq ans est-elle le résultat de nombreux facteurs agissant tout au long de la vie? Ces facteurs sont-ils connus et, si oui, comment peuvent-ils être intégrés à la culture dans laquelle nous vivons? En d'autres termes, est-il possible de transmettre aux nouvelles générations, aux enfants qui naissent au début de cette décennie, une panoplie de pratiques culturelles assez saines pour assurer une bonne santé au cours de l'enfance et permettre un bien-être adulte? Je crois cela possible pour la fin de ce siècle. En ce qui concerne l'enfance, nous en savons assez pour commencer et nous attendons des informations nouvelles et primordiales sur les périodes de la vie adulte qui, une fois assemblées, fourniront un ensemble de facteurs favorisant ou créant le bien-être à travers toute une vie.

L'humanité entre en effet dans une nouvelle ère. La pénurie mondiale en ressources essentielles commence à se faire sentir. On pourrait mentionner aujourd'hui la nourriture, l'énergie et vraisemblablement l'eau potable. Le temps des matières premières intarissables est fini à tout jamais et nous autres êtres humains allons devoir puiser dans toutes nos ressources de sagesse. La vision à long terme va devoir remplacer celle à court terme; la compétition doit être compensée par la coopération; le maintien de la santé doit prévaloir sur le traitement des maladies et les habitations doivent être conçues et construites en parfait accord avec les facultés d'adaptation limitées des êtres humains de tout âge. Dans son livre *La Survie du plus sage* *, Jonas Salk, parlant de cette nouvelle ère dans laquelle nous sommes déjà embarqués, met l'accent sur les changements brutaux de valeurs et de comportements exigés de l'homme moderne. Cependant, ces idées et ces règles « nouvelles » s'accordent remarquablement avec la sagesse antique transmise pendant des milliers d'années. Les anciens connaissaient la valeur de la famille, de la communauté et du respect de soi-même que l'homme moderne a peut-être oubliée, mais qu'il commence à redécouvrir.

* Calmann-Lévy, éd.

L'impact économique de l'étude des causes et des conséquences de la santé est prévisible. Actuellement, le système américain de « délivrance des soins » ne favorise pas la santé et encourage encore moins l'autoguérison responsabilisée. Les capitaux investis dans des services tels que les hôpitaux, les cliniques, les instituts de recherche et les écoles médicales visent à traiter, à diagnostiquer, à étudier et à enseigner les maladies et les processus pathologiques. En attirant l'attention de l'opinion publique non plus sur le diagnostic et le traitement de la maladie mais sur la promotion de la santé et la prévention on pourrait aisément détourner le flot d'argent des secteurs, à la fois publics et privés, qui soutiennent le système actuel. Le réinvestissement du capital doit se faire avec sagesse. Le maintien du bien-être, fondé sur la connaissance actuelle et future de ses causes, exigera moins d'investissements en capitaux et sera en même temps plus efficace pour élever le niveau de santé public. On peut donc s'attendre à une pression croissante sur le système actuel pour qu'il s'engage vers la prévention et qu'il utilise un grand nombre de modalités alternatives de soins complémentaires de la pratique médicale moderne. Certaines mesures économiques sont en retard par rapport à l'industrie de la santé et des assurances-vie. L'idée qu'une série de facteurs favorise la santé tout au long de la vie pourrait fournir une base à de nouvelles formes d'assurance-vie ou d'assurance-santé qui récompenseraient les bonnes pratiques sanitaires et la longévité par des bonus, des primes réduites ou d'autres moyens. Il est facile d'imaginer l'accueil qu'obtiendraient les écoles médicales soutenues par l'État si des centres de bien-être solides, bien dirigés, multidisciplinaires et complétant les centres traditionnels de soins étaient reconnus. Je suis convaincu qu'un grand nombre de gens seraient attirés par de tels centres où l'on « payerait en sortant », surtout s'ils étaient aux mains de professionnels dont les attitudes, les orientations, la philosophie et la compétence seraient axées sur la santé et non sur la maladie. Nos institutions peuvent commencer à préparer des « docteurs ès santé » dont la tâche sera l'étude de l'épidémiologie de la santé et de ses relations avec les différentes étapes de la vie. Aujourd'hui, si nous sommes prêts à changer sagement, des opportunités illimitées s'ouvrent à nous. On peut encourager les gens à devenir plus responsables de leur santé et un effort vigoureux doit être fait pour améliorer les connaissances de chacun en matière de santé, à tous les niveaux, dans les écoles et les collèges.

Je loue le Dr Jaffe pour ce livre lucide, responsable et bien écrit. Il a ajouté les meilleurs aspects de la pratique médicale tirés de son expérience à la base solide que nous avons acquise au cours d'années d'études de la maladie et de ses causes. Une compréhension de la santé égale à celle de la maladie sera un exploit dans le développement humain digne de l'ère nouvelle dans laquelle nous venons d'entrer.

Robert A. ALDRICH, M.D.

Professeur de médecine préventive,
pédiatrie et anthropologie
à l'université du Colorado.

PRÉFACE

Arrêtez-vous un instant pour évaluer votre état de santé et de bien-être.

Asseyez-vous confortablement, dans un endroit tranquille et détendez-vous autant que possible. Laissez votre imagination tisser une image mentale de vous-même en parfaite santé. Attardez-vous quelques instants sur chaque facette de cette image idéale. En quoi diffère-t-elle de ce que vous êtes aujourd'hui? De quoi a-t-elle l'air et comment bouge-t-elle? Que peut-elle faire dont vous êtes incapable?

Malgré sa simplicité, ce bref exercice vous obligera à reconnaître la différence — qui peut être très grande — entre votre état de santé présent et ce que vous aimeriez qu'il soit. Il soulève habituellement quelques questions importantes : pourquoi n'êtes-vous pas en aussi bonne santé que vous le souhaitez? Quels sont les obstacles à votre bien-être et pourquoi existent-ils? Êtes-vous susceptible de tomber gravement malade dans un futur proche? Si oui, que pouvez-vous faire pour empêcher cela? Un symptôme de stress, une maladie chronique ou récurrente peuvent-ils être éliminés ou sont-ils inévitables et permanents?

Nous détenons tous des pouvoirs internes qui protègent et maintiennent notre équilibre physiologique, mais, par négligence ou ignorance, beaucoup d'entre nous tombent inutilement malades. Alors il nous faut ranimer ces facultés innées qui nous permettent de nous soigner et de préserver notre santé à venir.

Ce livre a pour but de vous aider à vous mobiliser pour atteindre au bien-être. Il est non seulement destiné à être lu mais aussi utilisé activement. Même si je cite des cas d'études et de recherches pour appuyer ma théorie, c'est votre propre expérience qui vous permettra de la vérifier. En lisant ce livre, j'espère que vous verrez comment il peut s'appliquer à votre propre vie et comment des changements personnels peuvent améliorer votre équilibre.

Ce livre veut vous aider à intégrer la recherche et l'information clinique à votre vie; à vous créer un programme de santé; à reconnaître l'importance du rôle que vous pouvez jouer dans votre recherche d'une santé meilleure. Si vous l'abordez honnêtement, vous en tirerez des bénéfices importants. Cependant, ces questions, exercices et enquêtes sur vous-mêmes ne sont pas destinés à remplacer les soins et les traitements médicaux. Bien au contraire, leur but est de vous encourager à suivre un programme global qui peut non seulement vous aider à travailler avec votre médecin pour soigner des maladies particulières lorsqu'elles vous touchent mais peut aussi prévenir de nombreux maux, courants ou graves, mais en tout cas peu souhaitables.

J'espère que ce livre sera aussi utile aux professionnels qu'aux profanes, qu'il sera, pour les médecins, les infirmiers, les psychologues, les assistants sociaux, les spécialistes de la rééducation et autres professions paramédicales, une introduction à une perspective plus globale de la nature et du traitement de la maladie leur permettant de la considérer comme un processus ayant des aspects psychologiques, interpersonnels, sociaux et spirituels autant que physiques.

Il est difficile pour les professionnels d'incorporer ces méthodes et techniques à leur pratique avant de les avoir essayées sur eux-mêmes. L'examen de sa propre santé est la première étape de l'étude et de la formation du professionnel, le point de départ de l'éducation du patient et la base de la médecine préventive.

Le livre se divise en trois parties qui suivent le programme d'« Éducation pour la santé » que j'ai développé dans ma pratique clinique :

La première partie pose la question : « qu'est-ce que la maladie du point de vue du médecin, du système de soins, du psychologue, du poète, du sociologue et de la famille ? » Elle suggère que le concept habituel de la maladie comme simple phénomène physique localisé est inadéquat et voue à l'échec tout traitement.

La deuxième partie traite de la recherche et offre des exemples cliniques montrant comment la maladie d'un individu peut être intimement liée à son style de vie, ses relations personnelles, ses sentiments, sa vie, la façon dont il contrôle le stress, la dynamique familiale et l'appartenance à une communauté. Dans cette partie j'apporte des moyens d'évaluer le rôle éventuel de ces facteurs dans vos maladies ou symptômes de stress chroniques.

La troisième partie propose des exercices et des comportements spécifiques qui peuvent permettre de rétablir l'unité corps/esprit. Elle décrit différentes méthodes : la prise de conscience de son corps, le bio-feedback, la relaxation, l'autohypnose et la méditation. Elle dégage un programme d'aide personnalisée visant à créer et à maintenir le bien-être. Plutôt que de gêner ou d'intervenir dans les traitements de votre médecin, ce programme vous invite à mobiliser vos pouvoirs innés pour faciliter le processus de guérison en utilisant des techniques spécifiques d'imagerie mentale, de pratique comportementale et de contrôle du stress pour surmonter les troubles psychologiques courants.

Que devez-vous faire pour être le plus apte à assimiler le matériau de ce livre? Je vous conseille de vous engager à passer une demi-heure à une heure par jour à pratiquer certains exercices et à réfléchir sur les diverses influences qui jouent sur votre maladie et vos symptômes de stress spécifiques. Utilisez un petit carnet comme journal de santé. Vous pourrez y noter les réponses aux questions posées dans la première et la deuxième partie du livre ainsi que les résultats des expériences et des exercices de la troisième partie. Si vous participez activement à ce « voyage », je crois que votre santé, et votre aptitude à la maintenir, s'amélioreront.

PREMIÈRE PARTIE

LES MULTIPLES VISAGES DE LA MALADIE DE LA SANTÉ ET DE LA GUÉRISON

1

L'ASSOCIATION THÉRAPEUTIQUE

Pour prévenir la maladie ou pour recouvrer la santé, les hommes, en règle générale, trouvent plus facile de s'en remettre à des guérisseurs que de s'atteler à la tâche plus difficile de vivre sagement.

R. DUBOS

Nous trouvons presque tous normal d'être bien portant. Nous avons tendance à prêter peu d'attention à notre condition physique jusqu'à ce que la douleur ou la maladie nous signalent un désordre. Face à une intrusion si injustifiée, nous réagissons habituellement par la surprise et la frustration, l'angoisse et un sentiment d'impuissance. Nous ne comprenons pas bien ce qui ne va plus, pourquoi cela arrive, ni comment le soigner. Nous considérons les rouages internes de notre corps comme un mystère que seul un médecin peut explorer.

Je crois que ce que nous pensons habituellement de la maladie est inexact et parfois dangereux. La plupart d'entre nous la voyons comme un envahisseur attaquant un corps auparavant sain. On accuse généralement des gènes défectueux, la malchance, le repas de la veille ou quelque chose dans l'air. Forts de cette logique, nous supposons que les désordres physiques sont pratiquement inévitables. Nous avons vaguement conscience que notre corps a des besoins et requiert une certaine attention, mais celle-ci ne vient qu'assez loin dans notre liste de priorités. Nous dépensons presque tous plus d'énergie pour notre maison ou notre voiture qu'à prendre soin de nous-mêmes.

De telles attitudes ne tiennent pas compte de notre capacité à influer sur la santé ou la maladie. Nombre de maux n'ont pas une cause unique mais proviennent d'une longue chaîne de facteurs qui s'aggravent et se multiplient au cours des mois et des années. Notre comportement, nos sentiments, nos tensions, nos relations, nos conflits et nos croyances contribuent à nous ouvrir à la maladie. En soi, tout ce qui concerne notre vie affecte notre santé. En agissant sur ces aspects de nous-mêmes que nous pouvons contrôler, nous nous donnons les meilleures chances de résister aux maladies. Notre pouvoir de prévenir et de guérir est beaucoup plus fort que nous le croyons.

Personne ne devrait rester insensible à son état de santé. Malade, il est essentiel que nous participions activement au processus thérapeutique. Bien portants, nous devons être prêts à lutter quotidiennement pour le rester. S'il peut être rassurant d'imaginer que la technologie médicale sera toujours là pour nous délivrer de la maladie, la médecine moderne a atteint un point où elle ne peut garantir le bien-être sans coopération active. De notre conduite dépend notre santé et notre guérison, stable.

Cette idée n'est pas aussi révolutionnaire qu'elle peut le paraître. De plus en plus de médecins et soignants parviennent à la même conclusion : pour qu'un individu reste en bonne santé, évite une mort prématurée, une maladie ou une souffrance inutile, il doit changer d'attitude envers lui-même et envers le système médical; la maladie n'est pas une simple crise à l'intérieur du corps, mais un processus impliquant chaque aspect de la vie. Chacun peut aider à déterminer son équilibre, guidé ou éduqué par son médecin ou un autre thérapeute. Ce livre est une enquête sur cette nouvelle perspective, la recherche qui la soutient et les comportements favorisant le bien-être.

Guérison, harmonie et globalité

Il y a deux mille ans, Platon remarquait : « La plus grande erreur dans le traitement du corps humain est que les médecins ignorent le tout. Car la partie ne peut jamais aller bien si le tout ne va pas. »

Pour les praticiens de l'antiquité, ne possédant pas les techniques de diagnostic et les puissants médicaments modernes, la maladie prouvait un désordre dans la vie du patient et dans sa position à l'intérieur de la communauté. Pour eux les troubles physiques étaient intimement liés aux sentiments et aux relations personnelles. Pour faciliter la guérison, ils mobilisaient les énergies réparatrices contenues dans l'esprit du patient et ceux de ses proches.

Nous avons beaucoup à apprendre de ces médecins de l'antiquité. Le bien-être — dans son sens le plus large — est possible lorsque nous vivons en harmonie avec nous-mêmes et avec notre environnement, maintenant un équilibre face aux changements, grandissant avec les défis et développant nos aptitudes innées à guérir. Par essence, être en bonne santé c'est être intégré et s'accomplir.

Mais en cette ère de spécialisation médicale, les thérapeutes n'étudient que des organes ou des systèmes physiques spécifiques. Ne voyant chaque patient qu'une fois ou deux, quand il est sérieusement malade, parfois ne s'informant pas sur ses conditions de vie, ils ne peuvent le considérer dans sa globalité. La médecine s'est séparée de la communauté. Elle existe essentiellement dans les hôpitaux. Ce sont trop souvent les organes et les maladies et non les personnes qui sont l'objet des traitements. L'approche de ce livre reconnaît la valeur de la médecine telle qu'elle était pratiquée autrefois : abordant le patient comme un membre à part entière de la communauté.

On traite couramment cette perspective d'« holistique ». Le mot fut introduit par le biologiste Jan Smuts en référence à la tendance de la nature à synthétiser et s'organiser autour d'entités plus grandes. Le sens de l'organisme entier a toujours été plus que la somme des éléments qui le composent car le processus de fusion lui-même comporte certaines spécificités. Selon Smuts, chaque personne, sa santé, sa maladie ne peuvent être comprises que par rapport à son fonctionnement global physique, psychologique, social et spirituel.

Cette nouvelle médecine est aussi appelée « intégrative » ou « psychosociale », car elle intègre au processus de guérison des principes anciens et modernes et des méthodes psychologiques et physiques. On parle aussi de médecine « humaniste » ou « personnalisée », indiquant que la personne globale et non le corps seul est en cause. Quel que soit le terme utilisé, aucun n'implique le rejet de la médecine moderne; bien au contraire, cette optique associe la médecine organique à l'ensemble du fonctionnement psychologique, social et même spirituel et religieux.

Le dilemme du médecin

Pourquoi avons-nous besoin d'une nouvelle approche de la médecine? Après tout, notre société n'est-elle pas plus saine que jamais?

Pour explorer ces questions, examinons le rôle du thérapeute aujourd'hui. Pendant de nombreuses décennies, les praticiens ont été révérés comme des dieux. La plupart des gens confient à leur « docteur » l'entière responsabilité de leur santé. Au moindre signe de désordre il est appelé pour administrer un remède miracle.

Malgré cette foi en la médecine — que soulignent les 12 % du P.N.B. consacrés aux soins médicaux —, les thérapeutes ne fournissent pas toujours les remèdes à nos maux. Et quand ils ne le font pas, nous sommes amèrement déçus. Considérant les succès passés de la médecine — la réduction des maladies infectieuses, les outils précis du diagnostic, les procédés délicats de la chirurgie, les produits chimiques qui compensent les déficiences de notre corps —, nous nous attendons aujourd'hui à ce qu'elle résolve tous nos problèmes de santé, présents et à venir.

Toutefois elle ne peut, sans notre aide, traiter efficacement les problèmes de santé auxquels nous sommes habituellement confrontés. Lewis Thomas, président du Sloane-Kettering Cancer Center, remarque que malgré les progrès impressionnants de la technologie médicale, les méthodes de soins courantes restent sans effet pour traiter les principales maladies, mortelles ou non *. De nouvelles affections se sont dramatiquement développées alors que les médecins apprenaient à circonscrire les maladies

* Voir notes en fin de volume.

infectieuses, responsables de la plus grande partie de la pathologie avant 1900. Les troubles cardiaques et le cancer, qui étaient très rares (et restent rares dans les pays en voie de développement), sont devenus les principales causes de mortalité et il existe peu de traitements pour les combattre.

Ces nouvelles maladies de la fin du XXe siècle, dites « de civilisation », ne sont pas dues à des agents extérieurs — bacilles, microbes, bactéries, virus, — mais sont provoquées par l'effondrement progressif des défenses de l'organisme. Les affections contemporaines telles que le cancer, les défaillances cardiaques, respiratoires, digestives ne peuvent être guéries, même par les approches thérapeutiques les plus sophistiquées. Le traitement peut étouffer certains symptômes, atténuer la douleur et peut-être retarder des lésions plus graves. Mais les patients ne sont pas « guéris » au sens traditionnel du terme; ils sont confrontés à des traitements continus, des incapacités chroniques et meurent peut-être même prématurément.

A la différence des maladies infectieuses (et souvent infantiles) dont on mourait autrefois, les maladies de civilisation se développent lentement et frappent principalement les personnes âgées. Elles sont souvent provoquées par les abus ou la négligence. Le cancer du poumon, par exemple, était pratiquement inexistant avant la prolifération du tabac. D'autres affections modernes sont liées aux tensions et au rythme de la vie contemporaine, aux carences de notre alimentation « prémâchée » ou à la pollution.

Les inventions destinées à améliorer la qualité de la vie ont parfois, du même coup, affaibli notre santé. L'automobile, tout en étant pratique et, en apparence, indispensable, nous prive non seulement d'un exercice important mais aussi tue ou blesse autant de gens qu'il en mourait de maladies infectieuses autrefois. En fait, c'est notre plus grande cause de mortalité, de blessures et d'hospitalisation. L'abus d'alcool, tout en n'étant pas propre à l'homme contemporain, est maintenant si répandu qu'il provoque des milliers d'accidents chaque année et détruit parfois l'organisme et la cellule familiale.

Comment la société répond-elle à de tels maux? Au lieu

de nous discipliner, nous et notre environnement, pour minimiser ou éliminer les atteintes à notre santé, nous nous tournons vers les médecins pour réparer les dommages, souvent trop tard pour un traitement efficace.

Ainsi, avec nos exigences et nos espérances irréalistes, nous avons placé le médecin dans une position difficile. Il ne peut réellement soigner que moins d'un quart de ses patients; trente ou quarante pour cent des autres souffrent de maladies chroniques ou dégénératives déjà tellement avancées qu'il peut offrir au mieux un traitement palliatif réduisant les symptômes ou atténuant la douleur.

Les praticiens sont également mal équipés face à des douleurs et des troubles bénins. En essayant de traiter des maladies vagues, un manque d'énergie et des états émotifs tels que la dépression, l'anxiété, l'inquiétude, ils sont souvent aussi frustrés que leurs clients. David Rogers, président de la Johnson Foundation, rapporte que plus de soixante pour cent des malades consultent des généralistes pour des symptômes ordinaires et banals que seul le réconfort peut soigner [2]. A moins que le thérapeute ne puisse mettre le doigt sur une maladie spécifique, son traitement consiste surtout en attention et en cocktails de tranquillisants et analgésiques (représentant plus de 25 % des prescriptions). Heureusement la plupart des maux disparaissent d'eux-mêmes grâce au pouvoir d'autoguérison du corps. Et ces succès renforcent notre foi en la médecine.

Le thérapeute doit aujourd'hui faire face à un autre dilemme dû à sa formation. Son expérience universitaire et hospitalière lui a appris à voir la maladie comme un phénomène purement biologique et physiologique. Il a eu affaire principalement à des épisodes critiques de la maladie, hors du contexte familial et de l'environnement du patient. Il a appris la médecine d'urgence. Mais il est une réalité qu'il doit affronter : les trois quarts des maux qu'il rencontre sont moins graves, n'ont pas de causes physiques évidentes et parfois, comme dans le cas des douleurs chroniques, ne s'accompagnent même pas de lésions. Il les appelle troubles « psychosomatiques » mais il n'est pas préparé à les traiter efficacement. Il ne peut renvoyer tous ces gens à des psychiatres et il est même douteux que la psychiatrie puisse les aider. Même si les médecins admettent l'importance des facteurs psychologiques et sociaux dans l'apparition de la maladie, ils ne sont souvent pas en mesure d'obtenir la coopération et l'engagement du malade nécessaires au traitement de nombreuses affections. Si nous étions plus justes envers nos médecins, nous ne ferions appel à eux que pour les maladies qu'ils peuvent effectivement guérir et nous recourrions plutôt à la prévention pour le reste.

Prendre sa santé en main

Dans notre quête d'une santé optimale, c'est au-delà du médecin, en nous-mêmes, que nous devons chercher. Sans coopération active de notre part, il ne nous sera peut-être pas d'un grand secours. Comme le fait remarquer Ivan Illich, dépendre du système médical pour assurer notre santé est un danger pour la santé elle-même, une némésis médicale, car elle nous conduit à nous négliger et même à oublier comment prendre soin de nous-mêmes [3].

Thomas McKeown, sommité de la médecine préventive, rapporte que les médecins ne peuvent être crédités que de 10 % du bien-être de la collectivité [4]. D'autres facteurs beaucoup plus importants assurent la bonne santé : la qualité de l'alimentation, l'environnement, le travail, l'hygiène personnelle et, essentiellement, les décisions concernant notre vie ainsi que notre comportement envers notre corps. Le rapport LaLonde sur la santé des Canadiens soutient que notre comportement est le principal responsable des maladies graves [5].

John Knowles, ancien président de la Rockefeller Foundation, concluait :

— Plus de 99 % d'entre nous naissent sains et meurent plus tôt ou souffrent d'incapacités prématurées dues à une vie déréglée et à l'environnement [6].

— Les progrès importants viendront de l'acceptation par chacun d'être responsable de sa propre santé. Ceci exigera un changement de style de vie pour la majorité d'entre nous [7].

La majorité des maladies de civilisation, tout en étant incurables à un stade avancé, pourraient être évitées si nous acceptions de prendre mieux soin de nous-mêmes. Les symptômes de presque toutes les maladies graves apparaissent des années avant les dommages irréversibles. C'est alors qu'on peut intervenir efficacement.

En assumant la responsabilité de notre bien-être, nous ne devons pas pour autant nous sentir coupables de notre maladie. La culpabilité ne changera ni le présent ni l'avenir et n'augmentera pas nos chances d'un bien-être futur.

Notre énergie devrait plutôt être consacrée à comprendre — et à changer — ce qui peut avoir provoqué ou aggravé notre état. Plutôt que de nous sentir impuissants, sans espoir ou coupables, lorsque nous tombons malades, cherchons comment nous guérir. Si certains des éléments qui provoquent la maladie peuvent échapper à notre contrôle, en modifiant les facteurs sur lesquels nous avons une influence, nous pouvons améliorer nos chances de rétablissement. Dans notre clinique, nous appelons cet engagement actif et positif : « traitement responsabilisé ». Il implique, pour le médecin et le patient, un partage des responsabilités et des exigences.

Reprenons possession de nos corps

Trop de gens considèrent leur corps comme un être étranger. Ils se conduisent comme s'ils n'en avaient pratiquement pas, ignorant les messages, sensations et avertissements qu'il leur envoie. Ils le poussent souvent jusqu'aux limites de ses forces comme s'ils pouvaient l'échanger contre un neuf s'il venait à casser.

Lewis Thomas suggère que notre dépendance actuelle envers médecins et médicaments est la preuve d'une perte de confiance en nos corps [8]. Nous agissons comme si nous nous attendions à ce que quelque chose cesse de fonctionner d'un instant à l'autre. Naguère, on croyait encore que le corps pouvait combattre la maladie. Mais aujourd'hui, le matraquage publicitaire clamant que les médicaments sont la clef du bien-être, nous en sommes arrivés à croire que nous ne pouvons rester sains sans aide extérieure. La pharmacopée et la chirurgie, pensons-nous, sont les seuls moyens de sauvegarder ou de recouvrer la santé.

La perspective holistique demande une plus grande intimité avec notre corps et une plus grande conscience de son aptitude à rester sain. A travers ce livre vous apprendrez à mobiliser les énergies d'autoguérison de votre corps. Beaucoup de maladies peuvent être soignées simplement grâce à nos mécanismes internes. Un médecin peut réparer un os, administrer un antibiotique nécessaire ou enlever un organe gravement endommagé. Mais les mécanismes naturels d'autoguérison — le pouvoir d'autoprotection — constituent les agents principaux de la guérison. La médecine stimule et aide le merveilleux travail du corps. Chaque jour nous sommes sauvés d'un nombre incalculable de maladies par sa vigilance et ses défenses.

Notre quête d'autoguérison progressant, nous trouverons de plus en plus difficile de dissocier notre corps de notre esprit. Pendant des siècles, médecins et philosophes ont affirmé que l'esprit et le corps appartenaient à des mondes distincts et en grande partie parallèles. Ce dualisme, qui date des spéculations de Descartes au XVIIIe siècle, était utile car il permettait à la science physique et biologique d'évoluer sans être entravée par les préjugés. Mais les recherches actuelles abattent les frontières entre le corps et l'esprit, explorent les connexions entre les deux.

Nous ne pouvons comprendre l'apparition des maladies de civilisation, dont souffrent principalement les êtres humains, sans remarquer que pensées et sensations affectent notre physiologie et réciproquement. Le traitement sera d'autant plus efficace qu'il fera appel au pouvoir de l'esprit pour toucher le corps. L'entité corps/esprit est perçue comme un tout unifié, non comme deux domaines séparés devant être traités par des praticiens différents.

Le spécialiste du bio-feedback, Elmer Green estime qu'à chaque événement mental correspond un événement physique simultané, et réciproquement [9]. Ainsi, lorsque nos émotions ou nos pensées changent, notre physiologie change également. De même une modification de notre corps affecte notre état psychologique.

Un des buts de la médecine holistique est d'aider les gens

à reconnaître et tirer parti du lien entre l'esprit et le corps. Par exemple, une fois que nous aurons compris que notre esprit peut modifier notre corps plus efficacement que la plupart des médicaments, nous ferons plus confiance à sa capacité de maintenir notre équilibre. Si nos sentiments — tels que la colère, la frustration ou la dépression — peuvent provoquer des troubles, alors, pourquoi des sentiments plus positifs ne nous aideraient-ils pas à redevenir et demeurer bien portants? Si nous pouvons augmenter notre tension par l'inquiétude ou provoquer un mal de tête par le stress, nous pouvons aussi baisser notre tension et arrêter la douleur grâce à certaines techniques mentales. Une fois que nous aurons appris à accomplir de tels exploits, nous aurons acquis un outil de santé inestimable.

Un programme personnel de santé

A l'origine, mon programme d'Étude pour la Santé devait être un traitement psychologique axé sur la famille. Nancy Solomon, médecin entraînée à une pratique organique et psychiatrique, se joignit à moi. Notre objectif était, et reste, d'éduquer et de conseiller plutôt que de soigner médicalement ou psychiatriquement. Chaque individu avec lequel nous travaillons reste le patient de son médecin et nous considérons notre programme comme un auxiliaire à ce traitement et non comme un substitut à celui-ci. Dans le programme d'Étude pour la Santé, comme dans ce livre, les patients doivent d'abord explorer les relations possibles entre (*a*) leurs vies, relations, besoins, sentiments et environnement et (*b*) leurs problèmes de santé passés, présents et potentiels. Durant plusieurs semaines ils consacrent un certain temps chaque jour à réfléchir sur leurs comportements, leurs sensations et les relations entre ceux-ci et leur santé. Ils font ainsi connaissance avec les exigences et les responsabilités proposées par la perspective holistique et comprennent pourquoi ils doivent prendre part activement à leur traitement et au maintien de leur santé.

Après quelques séances de réflexion sur soi et d'auto-éducation chaque patient se fixe une stratégie personnelle, s'engageant à changer en un temps donné. Il doit aussi utiliser correctement les ressources médicales qui lui sont offertes, acceptant de suivre à la lettre les recommandations de son médecin. Notre programme n'est pas un substitut à l'insuline ou aux médicaments pour l'hypertension. Nous essayons plutôt d'amener le corps à faciliter l'action du médicament et de soulager la tension.

Les techniques de la médecine holistique doivent amener une plus grande sensibilité au corps et aider à harmoniser le fonctionnement mental et physique de l'individu. La technique n'est pas le traitement. Alors que la méditation, la relaxation, les techniques d'imagerie mentale, le biofeedback et les thérapies comportementales sont des composants de l'inventaire holistique, ils ne sont pas holistiques en eux-mêmes. Seul un programme de santé, global et multidimensionnel, est holistique. Chaque individu crée sa propre voie vers le bien-être optimal, grâce à certaines de ces techniques, mais aussi grâce à ses expériences personnelles, son style de vie, son éthique et ses besoins.

Il est intéressant de remarquer que certains médecins et autres soignants prennent peu à peu conscience des limites des méthodes traditionnelles. Ces praticiens cherchent — et trouvent souvent — dans la médecine holistique une thérapeutique plus globale et efficace pour les patients souffrant de maladies de civilisation. Plus important encore, ils découvrent une approche préventive qui aide à éviter ces affections contemporaines. Malheureusement le système médical consacre moins de 1 % de ses ressources à la prévention et à l'éducation. Pour résister à la maladie nous ne devons cesser de faire attention à nous-mêmes, conscients de notre corps et de son besoin d'unité intérieure.

2

DE LA MALADIE COMME ADAPTATION

Les maladies planent constamment au-dessus de nos têtes, leurs graines portées par le vent, mais elles ne s'installent pas si le terrain n'est pas prêt à les recevoir.

Claude Bernard

Chaque nouveau vaccin ou découverte chirurgicale crée l'idée fantasque que la maladie peut un jour être totalement éliminée. Aussi attrayant que cela puisse sembler, la vie sans aucune maladie serait en fait un handicap aussi grand qu'une vie sans pouce et aussi frustrante qu'une vie à l'intérieur d'une bulle de plastique. Certes, la maladie peut être douloureuse, effrayante et troublante, mais elle est aussi un processus d'adaptation essentiel, complexe et efficace, qui nous permet de rester en vie et productifs dans un environnement parfois dangereux, difficile et source de tension. Malade, notre corps s'engage dans une lutte sans merci pour nous protéger d'une menace ou d'un envahisseur étrangers ou pour soigner des troubles internes, les uns comme les autres pouvant être mortels.

La fièvre, la douleur, les rougeurs, les gonflements, la perte d'appétit et la léthargie dont nous souffrons au cours d'une maladie sont des messages de notre corps nous demandant d'utiliser toutes nos forces à combattre la maladie en détournant des activités extérieures notre attention et notre énergie. Lorsque n'importe quelle cellule du corps s'affaiblit ou est incapable de fonctionner, le corps comprend automatiquement la situation et engage rapidement une action corrective. Mis à part les réactions à la douleur, la léthargie et l'inconfort, il n'y a aucune participation consciente aux mécanismes de cet extraordinaire processus automatique d'autoguérison.

Parce que le système de défense du corps agit si automatiquement et, en général si efficacement, vous pourriez passer votre vie entière sans jamais vous rendre compte de l'incessante lutte intérieure qui vous garde en vie et intact. Lors de vos déplacements dans le monde extérieur — rencontrant divers dangers et tensions, risquant des accidents, ingurgitant des aliments qui peuvent endommager ou empoisonner vos organes —, il est essentiel que votre corps maintienne une température constante et un milieu interne qui permettent le processus naturel de guérison. Claude Bernard, médecin français du XIXe siècle, a nommé « homéostasie » l'effort du corps pour maintenir un environnement interne stable, à la température adéquate, permettant la circulation, le mouvement de sources d'énergies, l'élimination des déchets toxiques, la réaction et la protection contre les changements externes.

La maladie est donc un aspect central de la lutte du corps pour préserver l'homéostasie. Lorsque les réponses d'adaptation de l'organisme aux stimuli sont inappropriées, en genre, en force, ou les deux à la fois, la maladie en résulte. Dès que quelque chose se brise dans les défenses de notre corps, qu'un de ses éléments échoue dans ses fonctions de défense, le processus maladif s'enclenche. La maladie n'est pas un événement statique, ou simplement une présence étrangère en nous, mais un conflit de forces opposées de puissance différente. Votre tâche est de vous assurer que votre corps est tout à fait préparé à cette lutte. *L'individu bien portant n'est pas quelqu'un qui n'est jamais malade ou qui évite les affections, mais quelqu'un dont les puissances de guérison sont suffisamment fortes pour combattre n'importe quelle menace ou écroulement.*

Il est important de séparer la maladie de ses symptômes. Si, par exemple, vous souffrez d'un symptôme particulier, comme une tension artérielle élevée, cela ne constitue pas une maladie en soi. Au contraire, un long schéma comportemental d'alimentation, d'exercice, de réaction au stress et d'attention à soi provoque une tension qui se traduit en une pression accrue à l'intérieur du système circulatoire. Dans ce schéma, la maladie n'est aucun de ces éléments isolés; elle est au contraire le résultat d'une interaction entre les diverses tensions inappropriées et l'effort du corps pour les compenser.

Pourquoi cette distinction est-elle si importante? Si vous la comprenez, vous n'associerez plus aussi facilement la cure à la suppression de votre symptôme. En fait, une cure implique une transformation totale du système qui est à l'origine de la tension excessive, de telle sorte que l'hypertension ne soit plus nécessaire.

Bien sûr, les micro-organismes responsables de la maladie sont toujours présents, mais ils peuvent être combattus avec succès. Cependant, certains individus ne sont jamais malades alors que d'autres attrapent tous les rhumes des environs. Ainsi, bien que le microbe puisse être une des causes essentielles de la maladie, il ne suffit pas à la provoquer.

Le même dilemme existe quant à l'environnement et l'hérédité. Un individu peut être exposé toute sa vie aux additifs alimentaires, ou fumer un paquet de cigarettes par jour et ne jamais tomber malade. Un autre peut avoir une faiblesse héréditaire cachée de l'estomac ou des poumons qui apparaît après avoir mal mangé et trop fumé pendant des années. Le chaînon faible ne casse qu'à ce moment-là.

Les théoriciens distinguent différents types de causes spécifiques jouant un rôle dans l'affection. Il y a les causes *prédisposantes,* telles la faiblesse ou les déficiences génétiques, qui sont le terrain dans lequel la maladie future peut prendre racine. Toutefois, en connaissant et en comprenant ces prédispositions, un individu peut se protéger de la maladie.

Il existe aussi les causes *contribuantes,* facteurs augmentant les risques de dérèglement d'un organe ou d'une partie du corps. Elles comprennent la tension chronique d'un organe, telle l'utilisation de son bras par un lanceur de base-ball, la fumée de cigarette ou la sécrétion accrue d'acide dans un estomac sous tension.

Dans une partie du corps, héréditairement faible ou affaiblie par la tension, un incident brusque peut déclencher une maladie : tension psychologique soudaine, blessure grave, attaque d'un virus sur un corps dont les réserves sont déjà diminuées par une maladie ou une angoisse précédente. Quoique ces épisodes soient généralement accusés de causer la maladie, une vision plus objective suggère que si la partie du corps était suffisamment faible, la maladie était pratiquement inévitable.

Enfin, il existe les causes qui *maintiennent* ou *entretiennent*, celles qui maintiennent l'individu dans la maladie ou l'empêchent de se rétablir : attitudes mentales faibles (tel le sentiment de désespoir), comportement négatif (tel le refus de prendre un médicament), bénéfices sociaux irrésistibles (telles une importante pension d'invalidité ou l'attention et la sympathie d'autres personnes). Dans certains cas, le traitement lui-même peut devenir une cause de maintien : lorsque les tranquillisants empêchent un individu d'identifier et de surmonter les sources réelles de son inquiétude, de son angoisse ou de sa tension musculaire.

Le philosophe David Bakan, définissant la nature de la maladie, a noté qu'elle peut être conçue comme la manifestation d'un désordre plus profond, d'un trouble intérieur mettant en jeu l'individu dans sa globalité [1]. Selon lui, la maladie — cancer, hypertension, schizophrénie, névrose, etc. — peut être considérée comme révélatrice d'une scission, d'une aliénation ou d'une disconnexion à l'intérieur d'un individu. Cette idée fait écho à la sagesse antique selon laquelle la maladie est signe de disharmonie et de manque d'équilibre.

Selon Bakan, la maladie peut s'exprimer non seulement à travers divers organes, mais aussi à différents niveaux : physique, psychologique, social ou spirituel. La dépression et la crise cardiaque peuvent toutes deux êtres les symptômes du même conflit intérieur. Le traitement doit donc viser à la fois les dimensions physique et émotionnelle du patient.

Bien sûr, certains peuvent exprimer presque toutes leurs affections à un niveau principalement psychologique alors que d'autres tendent à les traduire physiquement ou somatiquement. A ce jour, nous ne savons pas précisément pourquoi. Il est intéressant de noter que plusieurs types de troubles psychologiques bien définis, notamment la schizophrénie, se rencontrent chez des individus peu sujets à des désordres physiques. Cela a permis aux psychologues Claus et Marjorie Bahnson d'émettre la théorie que certaines personnes, comme les schizophrènes, tendent à révéler leurs conflits principalement en termes mentaux/émotionnels, alors que d'autres, tels les cancéreux, expriment peu de symptômes de détresse psychologique malgré leurs graves conflits intérieurs [2].

Mais toutes les affections physiques ont des composantes psychologiques, et vice versa. Pensez un instant à vos propres maux. Chaque fois que vous êtes tombé malade, ou que vous avez souffert, vous avez dû ressentir en même temps une certaine dépression, frustration et même culpabilité qui a touché certains de vos proches. Nous agissons différemment lorsque nous sommes malades et nous attendons des autres qu'ils nous traitent différemment. Nos sentiments quant à la maladie, la façon dont nous la vivons et dont les autres y réagissent peuvent avoir une influence considérable sur le processus de guérison. Comparez celui qui se sent désespéré, déprimé et ne veut pas vivre avec celui qui a des buts importants dans la vie. Leur attitude mentale affectera sûrement l'évolution de la maladie mortelle dont ils sont tous deux atteints.

Lorsque le trouble s'exprime à un niveau social, il est souvent difficile à définir. Les accidents et les suicides, par exemple, sont la manifestation sociale des problèmes, comme peuvent l'être les guerres, le racisme et d'autres formes de violence et d'agression. Ceux qui réussissent ainsi à projeter leurs conflits personnels sur autrui peuvent éventuellement empêcher la maladie ou le déséquilibre de se manifester à d'autres dimensions. Il est facile d'imaginer que ces mécanismes sociaux aident à exprimer ou contrôler les conflits intérieurs et à se maintenir en bonne santé.

Une fois admis que la maladie n'est pas un simple combat physique mais peut inclure des dimensions psychologiques, spirituelles et sociales, il devient évident que l'apparition de n'importe quel symptôme physique — en particulier un symptôme grave ou chronique — devrait exiger une enquête approfondie sur votre vie.

Médecine : aider le corps à maintenir le bien-être

Réfléchissez aux traitements que votre médecin vous a prescrits contre vos maladies. La plupart visent à améliorer l'environnement propice à la guérison ou à aider les défenses d'adaptation naturelles du corps. Lorsque vous êtes tombé malade, peut-être vous a-t-on dit de vous reposer et vous a-t-on confié aux soins d'autres personnes, chez vous ou à l'hôpital. Cela a créé un environnement de guérison réceptif. On a peut-être modifié votre environnement par un supplément d'oxygène, un régime spécial, des bains chauds, des coussins chauffants, une attelle ou un bandage. Tous ces changements ont facilité le processus de guérison.

D'un point de vue psychologique, on vous a peut-être demandé d'éviter les situations de stress ou de vous entourer de personnes attentionnées. L'intérêt sincère du médecin, son attitude à votre chevet ont aussi été importants parce que vous pouviez vous laisser aller et vous fier à la sagesse et au savoir-faire du guérisseur.

Les principales interventions médicales consistent donc à aider le corps dans sa lutte pour préserver son bon fonctionnement. Dans certains cas le traitement vise à désamorcer la réaction du corps lorsqu'elle s'attaque à une menace inoffensive. Dans d'autres, on prescrit des médicaments pour aider le corps à tuer des microbes ou des infections envahissantes, on fait appel à la chirurgie pour enlever des croissances ou des dépôts nocifs, on pratique des injections pour remplacer des hormones ou réapprovisionner le corps en d'autres produits chimiques vitaux. Toutes ces mesures aident le corps à se maintenir et à se protéger. Mais c'est essentiellement le corps lui-même qui guérit ses blessures. Les gonflements, les inflammations, le pus et la fièvre sont plus que les symptômes d'une infection; ils signalent la mobilisation générale des énergies réparatrices du corps.

Le traitement de la plupart des maladies de civilisation actuelles a des chances de se compliquer. Contrairement à celles qui sévissaient autrefois, ces maladies ne sont pas des combats contre de puissants envahisseurs étrangers, mais impliquent la défaillance de quelque fonction du corps, souvent due à des années de tension et d'abus ou à une faiblesse héréditaire. Par exemple, une perforation peut se créer dans un estomac ou dans les intestins, des dépôts se former dans une artère, un groupe de cellules commencer à se développer et étouffer le tissu sain autour de lui, les artères ou les articulations perdre leur élasticité, le dos ou la tête devenir source permanente de douleur.

Que faire contre ces maladies de dégénérescence? Le traitement inclut souvent des moyens artificiels pour maintenir le corps en état de fonctionner. Parfois, un organe faible exige une médication quotidienne. Le traitement le plus courant consiste simplement à dissimuler le symptôme — habituellement la douleur — et à laisser le patient se débrouiller. Ce n'est que rarement, comme dans le cas de certaines tumeurs, que la cause de maladie peut être supprimée ou traitée pour permettre au patient de retrouver un bien-être total. Le traitement peut aussi viser à soulager le stress et les réponses psychologiques au monde environnant qui peuvent être les causes contribuant ou maintenant ces maux.

Les nombreuses influences qui concourent à la maladie — émotionnelles, psychologiques, comportementales, familiales — et les facteurs sociaux autant que la faible aptitude du corps à s'autoguérir due à l'hérédité et à l'environnement — sont appelés « facteurs hôtes ». Quand Claude Bernard parle du « terrain » dans laquelle la maladie prend racine, il fait allusion à ces « facteurs hôtes ».

La recherche médicale récente s'est détournée de l'étude intensive des micro-organismes produisant la maladie pour s'attacher à l'examen de ces facteurs hôtes. Par exemple, à quoi attribuer la santé et la longévité d'une personne? Dans certaines parties du globe, comme les montagnes du Caucase soviétique ou certaines parties d'Amérique du Sud, certains indigènes vivent plus d'un siècle, sans bénéficier apparemment de constitution particulière et malgré des traitements médicaux primitifs, un régime pauvre, une grande consommation d'alcool, de tabac et un dur labeur.

Des chercheurs ont suggéré qu'une telle longévité peut être liée à la façon dont ces hommes et ces femmes répondent au stress et à leur attitude face à l'âge. Nous avons tous des amis dont nous admirons la santé. Un examen de leur vie et de leur constitution psychologique pourrait nous aider à comprendre les facteurs hôtes qui leur permettent de résister à la maladie.

Honnêtement, nous ne savons pas précisément jusqu'à quel point un individu peut influer sur son corps et sa santé. Mais tout porte à croire que ce pouvoir d'autoguérison dépasse les rêves de la plupart d'entre nous. De nombreux médecins consacrent de plus en plus d'énergie à en tirer parti.

3

LE MESSAGE PERSONNEL DE LA MALADIE

Quand on voit combien la maladie est courante, combien le changement spirituel qui l'accompagne est grand, combien étonnants, quand la lumière de la santé faiblit, sont les pays vierges alors dévoilés, quelles régions incultes et quels déserts de l'âme une simple grippe suffit à faire apparaître, quels précipices et quelles pelouses parsemées de fleurs lumineuses une légère hausse de température révèle, quels chênes antiques et inexorables sont en nous déracinés par l'acte de maladie, comment nous nous enfonçons dans le puits de la mort, sentons les flots de l'anéantissement prêts à nous engloutir, pensons nous réveiller entourés d'anges et de harpes quand nous nous faisons extraire une dent et refaisons surface dans fauteuil du dentiste en confondant son « Rincez votre bouche, Rincez votre bouche » avec le salut de la Divinité descendant du Ciel pour nous accueillir — lorsqu'on considère cela, comme nous sommes si souvent obligés de le faire, il semble très étrange que la maladie n'ait pas pris sa place aux côtés de l'amour et du combat parmi les thèmes premiers de la littérature.

Virginia WOOLF

Comme la plupart de ceux qui pratiquent la médecine holistique, mes croyances et mes idées sont nées au contact de malades dans le cadre d'un hôpital. Psychologue et sociologue de formation, on m'avait enseigné que ma compétence ne pourrait s'appliquer qu'à des personnes sujettes à des conflits émotionnels. Les maladies physiques appartenaient à un monde totalement différent, domaine réservé des médecins. A moins d'être appelé en consultation par l'un d'eux pensant que son patient avait un problème « psychiatrique », je croyais n'avoir rien à faire dans une clinique médicale.

Mais mon expérience m'amena à changer de point de vue. J'avais aidé à mettre sur pied un programme de thérapie familiale au département de psychiatrie de l'UCLA * et je fus invité par la clinique où il devait être appliqué pour voir s'il pouvait être utile aux familles des patients. Cela me sembla évident face aux contraintes, tensions et angoisses familiales associées à la maladie. Je commençai par m'asseoir dans la salle d'attente et par questionner les malades inquiets, troublés et anxieux ainsi que leur conjoint. Ils n'eurent pas besoin de beaucoup d'encouragements pour s'ouvrir; en fait ils furent agréablement surpris qu'un membre du personnel les écoute.

Ils me parlèrent de crises personnelles et de difficultés d'emploi, de contraintes financières, de conflits sexuels et émotionnels, d'enfants quittant la maison ou s'attirant des ennuis, de morts récentes et d'autres sujets qui les touchaient. Au fur et à mesure qu'ils parlaient, malgré mon ignorance de la médecine et de la physiologie, je commençais à voir des rapports évidents entre leurs maladies chroniques et récurrentes et leur vie.

Je supposai rapidement que certaines personnes exprimaient leurs conflits émotionnels et leurs luttes à travers la maladie. Leurs troubles pouvaient être dus, en partie du moins, aux contraintes qu'ils subissaient. Je ne fus pas étonné de découvrir que leurs douleurs et leurs souffrances, leurs attaques et leurs crises cardiaques, leurs ulcères et leur asthme, leur cancer même avaient tous une signification personnelle et émotionnelle. Chaque famille associait ses maladies à d'autres événements de sa vie et essayait de les comprendre et de faire face à leurs conséquences.

Je n'eus plus de doute quant à la nécessité des services que je pouvais offrir à une clinique médicale. Guide et soutien, je pensais pouvoir aussi exercer une influence positive sur les symptômes physiques. J'entamai donc l'élaboration d'un programme de santé et étudiai les travaux de recherches et les études cliniques concernant

* University of California in los Angeles (N.d.T.).

les rapports entre les difficultés psychologiques et la maladie physique.

Le programme que je conçus pour ces patients est expliqué dans ce livre. Mais, initialement, j'aidai simplement les personnes malades et leurs familles à faire des rapprochements personnels entre leurs sensations, leurs contraintes et leurs maladies. Ce processus de réflexion et d'introspection était en lui-même thérapeutique. Comme c'est souvent le cas pour les problèmes purement psychologiques, lorsque le malade se rend compte que ses symptômes peuvent avoir une signification cachée, il peut spontanément arrêter sa propre stratégie pour les combattre.

Ce que les symptômes expriment

Comment réagissez-vous en apprenant que vous êtes atteint d'une maladie qui met votre vie en danger? La plupart des gens s'enfoncent d'abord dans un état de colère et de désespoir. Ils crient « Pourquoi moi? », pour protester contre ce qui leur semble une injustice. Les médecins ont du mal à répondre à cette question désespérée.

Demandez-vous ou demandez à quelqu'un que vous connaissez comment les gens tombent malades. Pensez à vos maladies passées et notez quels facteurs ont, selon vous, joué un rôle dans votre propre affection. Nous avons tendance à mettre en avant les facteurs externes. Par exemple, à l'école, on nous enseigne le truisme selon lequel la maladie est provoquée par des microbes. Nous supposons que si un virus ou une bactérie nous frappe, nous tomberons malade si nous ne sommes pas vacciné.

Il n'est pas étonnant, compte tenu de cette attitude de défense qui consiste à accuser les éléments extérieurs, qu'un grand nombre d'individus s'inquiètent périodiquement de leur santé. S'ils pensent vivre dans un environnement pollué et infesté de microbes et que des déficiences psychologiques et physiques héréditaires les affaiblissent, ils se percevront comme impuissants et victimes lorsqu'ils tomberont malades. Si notre imagination ne suffit pas à nous abattre, les films catastrophe et les histoires de possession surnaturelle renforcent ces sentiments de faiblesse et d'insuffisance face à un environnement malveillant et dangereux.

D'autre part, les poètes et les romanciers qui créent en se penchant sur eux-mêmes ont souvent suggéré que la maladie, tout comme les accidents et les coups du sort qui frappent un personnage, ne sont que l'expression de la justice immanente. Dans de nombreux romans du XIXe siècle, la peste ou la tuberculose finit par emporter l'enfant d'un couple maléfique ou mal assorti, concluant ainsi leur vie de façon métaphorique. La faiblesse de caractère ou le manque de volonté se retrouvent souvent dans la soumission finale à la maladie. Ces auteurs utilisaient-ils la maladie à leurs fins, comme Susan Sontag en émet l'hypothèse [1], ou bien ce procédé littéraire courant a-t-il quelque fondement?

L'idée que la maladie a plusieurs significations se trouve exprimée le plus clairement dans la nouvelle de Tolstoï : *La Mort d'Ivan Illitch*. Petit fonctionnaire et personne insignifiante, marié sans amour, Ivan avait toujours fait comme il faut ce qu'on attendait de lui. Mais un jour il se réveilla avec une maladie inconnue qui empira. Sa souffrance augmentant, les membres de sa famille commencèrent à la ressentir comme une intrusion dans leur vie. Sa maladie — finalement diagnostiquée comme cancer — l'amena à reconnaître l'isolement et la solitude dans lesquels il avait vécu jusqu'alors. Et les médecins, occupés à établir un diagnostic correct, ignorèrent Ivan en tant que personne et furent incapables de le soigner.

Le cancer permit à Ivan de découvrir le vrai visage de sa famille et de sa vie, ce qu'il avait nié jusqu'alors. La maladie était un reflet de son existence et le poussait à changer. La souffrance l'obligeait à affronter sa vie comme il ne l'avait jamais fait bien portant. Juste avant de mourir, il fut capable de saisir la vérité intérieure et spirituelle qui donna enfin à son existence un sens et un but.

Dans la nouvelle de Tolstoï nous voyons comment la maladie peut à la fois mettre en lumière des aspects essentiels de notre vie et indiquer la voie, ou créer les conditions, permettant d'accéder à certaines vérités importantes sur nous-mêmes. Nous pouvons imaginer que si Ivan avait appris ces vérités plus tôt, il aurait pu échapper à sa mort prématurée.

Liza, une patiente atteinte d'un cancer avec laquelle j'ai travaillé, démontre comment la maladie informe sur la vie de la victime. Selon Lawrence LeShan, le cancer frappe souvent des personnes extrêmement bien élevées, serviables et aimantes tandis que les personnes désagréables, égocentriques et exigeantes échappent à cette maladie ou s'en remettent. Liza appartenait de façon frappante au premier groupe. Elle avait passé sa vie à prendre soin d'une succession de maris, d'enfants et de patrons — ne pensant jamais à elle-même et ne montrant jamais de ressentiment.

Mes discussions avec Liza m'apprirent rapidement qu'elle était la personne dont elle s'occupait le moins. Le cancer indiquait clairement son manque d'attention à ses propres besoins. Pour l'amener à consacrer une partie de son énergie à prendre soin d'elle-même, je lui demandai de penser chaque matin à cinq choses qu'elle pourrait faire pour elle seule. Puis elle devait passer la journée à accomplir autant de choses pour elle-même que pour son mari. Au cours des semaines suivantes, elle récupéra une grande partie de sa vitalité et de sa joie de vivre. C'était comme si le cancer, symbole visible de sa négligence, l'avait avertie de prendre soin d'elle-même.

Votre auto-analyse

Comme vous l'avez peut-être déjà compris, l'un des principes fondamentaux de la médecine holistique est que chaque maladie nécessite une enquête approfondie sur sa signification subjective. Tout en poursuivant un traitement médical approprié, il est essentiel de décoder les messages ou les significations personnelles de la maladie. Cette enquête peut aider à clarifier certaines des questions de base qui tourmentent les médecins telles que : « Pourquoi cette personne est-elle frappée de ce mal particulier à ce moment précis? »

Il y a plus d'un siècle, le médecin britannique sir William Osler disait à ses étudiants : « Ne demandez pas quelle sorte de maladie a le patient, mais quelle sorte de patient a la maladie[2]. » Dans le même ordre d'idées, Charles Péguy notait : « Lorsqu'un homme meurt, il ne meurt pas de la maladie qu'il a contractée... il meurt de sa vie entière[3]. »

Adhérant à cette philosophie, j'encourage l'autoguérison sans trop m'attarder sur les causes distinctes de chaque maladie particulière. Après tout, votre médecin, soucieux de technologie, en offrant des traitements spécifiques, est sans égal dans ce domaine. Je préfère aborder les causes, traitements et significations de la maladie du point de vue du patient.

Une histoire médicale complète de votre vie est un bon point de départ pour votre auto-analyse. Elle peut être aussi précise qu'une empreinte digitale, révélant des informations considérables sur votre caractère et sur le stress, les conflits et les difficultés de votre vie. Ces données ne sont pas seulement utiles pour mieux vous comprendre mais offrent aussi des indications quant à la façon appropriée de soigner votre affection.

Un incident tiré de ma vie démontrera comment une telle enquête peut mener à une découverte intérieure précieuse. J'ai toujours souffert d'un assortiment de rhumes, éternuements et allergies, accusant le pollen ou la poussière. Je remarquai finalement que cinq dimanches consécutifs — mon seul jour de repos — j'avais eu un rhume. Au début je pensai que c'était une coïncidence. Je blaguai avec ma femme, disant que, tout en croyant à la médecine holistique, j'avais toujours droit à un rhume.

Le dimanche suivant, à l'heure pile, mon rhume fit sa réapparition. Après le déjeuner, ce jour-là, un collègue passa et nous nous mîmes au travail. Dix minutes après je remarquai que mon nez et ma tête étaient clairs. Une demi-heure plus tôt j'étais au lit, souffrant. Clairement, comme beaucoup d'autres hommes élevés dans notre culture, ne pas travailler me troublait. Je ne pouvais plus nier le rapport entre mon rhume et mes conflits intérieurs. Je commençai à examiner mes sensations chaque fois que je me sentais au bord d'un éternuement. Je découvris que lorsque j'étais en colère contre moi-même pour n'avoir pas fait les choses à temps, ou contre d'autres parce qu'ils exigeaient trop de moi, et que je n'exprimais pas cette colère, j'éternuais. Toutefois, en acceptant tout simplement ces sentiments et sans nécessairement leur donner libre cours, je pouvais souvent éviter les rhumes.

Les symptômes peuvent donc servir d'avertissement ou de message indiquant que quelque chose doit être exploré ou modifié dans sa vie. Et, parce que la maladie est un message, si nous ne traitons que ses manifestations physiques, elle peut traîner ou réapparaître jusqu'à ce que le message soit compris.

La médecine moderne, malheureusement, doute non seulement d'une éventuelle signification existentielle et personnelle de la maladie, mais souvent refuse au patient l'occasion d'examiner cette possibilité. Certains de mes collègues qui pratiquent la médecine holistique pensent que les hôpitaux tiennent plus compte des exigences technologiques que de l'expérience humaine. En isolant les malades, nous privons le patient et sa famille d'un environnement propice à l'exploration de ces questions. Le personnel des hôpitaux est souvent mal à l'aise face aux sentiments, aux discussions sur la mort ou aux analyses de problèmes personnels. Par la médication intensive si courante dans les hôpitaux, nous évitons effectivement à chaque personne l'expérience directe de ses symptômes et de ses sentiments. Dans un hôpital moderne, Ivan Illitch n'aurait peut-être jamais acquis cette connaissance de lui-même car sa douleur et ses sentiments auraient été anéantis par les drogues jusqu'à ce qu'il glisse, inconscient, dans la mort.

La scission originelle et la vérité cachée

Vraisemblablement, ce que nous dit le plus souvent la maladie est que nous devons faire attention à un aspect de notre vie que nous avons ignoré. Notre corps semble s'apercevoir plus rapidement que la conscience de ses propres besoins. Walter Cannon inventa la formule « la sagesse du corps » pour indiquer que le corps prend la direction des opérations dans de nombreuses situations où l'esprit rationnel et conscient ne se rend pas compte de ce qui est bon pour la personne tout entière. Les biographies de nombreuses personnalités remarquables révèlent qu'une maladie grave peut engendrer la sagesse.

Le psychologue Rollo May s'est peut-être sauvé la vie, tout en apprenant quelque chose de fondamental sur l'humanité, en guérissant de la tuberculose. Lorsqu'il se mit entièrement entre les mains des docteurs, son état s'aggrava. Finalement il s'avoua : « Peut-être en sais-je plus sur ce qui me frappe que mes médecins. » Il ne rejetait pas ainsi leur avis médical mais prenait conscience que sa maladie n'était pas seulement physique.

May se sentait déprimé mais se rendait compte que son attitude, contrairement au faux optimisme de ses médecins, était réaliste, vu les circonstances. S'il était abattu, c'est qu'il faisait face à la maladie pour ce qu'elle était, qu'il en prenait la responsabilité et en acceptait les sensations. Il écrit :

> Après avoir pris conscience de mon corps et de sa maladie, je commençai à aller mieux. Je faisais l'expérience d'un nouveau genre de liberté, m'inventais une sorte de méditation qui me permettait de comprendre réellement ce qui se passait en moi. Tout m'arrivait en avalanche. Je n'échangerais ce moment contre aucun autre de ma vie [4].

Cette prise en charge par May de sa maladie ne consistait pas à s'accuser, à s'apitoyer sur lui-même ni à désespérer. Il utilisa finalement sa maladie pour changer. Il apprit à se mettre sur la même longueur d'onde que son corps. Un processus de méditation se créa spontanément et prit une part importante dans son autoguérison. En se penchant sur lui-même il fut peu à peu capable de se guider vers le bien-être. Tel est le concept holistique de la responsabilité personnelle.

Mes patients me répètent jour après jour que leurs maladies ou leurs blessures leur ont permis de changer ou de progresser. Je me souviens d'un ingénieur d'âge moyen qui s'est retrouvé sans emploi pour la première fois de sa vie. Il en fut terriblement abattu. Quelques jours plus tard il eut un grave accident de voiture. Son agitation et sa dépression contribuèrent vraisemblablement à l'accident.

Au cours de sa longue convalescence il passa du temps à parler à sa famille et se mit à lire d'une façon nouvelle pour lui. Cet examen l'amena finalement à choisir une carrière de conseiller qui lui demandait moins de travail et lui permettait de consacrer plus de temps à sa famille.

Chaque fois que vous tombez malade, il est bon de vous demander s'il n'est pas nécessaire de changer votre vie. Celui qui ne se repose jamais, victime d'une attaque ou d'une crise cardiaque, doit admettre qu'il lui faut changer de mode de vie et de travail. Lorsqu'un homme tombe malade au moment de prendre sa retraite, cela devrait lui suggérer d'envisager rapidement de nouvelles occupations.

Un des messages délivrés pratiquement par tous les maux est que nous devons être plus respectueux de notre corps et consacrer plus d'attention à ses exigences. Toutefois, notre culture nous apprend que satisfaire nos propres besoins avant ceux des autres est égoïste. Les femmes en particulier, à travers le conditionnement sexuel traditionnel, ont appris à s'ignorer sexuellement et émotionnellement autant qu'intellectuellement. Les hommes ont tendance à oublier qu'ils ont besoin de se reposer et de penser à eux-mêmes; ils nient leur émotivité lorsqu'ils cherchent le pouvoir, l'argent, le respect et l'admiration. Les maladies courantes des hommes et des femmes reflètent ces différences grossières et peuvent faciliter la découverte d'une partie de soi-même qui a été ignorée.

Donner un sens à sa vie

Dire que « la volonté de vivre » d'un individu est essentielle à sa guérison et à son rétablissement fait figure de banalité dans la pratique médicale. Il arrive un moment où les médecins, ayant fait tout ce qui est en leur pouvoir, déclarent : « C'est entre les mains de Dieu maintenant. » Lorsque celui qu'ils s'attendaient à voir mourir s'accroche, ou même guérit, c'est souvent parce qu'il possède une foi ou une volonté de vivre qui le soutient ou parce qu'il lui reste à accomplir quelque tâche.

Pourquoi certains patients ont-ils une forte volonté de

vivre alors que d'autres en semblent totalement dénués?

Le psychologue Lawrence LeShan remarque que cette absence ne peut être simplement attribuée à la démoralisation due à la maladie. « Le patient dont la volonté de vivre est très faible dans une situation catastrophique est pratiquement toujours un individu dont la volonté de vivre était déjà faible auparavant. » Il ajoute que la volonté de vivre n'est pas simplement une réponse à la peur de la mort :

> L'expérience clinique semble indiquer clairement qu'en cas d'affection physique grave, la peur de la mort n'est pas un outil très puissant. Elle ne semble pas rassembler les ressources de l'individu et accroître la résistance des facteurs hôtes aux processus pathologiques. Le désir de vivre semble une arme beaucoup plus forte et amène une partie plus grande de l'organisme tout entier à lutter aux côtés du médecin. Pour mobiliser ce désir de vivre, nous devons mettre en œuvre des buts profondément importants pour le malade [5].

Au cours de psychothérapies approfondies, LeShan conseilla à des centaines de ses patients, atteints principalement de cancer généralisé, de se demander s'ils avaient vécu intensément et de se fixer une série de buts reflétant un dessein intérieur, buts selon lesquels ils devraient agir. Il s'aperçut que cette réflexion encourageait l'acceptation de soi et avait habituellement un effet positif sur la maladie.

Les patients de LeShan découvraient souvent qu'ils manquaient d'enthousiasme devant la vie avant la maladie parce que les buts qu'ils s'étaient choisis reflétaient les désirs des autres plus que les leurs. LeShan et moi avons remarqué qu'après une période de réflexion forcée, provoquée par la maladie, les patients peuvent décider de réorienter leur vie suivant des chemins très différents. Ils peuvent choisir d'autres carrières, passer plus de temps avec leur famille ou abandonner des relations insatisfaisantes.

Malgré l'absence de preuves pour soutenir cette hypothèse, je crois pouvoir lier la rapidité et l'étendue de la guérison de certains patients à leur découverte d'une nouvelle voie qu'ils s'engagent à suivre. Le choix et l'attente de buts nouveaux peuvent les aider à mobiliser leurs énergies réparatrices.

Mais que se passe-t-il lorsqu'un individu, en réponse à la maladie, se laisse porter par les événements, sans s'impliquer, sans valeur ni but bien définis? Ne devrions-nous pas nous attendre à ce que la résistance à l'affection diminue? Je crois que oui. Lorsqu'un individu nie une partie de lui-même — un talent, un désir, une impulsion — il est profondément en lutte avec lui-même et donc mûr pour une invasion extérieure.

J'ai traité une fois une femme d'âge moyen atteinte d'un cancer avancé. Lorsque je la rencontrai, elle me dit être déprimée depuis son adolescence. A vingt ans elle ne savait que faire de sa vie ni quelle direction prendre. Sa sœur aînée par contre s'était mariée et avait réussi.

Ma patiente se maria à trente ans, principalement parce qu'elle pensait qu'elle le devait. Puisque rien ne semblait marcher pour elle, le mariage et la maternité seraient peut-être la solution. Son mari était distant et l'arrivée d'un enfant, plutôt que de devenir une source d'énergie et d'inspiration, ne fut qu'une autre source de déception et un fardeau.

Elle voulait combattre son cancer par une thérapie, non qu'elle pensât qu'il y eût quelque chose qui vaille la peine de vivre, mais parce qu'elle avait très peur de mourir. Comme LeShan l'avait prédit, ce n'était pas une motivation valable pour guérir. Au cours de sa thérapie j'essayai de trouver un moyen de l'impliquer dans un projet agréable ou de la guider vers une relation avec une personne avec qui elle se sentait bien. Mais rien ne marchait. Son état empirait et elle me dit qu'elle souhaitait mourir. Elle mourut finalement chez elle, très soudainement, plus tôt que ne l'avaient prévu ses médecins. Je pense que la thérapie lui avait permis de clarifier ses sentiments et de s'apercevoir que son seul désir était de mourir. Il est clair que les forces qui l'entraînaient vers la mort étaient présentes en elle bien avant son cancer; le cancer n'était que le point culminant d'une longue chaîne de conflits intérieurs.

Deux autres patientes avaient souffert, après la naissance de leur enfant, de maladie cervicale grave nécessitant une intervention chirurgicale. Bien que ces femmes aient été en bonne santé auparavant, toutes deux reconnaissaient se sentir opprimées et diminuées dans leur rôle de mère. Au début de sa maladie, chacune entama une période de réflexion sur sa vie, son futur et son rôle. Au cours de la thérapie, elles se rendirent compte qu'elles avaient renié leur propre moi, leurs propres besoins et qualités uniques en acceptant le rôle de femme au foyer et de mère. Chacune comprit que sa santé dépendait de changements qui fourniraient un sens plus grand à sa vie.

L'une des femmes, tout en reconnaissant intellectuellement le besoin de changement, s'angoissa de plus en plus face à ce qu'impliquait cette transformation. Bien que s'étant séparée de son mari, elle décida de retourner vivre avec lui et retomba malade. Elle se sentait incapable de faire ce qu'elle savait être nécessaire.

L'autre femme au contraire ressentit immédiatement des sensations merveilleuses, intenses et irrésistibles en rapport avec sa beauté et sa valeur. Elle apprit à s'accepter et à s'aimer, ce qui lui était inconnu. Pour la première fois elle se sentit importante. Forte de cette expérience, elle effectua des changements dans sa vie qui lui permirent de s'affirmer comme la personne qu'elle se savait être. Malgré la colère de son mari, elle confia son enfant à une baby-sitter et reprit une formation professionnelle. Ses symptômes ont disparu et elle se porte bien depuis. L'une a découvert un but à sa vie et s'est engagée à le suivre; l'autre non : c'est là la différence clef entre elles.

Un exercice d'auto-analyse

L'utilité de cette doctrine de l'auto-analyse, vous pouvez vous la démontrer en vous penchant attentivement sur vos maux les plus graves ou les plus courants.

Pour commencer cet exercice, dressez la liste de certaines des causes prédisposantes, contribuantes et maintenantes de votre symptôme ou de votre maladie. Au moment où vous étiez malade et au cours des mois précédents, quels étaient vos sentiments, comportements, espérances, relations personnelles ou familiales et vos sources d'angoisse et de stress? Notez certains de ces facteurs qui ont pu contribuer à votre maladie.

Je demande habituellement à mes patients d'avancer une dizaine de causes ayant pu influer sur leur mal : événement stressant dans les premiers temps, approche d'un examen, visite de parents ou colère d'avoir à écrire un rapport pour son patron. Je retrouve souvent, dans la liste des causes maintenantes, l'attention d'un conjoint lorsque la maladie frappe ou l'attrait d'un répit dans le travail.

Au cours de cet exercice, vous ne saurez jamais avec certitude si un sentiment ou un événement particulier a effectivement contribué à votre maladie. Ce dilemme est compréhensible. Il est difficile de connaître précisément le rôle qu'un épisode ou une émotion a joué, si tant est qu'il en ait joué un. Il n'y a aucun moyen de mesurer objectivement l'influence par exemple d'un emploi contraignant ou d'un conflit conjugal sur un cas d'hypertension artérielle. Mais cet exercice n'en est pas moins utile car il vous permettra de prendre conscience de l'influence que peut exercer chaque aspect de votre vie sur votre santé. En analysant ces relations, vous reconnaîtrez le rôle que vous jouez dans votre santé et votre maladie. Vous serez alors prêt à effectuer plus volontiers les changements nécessaires à une vie saine et au contrôle de votre santé.

Voici comment vous pouvez examiner plus profondément la relation entre la maladie et votre vie. Prenez une feuille de papier. De gauche à droite, en bas, notez les années de votre vie par périodes de cinq ans. Dans l'espace au-dessus de l'année correspondante, écrivez les maux dont vous avez souffert à ce moment-là. Notez-en le plus possible, commençant par le plus grave ou le plus mémorable.

Puis, au-dessus de chaque maladie, inscrivez les événements significatifs — positifs ou négatifs — de cette période. Notez les conflits, les traumatismes émotionnels, les transitions et les différents événements tissant votre vie. En complétant cette liste, voyez-vous des schémas se dessiner? Vos maladies sont-elles apparues en des moments de stress, de difficultés ou d'autres crises personnelles?

La plupart de ceux qui pratiquent cet exercice découvrent que leurs affections graves ou chroniques sont intimement liées aux événements de leur vie. Alors que la maladie peut survenir sans être provoquée par aucun événement ou émotion, elle est souvent précédée de causes personnelles et comportementales.

Poussons plus avant cet exercice et essayons de découvrir le sens caché de nos maux. Prenez chaque maladie de votre vie, commençant par la plus récente. Pour réfléchir sur les raisons et les significations qu'elle dissimule, asseyez-vous confortablement et demandez-vous pourquoi vous êtes tombé malade à ce moment-là; puis, sans vous forcer à trouver une réponse, regardez quelles idées vous viennent spontanément à l'esprit : notez-les et considérez leur signification et leur éventuelle validité. Pensez à chaque signification possible pour voir si elle semble juste.

Dans le cas d'une maladie chronique, il y a deux questions à se poser plus particulièrement. Vous pouvez tout d'abord essayer de trouver une série de raisons personnelles à sa première apparition. Mais comme un mal ne se perpétue pas sans conditions maintenantes ou entretenantes qui empêchent le corps de se guérir lui-même, demandez-vous ensuite pourquoi le symptôme demeure.

Ces deux séries de raisons agissent réciproquement. Par exemple : une femme se mit à souffrir de maux de tête lorsqu'elle prit un emploi, indication qu'elle avait peur et n'était pas sûre de ses capacités. Les maux de tête demeurèrent après qu'elle fut devenue efficace car elle se forçait à accomplir des choses qu'elle ne voulait pas vraiment faire et ne se permettait pas de relations satisfaisantes ou intimes. Le mal de tête lui disait : « Tu ne peux pas tout faire toute seule. »

En cherchant ces causes et ces significations, imaginez que votre vie se déroule devant vous comme une pièce de théâtre ou un roman. Placez-vous en observateur essayant de percevoir des événements et de découvrir leur sens caché. Il est souvent plus facile de faire cela avec quelqu'un.

Lorsque je dirige cette enquête, j'interroge de diverses façons le patient sur la signification de la maladie. Je peux demander : « Pourquoi maintenant? » Ou plus spécifiquement : « Qu'est-ce que cette maladie vous permet de faire que vous ne vous permettriez pas habituellement? » Le patient répond souvent que cela lui donne une occasion de se reposer, de se détendre, d'abandonner ses fardeaux et d'accepter attention, amour et réconfort. De telles personnes semblent récupérer beaucoup plus agréablement que ceux qui considèrent la maladie comme une intrusion ou qui sont irrités par la place qu'elle prend dans leur vie. Une autre question peut être : « De quoi votre maladie vous avertissait-elle? »

D'autres causes peuvent être avancées. Laissez-moi vous raconter ce que j'ai découvert en moi à l'occasion d'une rare maladie des yeux qui nécessita deux greffes de cornée il y a plusieurs années. Selon mon médecin, cette affection était due à une insuffisance génétique. Mais, selon ma propre enquête, je remarquai que je me considérais comme un universitaire et mes yeux étaient sans doute la partie de mon corps la plus surchargée de travail. Je me rappelai avoir été embarrassé, au lycée, d'être obligé de m'asseoir au premier rang car je ne pouvais pas voir le tableau et qu'on se moquait de mes lunettes. Je me sentais inférieur à cause de la faiblesse de mes yeux.

Lorsque je tombai malade, j'étais en pleine période de stress car je m'occupais d'un bureau de quartier chaotique et je venais de me marier. Je n'étais pas habitué aux relations intimes, à voir et à être vu par une autre personne de cette façon. J'essayai donc de m'en remettre moins à mes yeux et je me lançai dans des tâches et des activités collectives, ce qui me mit plus à l'aise avec moi-même et me permit des relations plus intimes. Je devins plus actif et moins universitaire introverti. Mes yeux ne m'ont plus causé de problèmes. Je crois leur avoir donné leur juste place. Je n'ai pas négligé pour autant le traitement médical et l'hygiène oculaire appropriés.

Que ces facteurs en aient été ou non la cause, mon affection, en provoquant cette analyse personnelle, enrichit et rééquilibra ma vie.

LE MESSAGE PERSONNEL DE LA MALADIE

L'association de nombreux facteurs provoque la maladie et, en effectuant ce genre d'auto-analyse, il est important de reconnaître autant de causes potentielles que possible. Vous pourrez ainsi ne plus considérer la maladie simplement comme le résultat d'événements physiques à l'intérieur de votre corps et prendre conscience que tout, au cours de votre vie, peut affecter votre santé.

4.

LES BÉNÉFICES, DEVOIRS ET CONSÉQUENCES DE LA MALADIE

La présentation réelle des syndromes de la maladie, comme différents des facteurs facilitant leur éruption, est en grande partie déterminée par le type de communauté dans laquelle les symptômes apparaissent...

La maladie est essentiellement, de la part de l'individu, une tentative de communication avec le monde depuis sa propre position solitaire.

Arthur GUIDHAM

La maladie est bien plus qu'un état du corps. Elle englobe un style de vie, une vision de vous-même et la façon dont vous demandez aux autres de vous voir et de vous répondre. Dans un certain sens, elle peut être considérée comme un voyage vers un autre royaume, un autre mode de vie, qui peut influer sur nous de nombreuses façons. Susan Sontag écrit :

> La maladie est le côté nocturne de la vie, une citoyenneté plus onéreuse. Toute personne vivante possède une double citoyenneté, au royaume des bien portants et au royaume des malades. Quoique nous préférions tous utiliser le bon passeport, un jour ou l'autre chacun d'entre nous est obligé, pour un court moment au moins, de s'identifier comme citoyen de cet autre univers [1].

Comparer la maladie à un royaume implique la nécessité de s'enquérir des droits et des devoirs de ce genre de citoyenneté. Ce que nous décidons face à nos obligations peut aussi affecter notre santé et notre désir de demeurer bien portant ou malade.

Les réponses à la maladie : acceptation, refus et exagération

Certains croient immédiatement que chaque petit mal de tête est signe de maladie. D'autres ont besoin de faire l'expérience d'une catastrophe majeure, telle une crise cardiaque, pour admettre un dysfonctionnement. Les mêmes maux, graves ou bénins, peuvent provoquer de nombreuses réponses différentes selon la personnalité et les expériences précédentes.

La meilleure façon pour un individu de réagir à la maladie est de la considérer comme une intrusion indésirable dans une vie par ailleurs active, satisfaisante et pleine de sens. Il en reconnaît la réalité (et donc l'« accepte ») mais, plutôt que de tirer avantage de ses bénéfices secondaires, la première question qu'il pose à son médecin sera : « Que dois-je faire pour aider à la meilleure guérison possible? » Il s'informe et fait tout pour aller mieux. Ce patient idéal serait le complément parfait du médecin holistique, mais le premier est aujourd'hui aussi rare que le second. La plupart des gens ont besoin d'une éducation plus poussée avant de pouvoir jouer un rôle aussi positif dans le processus de guérison.

Dans l'idéal, « celui-qui-accepte » a toujours été parfaitement conscient de ce que chaque être humain est enclin à la maladie et lutte donc depuis longtemps pour le maintien de sa santé en suivant activement les principes de la médecine préventive. Puisque la maladie est toujours possible, un programme quotidien destiné à se maintenir en bonne santé est tout à fait nécessaire. Le corps est trop précieux pour être laissé au hasard. « Celui-qui-accepte » est attentif aux signes avant-coureurs d'un danger possible et apprend à ne pas s'y abandonner mais à faire le nécessaire pour contre-attaquer. Il sait quand il faut faire appel à une aide médicale.

Malheureusement, non seulement la plupart des individus ignorent les soins préventifs, mais ils tardent autant qu'ils le peuvent à rechercher un traitement lorsque les symptômes commencent à faire surface. Ils ne veulent pas être considérés comme des hypocondriaques et ne veulent gaspiller, ni argent, ni temps, ni ennuyer les médecins avec de petits ennuis. Alors ils tolèrent l'inconfort jusqu'à ce qu'il atteigne un niveau plus sévère.

D'autres raisons expliquent ce long délai avant la recherche du traitement. Par exemple, un sentiment d'omnipotence, une négation de la mort ou une méfiance envers les médecins. Aucun d'entre nous n'aime affronter le risque de mort ou la fragilité physique; nous craignons parfois autant la douleur et les effets secondaires du traitement que la maladie elle-même. De plus, la plupart de nos maux disparaissent effectivement d'eux-mêmes grâce au pouvoir d'autoguérison du corps. « Pourquoi alors s'embêter à chercher l'aide d'un spécialiste? » parions-nous pour éviter d'affronter nos peurs.

Ce n'est habituellement pas à la légère que nous rendons visite au médecin. Nous ne prenons rendez-vous qu'après avoir vérifié autour de nous et conclu que nous sommes probablement malade. En discutant avec notre famille et nos amis de nos symptômes, nous demandons une consultation, un diagnostic et une référence informelle. Ce « réseau de références profanes », selon le sociologue Eliot Friedson, ressemble beaucoup aux anciennes méthodes de guérison populaires [2]. L'entourage offre ses propres expériences, suggère des traitements (tisanes, sirops...) et recommande le type de soignant à consulter — cela va du sorcier et chaman d'autres cultures jusqu'aux médecins formés à l'occidentale, ostéopathes, chiropracteurs, adeptes de l'Église scientiste, guérisseurs, psychologues et infirmières.

Autres réponses à la maladie, le refus et l'exagération. Ni l'un ni l'autre ne contribuent au bien-être du patient.

Le « dénégateur » refuse de reconnaître sa maladie et ne se donne donc pas les moyens de recouvrer la santé. Il ressemble parfois à celui qui accepte en ce sens qu'il agit comme s'il n'était pas malade du tout. Il s'obligera peut-être à retourner au travail plus tôt que de raison, craignant que ses subalternes ou ses collègues ne puissent se passer de lui. Il pense que s'il admettait sa maladie, ce serait un signe de faiblesse. Il a peur d'affronter son mal et ses conséquences éventuelles.

En se forçant à reprendre ses activités, le dénégateur rejette la plupart des avantages (le repos et l'attention) de la maladie mais, ce faisant, se refuse la guérison. Lorsqu'il retourne au travail, disant à tous qu'il « se sent comme neuf », il ignore les messages urgents de protestation et de désespoir de son corps. Celui qui nie succombe souvent prématurément à des maux tels que les maladies cardiaques et le cancer.

Par contraste, celui qui exagère répond à chaque maladie en la faisant paraître plus mortelle qu'elle n'est. Il s'inquiète régulièrement, se met en état de stress intense, s'attend au pire et/ou se met à dépendre des attitudes secourables et attentionnées des autres. Ce genre de plaintif transforme sa maladie en mode de vie pour contrôler son entourage et atteindre ses fins. Il s'appesantit sur ses symptômes, spéculant sur leurs implications sinistres et exige du médecin aide et considération spéciales. Même s'il demande des soins médicaux, il n'y répond pas positivement, ce qui a le don de chagriner et frustrer son médecin. Il ne s'estime pas responsable de son affection et n'accepte donc, ni ne l'utilise, son propre pouvoir à la surmonter.

On pense souvent que la maladie de celui qui exagère est imaginaire. Cependant sa douleur est réelle et, par une sorte d'effet inverse, sa focalisation sur les symptômes tend en fait à créer et à maintenir la maladie. De plus, son traitement, habituellement un cocktail de pilules quotidiennes ou d'opérations chirurgicales exploratoires et facultatives, peut, par des effets secondaires graves, ajouter à ses difficultés.

L'irritation avec laquelle nous réagissons à celui qui exagère se reflète dans les nombreux sobriquets que nous lui attribuons : les médecins le baptisent « hypocondriaque »; le profane le traite de « malade imaginaire » ou de « geignard » pour indiquer combien il peut être fatigant. Parce qu'il ne peut exister sans les autres, seul son entourage peut le sortir de son dilemme. Il a besoin, pour maintenir son mode de vie destructeur, de l'attention de proches qui prennent soin de lui sans penser à eux-mêmes et de la coopération de médecins qui diagnostiquent et traitent une série ininterrompue de symptômes sans s'attaquer aux causes fondamentales de sa maladie. Si l'entourage ne joue pas son rôle « correctement », celui qui exagère se sentira isolé et la maladie ne lui servira peut-être plus à grand-chose.

Avant de réagir trop violemment face à quelqu'un qui exagère, rappelez-vous que nous avons pratiquement tous exagéré occasionnellement nos symptômes de façon à attirer amour, attention ou pitié. Mais, ce faisant, nous n'avons fait que compliquer la guérison. Quoique la maladie chronique puisse n'être tout d'abord qu'un moment de crise, elle peut devenir un élément permanent de la réaction physiologique de l'individu, en raison des avantages qu'elle offre à celui qui en souffre.

La réponse d'un individu à la maladie n'est pas innée ni immuable; elle peut varier selon les moments et les situations. Certains, par exemple, ayant nié la maladie pendant longtemps, la reconnaissent finalement quand elle devient très grave. Ils l'utilisent alors pour finalement s'obliger à pratiquer des changements nécessaires : réduire leurs activités professionnelles, se retirer ou apprendre à se détendre. Dans ces cas-là, la maladie peut être un avertissement salutaire.

Consacrez quelques instants à examiner votre réaction et celle des autres à votre maladie à différents moments de votre vie. Aimiez-vous être malade et cela vous plaisait-il de vous sentir objet de l'attention d'autrui? Ou étiez-vous en colère, frustré et désireux de vaincre votre affection aussi rapidement que possible? Quels rapports entretenez-vous avec les médecins? Les évitez-vous ou en abusez-vous? Vos réponses à ces questions devraient fournir des indications précieuses sur votre santé, qui est indépendante de l'état de votre corps.

Le rôle de malade : droits et responsabilités de la maladie

Le médecin ne peut accomplir son travail correctement sans la coopération de son patient. Il a besoin de le voir à son cabinet, de s'informer sur ce qu'il sait de son corps et il attend de lui qu'il prenne les médicaments et se soumette aux autres prescriptions pour maintenir ou recouvrer sa santé. Selon le sociologue Talcott Parsons, ces obligations et ces droits — qu'il appelle le « rôle de malade[3] » — prennent effet d'un point de vue social lorsqu'un médecin certifie que la personne est réellement gênée physiquement.

Quelles sont les autres responsabilités du patient dans sa relation avec le médecin? Selon Parsons, il doit le consulter lorsqu'il est malade et suivre ses instructions pour aller bien. Sinon il peut être accusé de simulation. En échange de cette coopération minimale, le patient est soulagé d'un grand nombre de ses responsabilités familiales, professionnelles et sociales. On s'occupe de lui comme d'un enfant. A mon avis, la façon dont un individu remplit son rôle de malade, en retire ou non des « bénéfices », se décharge de ses responsabilités, joue de façon critique sur la rapidité et la qualité de sa guérison.

Malheureusement Parsons décrit la conduite idéale et non réelle du patient. En fait, ceux qui souffrent ne prennent souvent pas au sérieux leurs obligations. Ils agissent subtilement comme si une partie d'eux-mêmes ne voulait pas guérir. Bien que la plupart des patients se déclarent avec enthousiasme prêts à suivre le programme thérapeutique de leur médecin, leur conduite peut être tout à fait inverse.

Barry Blackwell, examinant des centaines d'études sur l'adhésion des malades aux traitements médicaux, rapporte que moins de la moitié des conseils des médecins est suivie[4]. Les patients ont tendance à ne pas s'y soumettre, surtout lorsqu'on leur conseille un changement de comportement autre que le repos au lit et plusieurs pilules par jour. Si le traitement implique un régime alimentaire, de l'exercice ou de nouveaux centres d'intérêt, ils ignorent souvent les instructions. Ainsi la maladie peut traîner ou réapparaître presque immanquablement même si elle avait disparu. Ce rejet des instructions du praticien représente-t-il alors une réticence à abandonner les bénéfices secondaires de la maladie?

Considérez la conduite courageuse du directeur qui

reprend son emploi peu de temps après une opération. malgré son rétablissement apparemment rapide il peut assez vite souffrir d'une rechute. Son prompt retour au travail était-il une façon d'assurer cette rechute, un choix (peut-être inconscient) de rester malade plutôt que de travailler? Pour que le traitement soit complet et efficace nous devons nous attaquer à nos sentiments les plus profonds ainsi qu'à la façon dont ils s'expriment indirectement à travers la maladie.

Cela repose la question : à qui attribuer la responsabilité de la maladie? Traditionnellement, on ne fait nullement porter à l'individu la responsabilité de sa maladie, soutenant qu'elle n'est en aucune façon liée aux sentiments, au psychisme ou aux événements de la vie. Donc, lorsqu'un individu met beaucoup plus de temps qu'il n'en faut à se rétablir d'une grippe ou lorsqu'il attrape tous les rhumes du voisinage, évitant ainsi des responsabilités trop lourdes, il peut essayer de justifier sa situation en disant : « Ce n'est pas de ma faute. »

Il est intéressant de noter que la notion de responsabilité individuelle a toujours été beaucoup mieux acceptée pour la maladie mentale que pour la maladie physique. Lorsqu'une personne est troublée ou désespérée, amis et médecins ont tendance à lui faire porter une partie au moins de la responsabilité. Nous cherchons à éviter ceux qui ont des problèmes émotionnels : nous ne leur rendons visite qu'irrégulièrement dans les hôpitaux psychiatriques et ne leur offrons pas la même sympathie débordante qu'aux malades physiquement atteints. Au cours du traitement, les psychotérapeutes s'intéressent à la vie psychologique du malade et lui demandent de s'examiner pour découvrir ce qui l'a désespéré et comment il a pu contribuer à son affection. Ainsi, je pense qu'il est tout aussi valable d'attribuer au malade atteint physiquement la même part de responsabilité individuelle que dans le cas de la maladie mentale.

La maladie physique est socialement mieux acceptée que la maladie psychologique. Dans l'optique traditionnelle de Parsons le patient physiquement atteint n'est pas accusé et on ne lui demande de coopération que formelle, celle de suivre des ordres. Par conséquent, il est tout à fait possible que, par quelque mécanisme complexe et peu connu, l'individu préfère exprimer un conflit intérieur à travers une maladie somatique plutôt que psychique. Pour échapper au blâme et pour éviter d'affronter ce qui se cache derrière une affection, beaucoup d'individus choisissent d'exprimer physiquement les tensions, pressions, incertitudes et difficultés de leur vie. Les troubles émotionnels sont socialement suspects; alors il vaut mieux avoir un ulcère qu'une névrose.

La nouvelle conception holistique du rôle du patient dans l'affection exige de lui qu'il s'affronte à lui-même. Elle demande à chaque patient, qu'il soit psychologiquement ou physiquement atteint, d'examiner sa participation à la maladie.

Abordée honnêtement, cette auto-analyse peut révéler beaucoup. Il peut être utile au patient de comprendre non seulement pourquoi l'affection s'est manifestée de telle façon, mais aussi comment elle a été influencée par l'environnement (emploi, famille, pollution et autres facteurs qui affectent chaque jour notre corps).

Bien que certains malades ne tirent pas parti des « bénéfices secondaires » de la maladie, l'existence de ces avantages et leur tendance à susciter l'accoutumance ajoutent à la complexité de la maladie, freinent le traitement et le pouvoir d'autoguérison de l'individu. Si, consciemment ou inconsciemment, nous profitons des bénéfices de la maladie, nous devons les considérer comme faisant partie des forces minant notre santé. Les malades sont logiquement dispensés de cours, de travail, de rendez-vous, d'obligations familiales et de responsabilités sociales. Dès l'instant où un enfant découvre qu'en disant avoir mal à l'estomac il peut rester à la maison et regarder la télévision, il apprend que la maladie est un moyen élégant et socialement accepté d'éviter certaines tâches. Finalement, un grand nombre d'individus deviennent dépendants de ces avantages. Lorsque les médecins sont incapables d'expliquer l'échec d'une guérison ou la nature chronique inattendue d'une maladie qui disparaît habituellement d'elle-même, ces bénéfices peuvent en être la cause.

Ainsi il est généralement admis que nous « n'y pouvons

rien » et ne devons donc pas être accusés, pénalisés ou privés des bénéfices secondaires de la maladie. Mais ce peut être faux. En désirant ardemment ces avantages, nous pouvons, grâce à des procédés inconscients, obtenir la collaboration de notre corps. Des fonctions physiologiques, influencées par les suggestions mentales et les émotions, peuvent effectivement faciliter la maladie et retarder le processus de guérison. Il est ainsi possible d' « apprendre » à tomber malade pour satisfaire certains de nos besoins ou désirs.

Dans ce cas, le traitement symptomatique est rarement efficace. Si, pour obtenir de votre entourage un traitement privilégié, vous vous êtes créé certains troubles ou douleurs physiques, votre médecin aura du mal à soigner avec succès vos symptômes, quelle que soit la puissance de sa médication. Ceci parce qu'une cause première — les bénéfices secondaires (tel le soutien des autres) — n'est pas traitée.

La douleur chronique, par exemple, est connue pour être difficile à soigner bien que ses victimes consultent médecin sur médecin, recherchant désespérément un soulagement. Les médicaments, la chirurgie, la rééducation et des douzaines de visites à différents spécialistes sont souvent futiles. Mais certains psychologues et médecins, qui ont récemment créé des programmes de traitement employant différentes approches, jouissent d'un succès sans précédent.

Fordyce, Fowler et DeLateur ont découvert dans leur « clinique de la douleur » que l'attention de la famille et du personnel hospitalier poussent le patient à s'enfoncer dans la douleur. Par exemple, Fordyce et son groupe traitèrent Mme Y. qui souffrait du dos depuis dix-huit ans et avait déjà subi quatre opérations. Sa douleur persistait bien qu'il fût impossible de déceler un problème neurologique. L'équipe décida que cela pouvait être dû à l'attention et aux soins qu'elle recevait des autres. Ils donnèrent l'instruction au personnel de l'hôpital d'ignorer Mme Y. lorsqu'elle se plaignait, mais de l'encourager et de faire attention à elle lorsqu'elle s'activait et parlait d'autre chose. Au lieu de lui donner des médicaments lorsqu'elle disait avoir mal, on lui administra des analgésiques à intervalles réguliers et on ne valorisa plus ses plaintes.

Son état s'améliora peu à peu et rapidement elle se sentit suffisamment bien pour rentrer chez elle. On avait demandé à sa famille de ne pas l'encourager quand elle se plaignait mais quand elle agissait. Son mal continua à décroître et son activité redevint rapidement normale. Ses médecins conclurent que sa douleur avait été provoquée par une blessure ancienne mais, en raison de l'écho positif qu'elle suscitait, s'était transformée en une mauvaise habitude [5].

Notre système de soin lui-même est une autre source surprenante de bénéfices secondaires. Les médecins sont souvent sympathiques et attentifs et, pour des patients isolés qui manquent de réconfort, un docteur peut être une source de soutien affectif. Mais, pour attirer son attention, le patient doit produire ou créer des symptômes. Souvent les médecins sont utilisés avant tout pour obtenir attention et aide psychologique. Compte tenu de leur formation et de leur compétence, cette responsabilité devrait plutôt incomber à d'autres.

Autre problème : nos assurances médicales qui paient un grand nombre de traitements mais n'encouragent aucunement à rester en bonne santé. Dans ma clinique, nous ne pouvons facturer les programmes préventifs ou éducatifs mais seulement la thérapie de groupe ou les soins psychiatriques. Ainsi, pour aider nos patients à aller mieux, nous devons étiqueter leurs problèmes comme maladies mentales.

Parfois il semble que notre système de soins s'intéresse plus à la maladie qu'à la santé. Je connais peu d'hôpitaux qui enseignent à prendre soin de soi-même ou aident un patient à se remettre émotionnellement d'une opération ou d'une maladie grave. Je crois que les compagnies d'assurances devraient stimuler la médecine préventive en exigeant des hôpitaux qu'ils fournissent des programmes éducatifs auxquels il serait obligatoire de participer pour être remboursé. Aujourd'hui, aucun encouragement, financier ou personnel, n'incite à suivre les ordres des médecins ou à rester en bonne santé. Il y a peu de temps, plusieurs compagnies se sont mises à offrir des primes aux travailleurs qui ne tombaient pas malades; les absences pour cause de maladie ont diminué de 50 %.

Mon expérience clinique m'a convaincu que les bénéfices secondaires de la maladie sont parmi les principaux obstacles à la santé. Je n'ai jamais rencontré un seul malade grave dont le traitement n'ait pas été compliqué par les multiples façons dont son mal était récompensé. Je ne propose pas pour autant de rejeter d'office les douleurs des malades, ou d'ajouter à leurs souffrances en leur disant qu'ils sont responsables de leur affection. Mais, tant que la maladie excusera tout et tant qu'autant de récompenses y seront attachées, la santé ne sera jamais aussi valorisée qu'elle devrait l'être.

La crise familiale provoquée par la maladie

La crise la plus sérieuse dans la vie d'une famille peut survenir lorsqu'une l'un de ses membres est hospitalisé pour une maladie grave. Dans ces moments-là un stress considérable pèse sur l'unité familiale tout entière qui peut, en fait, souffrir autant, si ce n'est plus, que le malade lui-même. Selon le psychologue Henry Lennard, les membres de la famille d'un patient font face à de nombreuses difficultés et incertitudes, y compris à l'angoisse provoquée par la possibilité de la mort ou de l'invalidité permanente [6]. Pour compliquer les choses, l'information fournie par les hôpitaux et les médecins exacerbe ces appréhensions. Information habituellement confuse, prudente et volontairement ambiguë de façon à ne pas susciter de faux espoirs et à éviter toute responsabilité. Par conséquent, les peurs de la famille atteignent des proportions sans rapport avec le réel danger, créent un rideau qui isole le malade. Il n'existe pas de lieu de rencontre où la famille puisse partager l'information et analyser les sentiments et les problèmes que pose la maladie.

Lorsque le patient est à l'hôpital, ses parents, chez eux, sont souvent en crise. Ils redoutent la dépendance que peut entraîner la convalescence. Ou bien ils ressentent comme une contrainte d'avoir à assumer les responsabilités du malade. Une hospitalisation peut aussi ruiner financièrement une famille. Parfois, les enfants décident de ne pas se marier, poursuivent leurs études ou quittent la maison. En même temps, la culpabilité empêche souvent les proches de partager leur frustration, colère ou malaise. Ils n'expriment aucun de ces sentiments et n'exigent rien les uns des autres. Parfois, la tension créée par ce comportement provoque la maladie d'autres membres de la famille. Discuter avec eux et les conseiller les aide parfois à réagir plus efficacement à ces problèmes, en leur permettant de prendre soin d'un parent malade, sans ressentiment ni angoisse injustifiés.

Une atmosphère dans laquelle les vrais sentiments sont tus ne favorise pas un environnement chaleureux nécessaire au rétablissement. Au contraire, elle trouble, crée une tension et peut entraver la guérison. Certains de mes patients, confrontés à un environnement négatif chez eux, ont rechuté et on dut les réhospitaliser.

Le processus de guérison est donc affecté par la réponse de chaque membre de la famille à la maladie autant que par les réactions des employeurs, médecins, compagnies d'assurances et amis. La maladie peut être l'occasion d'une crise à la fois personnelle et familiale. Si tous les membres de la famille ne sont pas associés au processus de guérison — et ne sont pas encouragés à exprimer leurs sentiments et à s'aider mutuellement à affronter leurs problèmes — le traitement médical peut être paralysé ou miné.

La mort

A l'hôpital, le spectre de la mort menace le patient autant que sa famille. La maladie est un rappel de la mort et de la précarité humaine mais ce message est souvent si redouté que le patient et sa famille le nient. Alors que chacun doit un jour ou l'autre affronter sa propre mort, l'expérience de celle-ci partagée par un malade et sa famille ne fait traditionnellement pas partie du processus de guérison. Au contraire, la mort est considérée comme un échec à la guérison et donc rarement partagée ou discutée.

Comme l'a écrit Ernest Becker, la négation de notre propre mort et de la mort en général anime notre culture [7]. Nous louons la jeunesse et craignons la vieillesse. Nous nous abandonnons aux plaisirs immédiats sans en imaginer les conséquences. Autant que possible nous chassons des hôpitaux tout rappel de mort et de souffrance, administrons des tranquillisants aux patients pour entamer leur lucidité. Psychologiquement, nous agissons souvent comme si la mort n'existait pas.

Grâce au travail infatigable de la psychiatre Élisabeth Kübler-Ross, la mort est devenue un sujet moins tabou dans les hôpitaux et parmi les médecins. Lorsqu'elle commença à parler avec des mourants, elle se heurta au mépris du personnel hospitalier, à ses résistances et à sa peur. Cependant, elle démontra que ses conversations étaient réconfortantes et utiles aux patients et à leur famille qui accueillaient souvent bien l'occasion de parler de la mort ouvertement et de partager leurs sentiments. Par contre, le personnel hospitalier évitait les discussions sur la mort avec les patients, masquant son angoisse d'un faux optimisme [8].

Lorsqu'un de mes patients est gravement malade, je lui parle de la mort. Je lui demande ce qu'il pense de la gravité de son mal, ce qu'il en a entendu dire par son médecin et s'il en a discuté avec d'autres, y compris sa famille ou un homme d'église. Je n'ai encore jamais rencontré quelqu'un qui en ai parlé avec son médecin, si ce n'est dans le contexte de l'espérance de vie moyenne d'un individu. Néanmoins, je m'aperçois que ceux qui sont proches de la mort en sont conscients. Il est important pour eux d'en parler librement ainsi que de ses conséquences sur les proches. De plus, en parler est primordial pour la stabilité affective de la famille. Les parents souffrent beaucoup. Leur propre rétablissement ainsi que leur douleur exigent qu'ils partagent leurs sentiments avec le mourant s'ils ne veulent pas être paralysés par la culpabilité.

La croyance, répandue parmi les praticiens, que la mort est l'échec de la médecine doit être remise en question. Tout le monde doit mourir un jour. Si nous acceptons la réalité de la mort, la question est de savoir quand elle doit survenir. C'est une question spirituelle qui a aujourd'hui franchi les frontières de la médecine. Un médecin peut souvent, en parlant avec son patient du sens et du but de sa vie, déterminer quand la mort peut intervenir.

Jusqu'au moment effectif de la mort, chacun doit donner

à chaque jour autant d'importance et de signification que s'il était totalement impliqué dans la vie. Pour moi, étudiant en thérapeute les aspects psychologiques de la maladie, le critère du succès n'est pas combien de gens j'ai « sauvé », comme si les professionnels de la santé étaient des serviteurs des dieux. Au contraire, j'évalue mon travail par rapport à la qualité de la vie d'un patient et de sa famille jusqu'au moment de la mort.

Finalement, la continuité de la vie et de la mort suggère qu'il faut explorer plus profondément les moyens de soutenir la famille tout entière pendant et après le processus de mort. Si vous avez vécu la mort d'un proche dans un hôpital, vous savez que la médecine institutionnelle ne fait pas beaucoup de place au côté humain de cet événement. La douleur provoquée par la mort s'accompagne souvent de colère et de ressentiment contre l'hôpital qui limite l'échange et le partage entre malades et familles.

Le récent développement des « mouroirs » commence à modifier cette triste réalité. Il crée des environnements spéciaux adaptés au processus de la mort et met des conseillers expérimentés à la disposition des familles [9]. Tout professionnel de la santé doit dépasser ses propres angoisses quant à la mort du patient et en assumer à nouveau les conséquences psychologiques habituellement ignorées ou transmises aux hommes d'église.

Nous avons ainsi découvert ce dont la plupart d'entre nous n'étaient que vaguement conscients : la maladie n'est pas simplement un fait individuel. C'est une réponse aux circonstances de la vie et elle affecte tous ceux qui entourent le malade. Un traitement holistique doit prendre en considération cette dimension sociale de la maladie car l'environnement et les relations familiales peuvent détenir la clé du bien-être. Très souvent, lorsqu'un patient restructure ses relations familiales et reconsidère la façon dont il satisfait ses besoins, ses problèmes ou ses douleurs physiques disparaissent.

5

PUISSANCE DU PLACEBO : CROYANCE, ESPÉRANCE ET AUTOPERSUASION

Lorsque je demandai au Dr Albert Schweitzer comment il expliquait que n'importe qui pouvait raisonnablement espérer aller mieux après avoir été soigné par un sorcier, il me répondit que je lui demandais de dévoiler un secret que les médecins portent en eux depuis Hippocrate.

« Mais je vous le révélerai quand même, dit-il, son visage toujours illuminé par ce demi-sourire. Le sorcier réussit pour la même raison que nous réussissons tous. Chaque patient porte en lui son propre médecin. Nous donnons le meilleur de nous-mêmes lorsque nous permettons au médecin qui réside dans chaque malade de se mettre au travail. »

Le placebo est le médecin que nous portons en nous.

Norman COUSINS

Il y a quelques années, le Dr Philip West, pionnier de la recherche sur les facteurs psychologiques de la maladie, traitait un homme atteint d'un cancer grave qui suppliait qu'on lui administre la drogue expérimentale appelée Krebiozen. A cette époque, le Krebiozen était présenté par ses partisans comme le « remède miracle » au cancer. Après une seule dose de cette drogue apparemment sans valeur, les tumeurs du patient « fondaient comme neige au soleil ». Alors qu'il avait eu besoin d'un masque à oxygène pour respirer, il redevint rapidement si actif qu'il se remit même à piloter son avion.

Peu de temps après, il lut des études indiquant que le Krebiozen était inefficace. Immédiatement son cancer reprit son développement et on dut l'hospitaliser. Son médecin, réagissant à la tournure dramatique des événements, décida de vérifier un pressentiment qui, espérait-il, lui sauverait la vie. Il mentit : il lui dit de ne pas croire à ce qu'il avait lu et promit un traitement avec un nouveau Krebiozen plus puissant. En fait, il ne lui administra que de l'eau, néanmoins son état s'améliora nettement. Son rétablissement se poursuivit jusqu'à ce qu'il lise que l'American Medical Association et la Food and Drug Administration avaient prouvé de façon indiscutable l'inutilité du Krebiozen. Quelques jours plus tard, il mourut [1].

Ce cas, largement rapporté dans la littérature médicale, continue de troubler la profession. Quelques mots et de l'eau renversèrent apparemment le processus du cancer, dans un cas et au moins temporairement. Cela pouvait-il arriver à d'autres? Si oui, pourquoi? Par quel mécanisme les suggestions et la foi qu'un patient a en elles affectent-elles les maladies, même un cancer avancé?

A travers toute l'histoire de la médecine, la cause principale de guérison a probablement été l'espoir du patient et sa foi dans les pouvoirs du médecin. Le psychiatre Jerome Frank appelle cela « la puissance de l'attente confiante [2] ». Il la considère comme un stimulus majeur aux pouvoirs de récupération du patient. Peu, si ce n'est aucun, des traitements ou des médicaments utilisés avant le siècle dernier n'avaient de réel effet physique sur le corps ou sur la maladie. Les guérisseurs s'en remettaient donc largement à la suggestion, même inconsciemment. Ils étaient aussi aidés par la faculté du corps à se régénérer lui-même et par la tendance de la maladie à se limiter d'elle-même.

L'effet thérapeutique de la foi a été appelé « effet placebo » (*placebo,* en latin, veut dire « je satisferai »). La suggestion positive peut obtenir des résultats bénéfiques de médicaments par ailleurs inefficaces. Négative, elle peut limiter la puissance de drogues habituellement utiles.

Les études montrent que les placebos ont une certaine efficacité dans un tiers des cas. Mais, même lorsqu'ils réduisent la douleur de façon mesurable, activent le rétablissement et imitent l'action des médicaments, ils sont rarement pris au sérieux par les médecins, y compris par ceux qui les utilisent [3]. Le fonctionnement du placebo n'a jamais été précisément défini et son efficacité n'est pas non plus absolue. Certains médecins considèrent donc ses guérisons comme peu sûres ou contestables. La médecine tend à ignorer et éliminer par la rationalisation les succès du placebo. Par exemple, les médecins décrivent habituellement le renversement inexpliqué du cancer comme une « rémission spontanée ». Souvent, lorsque les patients survivent à une maladie ou un accident pratiquement fatals, ils ne donnent aucune explication.

Très peu de recherches ont été effectuées sur ces remèdes inattendus. Les instituts nationaux de la santé n'ont jamais accordé de subvention à une étude des rémissions spontanées, des guérisons miraculeuses (religieuses ou autres), des effets de la suggestion ou de la « volonté de vivre », en dépit de leurs fréquences. Les « miracles » ne semblent pas éveiller la curiosité scientifique.

Je pense que le mystère qui entoure la guérison due au placebo persiste en grande partie parce que la communauté médicale n'accepte pas l'impact — ou n'en n'est pas consciente — des processus psychologiques sur les facultés autoréparatrices du corps. Nombreux sont les médecins pour qui les rémissions spontanées ne sont dues qu'au hasard et ne peuvent donc être systématiquement prises en compte dans le traitement. Mais que se passerait-il si des chercheurs prouvaient que ces guérisons peuvent être attribuées à des processus psychologiques spécifiques? Si tel était le cas, les médecins ne pourraient-ils pas les incorporer à leur programmes thérapeutiques? La foi ne deviendrait-elle pas alors un aspect important du traitement et ne rendrait-elle pas les « miracles » routiniers et explicables?

La puissance du placebo : la suggestion du médecin

Toute médecine, passée et actuelle, consiste largement en magie et suggestion. Tout comme autrefois, le médicament reste le principal symbole de la puissance du médecin. Autrefois, les potions vulnéraires étaient à base de plantes; aujourd'hui, bien que les médicaments soient fabriqués par des laboratoires chimiques et prescrits par des médecins ayant des années de formation scientifique, ils n'en demeurent pas moins aussi mystérieux que leurs prédécesseurs de l'Antiquité. Seul le médecin peut les prescrire et on n'explique pratiquement jamais au patient comment il agit et fonctionne. Toutefois, si le patient croit qu'il peut l'aider, l'efficacité du médicament sera accrue.

Dans la plupart des recherches, les effets du placebo et la puissance de la foi sont considérés comme une distraction gênant l'étude des mécanismes physiques réels de l'action du médicament. On essaie aujourd'hui de minimiser leur impact, habituellement en programmant l'étude de telle sorte que ni le patient ni le chercheur ne sachent qui reçoit le vrai médicament et qui reçoit la pilule sucrée, le placebo.

Henry Beecher, en examinant des études de traitement par placebo pour des douzaines de maux, s'est aperçu que plus de 35 % des malades étaient soulagés de façon satisfaisante par ce qu'ils croyaient être leur médicament habituel.

Ces guérisons dues aux placebos ne sont pas simplement imaginaires ou subjectives mais sont souvent le résultat de réels changements physiques. Stewart Wolf découvrit qu'un placebo pouvait produire un nombre anormal d'un type de globules dans le système immunitaire ou réduire la quantité de graisses ou de protéines dans le sang.

Dans une autre étude, on onnonça à un groupe d'étudiants en médecine qu'on leur donnait des « stimulants » ou des « sédatifs ». En fait, les médicaments étaient des placebos. Cela n'empêcha pas 50 % d'entre eux de ressentir les habituels changements physiologiques dus aux stimulants et aux sédatifs : accélération ou diminution du pouls et de la pression artérielle et effets secondaires tels que étourdissements et humidification des yeux [4].

Dans une autre étude étonnante, Beecher divisa en deux groupes des malades devant subir une opération de pontage du cœur. L'un des deux groupes subit l'opération complète tandis que les membres de l'autre furent uniquement ouverts et immédiatement recousus. On annonça au deux groupes qu'ils avaient subi le traitement complet. Les études qui suivirent indiquèrent que, d'après les évaluations postopératoires de leurs symptômes, tous les patients se portaient également bien. La simple suggestion que la totalité de l'opération avait été effectuée suffisait apparemment à améliorer l'état du deuxième groupe. Les espérances engendrées par le rituel moderne de la guérison chirurgicale peuvent tout autant produire le rétablissement que les cérémonies des chamans d'autrefois [5].

L'étude des mécanismes cérébraux pouvant, à la suite de suggestions mentales, provoquer des changements physiques n'est abordée que depuis peu. L'effet placebo peut en partie être activé par des substances agissant naturellement dans le cerveau appelées endorphines. Ces molécules sont fabriquées par le corps pour soulager la douleur, elles permettent au système nerveux d'annuler la douleur lorsque nécessaire. Par essence, le cerveau peut créer son propre narcotique.

Les endorphines furent identifiées pour la première fois en 1975 et les scientifiques ne connaissent toujours pas exactement leur fonctionnement. Les premières études indiquent qu'elles possèdent une structure chimique identique à celle de la morphine. Et, lorsqu'elles sont sécrétées par le corps, elles lui permettent peut-être de laisser agir pleinement sa faculté d'adaptation aux diverses techniques de guérison — effet placebo compris.

D'autres recherches suggèrent que le placebo opère suivant un principe très proche de celui de l'hypnose. Dans l'état de conscience particulier à l'hypnose, l'individu se trouve beaucoup plus perméable à la suggestion autoritaire. Les hypnotiseurs peuvent donc amener quelqu'un à transpirer, se gratter, se raidir, arrêter de saigner ou stopper la douleur, créer ou guérir des symptômes physiques tels que les furoncles. L'autorité du médecin et la demande du patient rendent leur relation très favorable aux effets hypnotiques. Ainsi, parce que les espérances ou les suggestions, même émises accidentellement, peuvent être traduites en réalités physiques, le médecin devrait prendre garde à cette puissance et s'en servir de façon positive.

Les hypnothérapeutes David Cheek et Leslie LeCron suggèrent qu'un individu sous le coup de l'émotion est très sensible aux suggestions, en particulier de ceux qu'il respecte ou considère comme des autorités. Si une personne malade, particulièrement un enfant, entend une personnalité autoritaire déclarer « Il n'y a rien à faire » ou « Il va te falloir apprendre à vivre avec », il le reprend à son compte. Il est intéressant de remarquer que l'individu n'a habituellement aucun souvenir conscient de la suggestion, bien que l'hypnothérapie ou l'imagerie mentale puissent le ramener à la conscience. Ce processus, appelé « impression », peut expliquer de nombreux symptômes somatiques et émotionnels.

Cheek et LeCron rapportent l'histoire d'une jeune femme qui souffrait depuis toujours d'une toux chronique. En état de relaxation profonde, elle se rappela avoir eu la coqueluche à l'âge de quatre ans. Elle se revoyait couchée, sa mère à côté d'elle pleurant et déprimée et son médecin disant : « Elle ne s'en remettra jamais. » Une fois qu'elle se fut souvenue de cet événement, sa toux cessa [6].

Selon une étude de Cheek, des patients sous anesthésie avaient enregistré inconsciemment ce que les chirurgiens avaient dit en cours d'opération. Les blagues de carabins, les jeux de mots contestables et les prédictions émises pendant l'opération (« Il passera pas le mois ») devinrent, par essence, des suggestions posthypnotiques que le patient suivait, souvent à son détriment [7].

L'étude la plus remarquable sur les effets de la suggestibilité et des croyances, celle du psychologue Robert Rosenthal, a été répétée par de nombreux chercheurs dans différents cadres. Rosenthal divisa au hasard des élèves d'école primaire en deux groupes, semblables sous tous les aspects (QI, diplômes, sexe, groupe ethnique). Il annonça ensuite au professeur qu'un des groupes était composé d' « éléments brillants » et l'autre, d' « éléments moyens ». En un an, les performances des élèves du groupe prétendument avancé dépassaient largement celles du groupe moyen [8].

Cette tendance à se conformer aux exigences des autorités, baptisée « effet Pygmalion », éclaire un autre aspect du pouvoir du placebo. Il permet de penser que le patient/étudiant n'a même pas besoin d'être conscient des attentes positives ou négatives du médecin/enseignant pour en être affecté. Si, par exemple, votre médecin est pessimiste, il peut vous communiquer ce sentiment par le ton de sa voix ou la rudesse de son diagnostic. Votre santé peut en être négativement influencée.

Don Johnson, un thérapeute qui aide les individus à découvrir la souplesse de leurs corps, a recueilli de nombreux exemples de cas dans lesquels les déclarations des médecins étaient devenues des condamnations à vie pour les individus, les amenant à ne pas rechercher de traitement efficace. Il écrit :

> Susie a neuf ans; elle est née avec une paralysie cérébrale. Elle préfère utiliser un peu plus nettement que nous le faisons nous-mêmes son bras et sa main gauche. Une légère rotation de sa colonne vertébrale tord sa jambe droite, plus courte, vers la droite. Elle a donc des difficultés à jouer à saute-mouton. Mais elle le fait quand même. Elle écrit aussi de la main droite. Elle a beaucoup d'amis dont elle partage les jeux. Elle travaille bien à l'école. En fait, elle est exceptionnellement brillante. La mère de Susie avait eu la rougeole au cours de sa grossesse. Le médecin lui annonça, alors que sa fille était encore très petite : « Susie n'a aucune sensibilité de son côté droit car son cerveau est atteint. » Peut-être a-t-il dit : « Un sens diminué de son côté droit. » Mais sa mère a entendu « Aucune sensibilité » et a communiqué pendant neuf ans le poids de ce diagnostic à Susie. Le diagnostic alimenta la culpabilité et la frustration que la mère ressentait d'avoir contribué au trouble cérébral de son enfant. Le fait est qu'elle a un sens très légèrement diminué de son côté droit, ce qui, à mon avis, pourrait être considérablement amélioré par des méthodes telles que le « rolfing », la structuration, le training-autogène et les techniques de Feldenkrais * (méthode de restructura-

* — Moshe Feldenkrais : *La conscience du corps*, Laffont édit., coll. Réponses.

tion physique). Le diagnostic du médecin est un outil linguisitique d'un pouvoir extrordinaire, non seulement à cause de l'estime qu'on lui porte mais aussi à cause de la vulnérabilité du patient. Lorsqu'une mère souffre d'avoir mis au monde un enfant atteint d'un trouble cérébral, elle se déteste souvent beaucoup et se sent impuissante. Si un médecin lui dit quelque chose qui peut être interprété comme « Vous êtes dans un sale état », elle peut facilement l'entendre littéralement [9].

Le niveau de confiance d'un patient en son médecin aide à déterminer l'étendue de sa suggestibilité. Ainsi, si vous percevez votre médecin comme sage et attentionné, vos espoirs d'aller mieux augmenteront avec les siens. Cependant, l'effet Pygmalion peut aussi fonctionner dans l'autre sens : si votre médecin est pessimisme, croit que rien ne peut vous aider, cette attitude peut retarder le processus de guérison et vous empêcher d'aller mieux « miraculeusement » ou « spontanément ». L'oncologue Carl Simonton, par exemple, rapporte que le pessimisme du médecin vis-à-vis du cancer renforce et confirme souvent les peurs du malade. Le médecin estime « que l'affection vient de l'extérieur, qu'elle est synonyme de mort, que le traitement est inutile et que le patient ne peut faire grand-chose, s'il peut quoi que ce soit, pour combattre la maladie [10] ». Alors que de telles attitudes potentiellement mortelles peuvent être fondées sur des probabilités statistiques ou des recherches, elles ne laissent pas agir les facultés d'autoguérison du patient ni le pouvoir de l'optimisme.

Il n'y a pas si longtemps, une femme atteinte d'un cancer avancé vint me voir. Elle était angoissée d'avoir vécu six mois de plus que ne lui avait prédit son médecin. Elle avait l'impression de l'avoir laissé tombé! Elle hésitait aussi à retourner le voir : il était si décourageant (« On ne peut rien de plus pour vous »). Mais elle ne pouvait chercher un autre docteur qui veuille s'occuper d'elle car elle était déjà prise en charge par un médecin.

Cette femme était coincée dans une liaison mortelle; on ne lui permettait pas de mobiliser totalement son aptitude à combattre le cancer. Cependant, avec mon aide, elle souffrit moins et arrêta même de prendre ses médicaments contre la douleur. Elle vit encore aujourd'hui.

Croyances et autosuggestions

Il me semble évident que les suggestions et les espérances ont un certain pouvoir de guérison. Mais, en dépit des études soutenant cette théorie, un grand nombre de mes patients restent sceptiques. Peut-être vous-mêmes avez-vous encore certains doutes.

Ces doutes sont compréhensibles. Nos propres croyances quant à la santé et à la maladie se sont accumulées sur de nombreuses années à partir d'un grand nombre d'informations médicales et pseudo-médicales. Nous entendons des homélies telles que : « Les microbes causent la maladie » ou « Sortir sans veste provoque un rhume ». On nous fournit aussi des informations médicales trompeuses, par exemple : les tranquillisants soignent la tension, les douleurs dorsales sont effectivement localisées dans le dos ou le cancer est inguérissable. On nous a enseigné des vérités médicales simplistes et nos idées sur la façon dont on est malade ou bien portant sont profondément enracinées.

Si nous sommes témoins d'une situation qui va à l'encontre de notre système de croyances — tel un rétablissement rapide, complet et inattendu —, nous avons tendance à l'ignorer ou à essayer de l'expliquer par rapport à nos connaissances. Il est plus facile d'adapter la réalité à nos croyances prédominantes que de les modifier pour qu'elles s'adaptent à la réalité ou à l'expérience.

Une grande partie de l'information contenue dans ce livre contredit les idées reçues sur la santé, la maladie et le traitement médical. Je remets en question, par exemple, que le patient soit un spectateur passif et impuissant du processus de guérison ou que la médecine ne soit qu'un phénomène purement physique. Cependant, parce que tant de personnes se jugent impuissantes à se soigner, elles courent le risque que ce système de croyance devienne réalité, c'est-à-dire de donner une valeur prophétique et autosuggestive à leur conviction.

Ce concept de prophétie autopersuasive s'expliquera

peut-être mieux par l'exemple d'une de mes patientes. Elle grandit dans une famille où le moindre trouble, la moindre douleur étaient sujet de grande préoccupation. Chaque membre de la famille semblait souffrir d'une maladie exotique quelconque et passait une grande partie de son temps à se plaindre de sa santé. C'était leur façon d'attirer l'attention des autres. La maladie était presque indispensable à chacun pour faire partie de l'unité familiale.

Pratiquement dès la naissance, les parents de ma patiente lui dirent qu'elle était maladive et fragile. Elle apprit donc à ne pas faire confiance à son corps. Chaque douleur ou changement physique, aussi léger fût-il, était interprété comme signe de maladie. Alors que des facteurs héréditaires furent peut-être impliqués dans ses maux plus tardifs, son image d'elle-même comme maladive et cible d'infections contribua certainement à ses graves problèmes de santé.

Ses rencontres avec les médecins ne firent que confirmer ses certitudes. Elle leur rendait régulièrement visite avec son assortiment de douleurs, indigestions, allergies, fièvres et léthargies. Pour essayer d'être prudents et consciencieux, ils ordonnèrent une série apparemment sans fin de tests qui justifièrent ce qu'elle croyait : quelque chose n'allait effectivement pas. Les examens, à leur tour, eurent des effets secondaires physiques qu'elle perçut comme de nouveaux signes de maladie et sources d'inquiétude. Selon elle, elle était malade jusqu'à preuve du contraire.

Si un médecin opère suffisamment d'examens, il trouvera presque inévitablement quelque anomalie physique. L'un des médecins de cette femme s'empara finalement d'un des résultats des analyses pour expliquer son affection. « Votre thyroïde fonctionne mal », lui annonça-t-il, validant ainsi sa propre conviction qu'elle était effectivement malade. Ensuite, l'examen de cette glande put exagérer sa faiblesse réelle; la patiente fut placée sous un régime continu de médicaments qui altéra peu à peu le fonctionnement d'une thyroïde auparavant saine. Les prescriptions, à de tels malades, de tranquillisants, médicaments antiallergiques, hormones et autres drogues ne font que leur confirmer ce qu'ils pensent déjà : ils sont effectivement malades.

Je rencontre souvent cette situation où la vision négative qu'un individu a de lui-même est involontairement renforcée par le médecin. Pour que de tels patients guérissent, il leur faut non seulement changer de condition physique mais aussi de comportement envers eux-mêmes et leur santé.

L'approche du médecin est primordiale. Si le docteur de ma patiente s'était suffisamment penché sur son passé familial, il aurait pu décider de lui donner un placebo en l'assurant du soulagement demandé. Toutefois, bien que cette approche puisse améliorer son état, elle renforce sa certitude que quelque chose ne va effectivement pas, que seul un médecin peut soigner. Il aurait pu essayer de modifier ses croyances négatives par un examen et une explication détaillée de la façon dont elle avait appris à considérer son corps comme malsain. Il aurait pu lui enseigner comment faire confiance à son corps, en attendre quelque chose de positif. Cette dernière approche aurait pu l'amener à un changement durable lui permettant d'être moins sujette à des maux physiques dans le futur.

Faites l'inventaire de vos croyances et de vos connaissances sur les maladies dont vous et votre famille avez souffert. Quel rôle vos idées sur la santé et la maladie peuvent-elles jouer dans votre affection?

J'ai grandi en souffrant d'asthme et de rhume des foins. J'éternuais et respirais péniblement aux moments appropriés, habituellement dehors, à la campagne, ou en participant à des sports. Mon médecin m'annonça que j'avais besoin d'un traitement constant, y compris de piqûres antiallergiques et que je devrais toujours transporter avec moi mes médicaments. J'étais habituellement dispensé de randonnée, de camping et de cours de gymnastique. Je me mis à penser que j'étais partiellement infirme, dépendant de mes médicaments. Mes symptômes ne me furent jamais expliqués autrement que liés à l'hérédité et on ne m'encouragea pas à croire que je pouvais avoir un effet sur eux, si ce n'est en suivant les prescriptions.

Toutefois, en entrant au collège, je consultai un autre

allergologiste. Il me dit que je me débarrasserais probablement des symptômes et me suggéra d'arrêter de prendre mes médicaments quelque temps. Après l'avoir fait, les symptômes disparurent et ne revinrent jamais.

Rendre au patient le pouvoir du placebo

Renforcer l'effet placebo et transmettre son pouvoir au patient peut se faire en plusieurs étapes. Le médecin doit permettre la naissance d'une attente confiante chez ses patients en les informant clairement sur la maladie. De son côté, le patient doit examiner honnêtement ses espérances et ses croyances et se résoudre à changer celles qui semblent gêner le traitement. Il doit s'attacher à modifier les schémas mentaux négatifs (culpabilité, inquiétude, peur du futur) en schémas positifs favorables à la santé.

Il faut guider le patient vers la découverte de ses propres pouvoirs de guérison. La foi en les pilules et les traitements externes peut être remplacée par la foi en soi-même. Les milliards de dollars dépensés en remèdes inefficaces et en vente libre, en analgésiques, en tranquillisants et en consultations peuvent être économisés par un système médical qui restaure la foi et l'espoir non pas dans les médicaments et les médecins, mais dans chaque individu et dans son corps.

Une information exacte sur la puissance du corps peut contrer les peurs et le pessimisme d'un patient. Simonton, par exemple, utilise efficacement son autorité comme expert sur le cancer pour expliquer comment la maladie se manifeste et progresse réellement. A l'aide de diapositives, il montre au patient comment la maladie se développe et comment son traitement fonctionne. En elle-même, cette approche éducative attaque ouvertement la confusion et les idées pessimistes des gens sur leurs affections. Les patients réagissent bien lorsque Simonton leur explique le cas d'autres personnes dont le cancer a réagi au traitement et dont l'état s'est nettement amélioré. Après avoir vu un cancer diminuer progressivement, le patient ne considère plus la maladie comme une condamnation à mort et le processus de guérison peut commencer.

L'information peut donc être thérapeutique car elle peut calmer l'angoisse et la tension qui ajoutent au stress. Les médecins qui dialoguent librement avec leur patient apprennent vite que beaucoup de malades cherchent, autant qu'autre chose, à espérer et à croire qu'ils peuvent eux-mêmes modifier leur état. En fournissant cette information, la confusion des patients, leur sentiment d'abandon et leur non-respect des traitements recommandés se dissipent en grande partie. Le fait de connaître exactement son état, d'identifier les moyens qu'il a d'aider son traitement et de comprendre pourquoi il est important de le faire permet au patient de se sentir mieux.

6

LE STRESS : DE L'AUTODÉFENSE À L'AUTODESTRUCTION

De la recherche sur le stress nous pouvons tirer trois leçons évidentes : 1. notre corps peut faire face aux agressions les plus diverses avec le même mécanisme d'adaptation/défense, 2. nous pouvons disséquer ce mécanisme pour en identifier les composants en termes physiques et chimiques mesurables, tels des changements dans la structure des organes ou dans la production de certaines hormones, 3. nous avons besoin de ce genre d'informations pour établir les fondations scientifiques d'un nouveau type de traitement dont l'essence est de combattre la maladie en renforçant les propres défenses du corps contre le stress [...]

En d'autres termes, nous avons appris que le corps possède une machinerie complexe de contrôles et d'équilibres. Ceux-ci sont remarquablement efficaces quand ils nous permettent de nous adapter à pratiquement tout ce qui peut arriver au cours d'une vie. Mais cette machinerie, souvent, ne fonctionne pas parfaitement : nos réponses sont parfois trop faibles et n'offrent donc pas la protection appropriée, parfois elles sont trop violentes de telle sorte que, par notre réaction excessive au stress, nous nous faisons en fait du mal.

Hans Selye

Vous dépensez sans doute la plus grande partie de votre énergie à protéger et à contrôler vos frontières physiques. Cette solide peau, résistante et flexible, qui sépare votre intérieur fluide et l'extérieur aride est constamment en lutte, repoussant des forces envahissantes qui pourraient endommager le corps. Habituellement, si quelque chose vous blesse réellement, toute autre activité est arrêtée pour permettre la guérison et la régénération. Mais, même au cours de périodes saines, une grande partie de votre énergie est consacrée à alimenter et épurer votre organisme afin de maintenir vos défenses et votre bien-être.

Ce processus, qui engage le corps dans un travail d'autoguérison et d'autoprotection, est un des phénomènes les plus complexes de l'univers. Il existe en chacun de nous une diversité extraordinaire de cellules, d'organes et de systèmes chimiques et énergétiques reliés entre eux. Ce réseau intriqué agit, à chaque seconde de notre vie, pour maintenir notre intégrité et notre existence et nécessite une alimentation constante (en air, en eau, en nourriture). Les usines chimiques de chaque cellule — et des systèmes organiques, à une plus grande échelle — brisent, emmagasinent, transforment, échangent, transportent et utilisent l'énergie fournie par les aliments. Chaque cellule possède aussi des centres de réparation, de reproduction, de vigilance, de contrôle et d'intégration des activités internes.

Ces processus de préservation de soi prennent place dans une mer salée, sous notre peau, qui n'est pas si différente du monde de nos premiers ancêtres protozoaires. Cet environnement liquide maintient une température cellulaire constante, permettant les transformations d'énergie nécessaires, sans tenir compte des vicissitudes et des menaces du monde extérieur.

Une vie d'étude ne suffirait pas à démêler tous les procédés complexes qui nous gardent en vie. Maintenir l'homéostasie — un environnement physique intérieur stable, homogène et protégé — est une tâche monumentale exigeant des milliers de réponses simultanées, continues et délicatement dosées, aux stimuli et aux changements. Chaque cellule est périodiquement régénérée et, du même coup, nous devenons un nouvel être, plusieurs fois au cours de notre vie, au bout d'un certain temps, régulièrement, chimiquement du moins. Bien sûr, dans un autre sens tout aussi réel, nous sommes toujours la même personne et donc, pour maintenir cette identité constante, nous devons, à chaque dépense d'énergie, utiliser une réponse qui rétablit instantanément l'équilibre.

Nos systèmes d'autodéfense internes

La santé, telle que je la définis, est notre faculté d'adaptation aux exigences de notre environnement. Puisque la santé est si primordiale pour la vie productive et comprend tant de types différents de protections et de réponses, il n'est pas étonnant que plusieurs systèmes — et non un seul — soient chargés de maintenir ou de restaurer la santé lorsqu'elle est menacée.

Le bien-être de chacun de nous dépend de trois ensembles complexes et intimement liés — le système nerveux, le syndrome d'adaptation général (ou réponse-stress) et le système immunitaire. Le système nerveux, siège de notre conscience, est constitué de nombreuses parties du cerveau, de la colonne vertébrale, des nerfs récepteurs et moteurs et des canaux nerveux qui s'étendent à toutes les parties du corps et aux principaux organes sensitifs. Il enregistre et contrôle les changements externes et internes et règle nos réponses externes et internes. Il connaît à tout moment l'état de chaque système physique — et du monde — et enclenche ou désamorce diverses réactions. Il sert aussi de médiateur entre la conscience et le corps de chaque individu et c'est lui qui unifie en fin de compte l'entité pour créer un être conscient unique.

A l'intérieur du système nerveux, il existe deux sous-systèmes principaux — l'un conscient ou volontaire et l'autre viscéral ou autonome (SNA). Ces systèmes se sont développés à différents stades de l'évolution de l'homme. Le SNA opère suivant deux modes ou schémas fondamentaux, appelés réponses sympathique et parasympathique, qui adaptent le corps à des fonctions pratiquement opposées mais tout aussi essentielles. L'état de repos, de détente, de guérison, de rétablissement et de régénération physique constitue la réponse parasympathique. La nourriture est digérée, les muscles se décontractent et refont le plein d'énergie, les tissus se régénèrent et notre conscience reste confortablement axée sur notre existence en général ou sur n'importe quelle tâche particulière en cours.

Le schéma opposé, la réponse sympathique, est un état d'alerte général, d'éveil et de promptitude à agir physiquement contre tout danger ou menace. La réponse sympathique se déclenche instinctivement, sans aucun ordre conscient, comme si nous enfilions une armure et nous préparions à une réaction soutenue, énergique et violente, à la limite de nos capacités.

Le physiologue Walter Cannon a été le premier à décrire ce processus de mobilisation sympathique qui semble aussi inclure un état d'éveil émotionnel profond. Il écrit :

> Il est remarquable que la plupart de ces réactions accompagnent ces puissantes émotions que sont la fureur et la peur. La respiration devient plus profonde, le cœur bat plus rapidement, le sang est rejeté de l'estomac et des intestins vers le cœur, le système nerveux central et les muscles, les processus en cours dans le canal alimentaire cessent, le sucre est libéré des réserves du foie, la rate se contracte et décharge son contenu de corpuscules concentrées, l'adrénaline est sécrétée par la moelle surrénale. Il faut rechercher la clef de ces extraordinaires transformations du corps en les reliant à ce qui accompagne naturellement la peur et la fureur : la fuite pour échapper au danger et l'attaque pour dominer... Les réponses émotionnelles dont la liste précède peuvent, tout à fait raisonnablement, être considérées comme des préparations au combat. Ce sont des réajustements qui, autant que possible, apprêtent l'organisme à répondre aux efforts qui vont lui être imposés [1]

Le corps ne peut vivre que très peu de temps dans un tel état de mobilisation. Il a besoin de se détendre et de se régénérer par le biais de la réponse parasympathique. S'il ne le fait pas, il se détériore rapidement.

La réponse sympathique est aussi appelée la réaction d'alerte ou la lutte-fuite. Elle est une des gâchettes qui déclenchent le second de nos trois systèmes d'autodéfense : la *réponse-stress* ou syndrome d'adaptation général. Le SAG répond aux sources de stress externes et internes par une grande diversité de réactions productives, régénératrices et défensives, toutes réglées par des substances chimiques circulant librement dans le corps, les hormones. Le déclenchement du SAG (ou état d'alerte) s'accompagne aussi de diverses modifications neurologiques et immunologiques.

Une fois le SAG mis en branle, le corps entame un processus de résistance, engageant les défenses appropriées au danger ou à la menace, soit à l'intérieur d'un seul organe, soit à travers le corps tout entier. Cependant, la résistance ne peut durer indéfiniment : un état d'extrême fatigue finit par s'installer et persiste tant que les réserves, dépensées dans la lutte, ne sont pas rechargées. (Le SAG est expliqué de façon plus détaillée plus loin dans ce chapitre.)

Le dernier réseau d'autodéfense du corps s'appelle le *système immunitaire* : c'est notre armée interne qui traque et détruit les envahisseurs et les ennemis et nous protège du danger. Tout comme une véritable force armée, elle possède ses propres unités d'espionnage et diverses formes d'artillerie et d'infanterie pour coordonner ses missions.

Ce n'est qu'au cours des deux dernières décennies que le schéma du système immunitaire a été établi, principalement parce qu'il s'agit d'un système corporel très décentralisé, s'étendant à travers tout le corps, y compris dans les systèmes circulatoire et lymphatique, dans certaines glandes et régions particulières et dans les fluides qui entourent chaque cellule.

La bonne santé dépend de l'effort constant et coordonné de ces trois agents de protection : le système nerveux, la réponse stress et le système immunitaire. Chacun opère correctement sans effort conscient de notre part. Mais, dans la société moderne, parce que nous abusons de nos corps, ces systèmes peuvent se dérégler. Et, si la vigilance face aux envahisseurs (tels les microbes) s'écroule, il peut s'ensuivre une maladie ou une blessure graves.

Comme nous l'apprenons rapidement, nous avons réellement la faculté de modifier et d'améliorer l'efficacité de chacun de ces systèmes de protection. Il y a une ou deux décennies à peine, nous n'aurions pu envisager une médecine fondée sur une autorégulation consciente, aujourd'hui nous savons qu'elle peut être une réalité.

Origines évolutionnaires de la séparation corps-esprit

C'est un ennemi trompeusement simple qui peut être, en grande partie, accusé des maladies de civilisation : le stress. Le rythme rapide de notre vie, le changement permanent qu'Alvin Toffler a appelé « le choc du futur [2] », notre alimentation et notre environnement pollués, notre sédentarisme, l'ambiguïté et la multiplicité des menaces qui pèsent sur nous... tout cela est impliqué dans l'accroissement dramatique des nouvelles maladies liées au stress.

Envisager le stress comme une entité extérieure, comme un ennemi ou un microbe serait erroné. Il est au contraire notre *réponse* psychophysiologique aux changements externes et aux difficultés. Notre réaction excessive — ou mal dirigée — à ces agents de stress externes (stimuli provoquant le stress) vide physiologiquement, au bout d'un certain temps, notre corps et, devant notre faiblesse préexistante d'une partie de notre organisme, provoque une maladie physique.

Au fur et à mesure que nous commençons à comprendre le stress comme une réaction de notre environnement, que nous le reconnaissons et amplifions le contrôle conscient que nous détenons sur notre réponse stress, nos chances d'atteindre le bien-être augmentent de façon significative. Nous ne devons pas nous considérer comme les victimes impuissantes d'un environnement qui nous rend malade. Au contraire, nous pouvons, jusqu'à un certain point, prendre les moyens nécessaires pour adapter efficacement notre réaction aux agents de stress.

Malheureusement nous réagissons presque tous faiblement à la nature apparemment mortelle de la vie moderne. Parfois même, nous nous autodétruisons. Principalement parce que nous sommes mal équipés, en terme d'évolution, pour y répondre correctement. Nos premiers ancêtres vivaient dans un environnement totalement différent du nôtre. La société préhistorique ne ressemble en rien au monde dominé par les machines et urbanisé que l'homme s'est construit aujourd'hui. Si le monde a changé rapidement, en terme d'évolution, la physiologie humaine, elle, n'a pas suivi le rythme. L'évolution physique prend des siècles et c'est avec la structure organique et les réponses de l'homme des cavernes que nous agissons aujourd'hui dans un environnement qui exige de nous des attitudes totalement différentes de celles d'il y a des milliers d'années. Cela explique peut-être pourquoi les réponses qui permettaient auparavant au corps de s'adapter ne sont plus aussi protectrices et semblent même parfois nuisibles et contre-productives, provoquant elles-mêmes un grand nombre de maladies de civilisation.

Examinons un instant comment l'évolution peut nous avoir fait défaut quand nous cherchions à nous adapter à l'environnement moderne. Tout d'abord, parce qu'ils ont acquis une certaine conscience d'eux-mêmes et parce qu'ils peuvent penser, planifier, raisonner et imaginer sans tenir compte de l'environnement, les êtres humains s'estiment différents du reste du monde animal. Mais les fonctions physiologiques fondamentales — la respiration, la digestion, la circulation, le maintien d'un environnement interne et sa protection contre les menaces — sont toutes indépendantes de notre conscience et automatiquement contrôlées par le système nerveux viscéral, ou autonome, que nous partageons avec la plupart des autres animaux.

Dans notre corps, ce système est régulé par certains éléments du tronc cérébral qui se trouve au sommet du cordon médullaire et à la base du cerveau. Ces éléments forment le diencéphale, ou cerveau reptilien — ainsi nommé en raison de notre ancêtre animal qui posséda le premier ce type de système nerveux automatique et intégré. Ce cerveau reptilien qui contrôle nos fonctions végétatives contient aussi le minuscule hypothalamus, véritable tableau de commande des réponses émotionnelles. (C'est pourquoi l'éveil émotionnel accompagne l'alerte.) L'hypothalamus contrôle aussi les principales pulsions inconscientes (telle la soif) et aide à régler la température du corps.

Au-dessus de ce cerveau reptilien se trouve un ensemble plus gros, le cortex : deux lobes en forme de noix de matière grise convolutée avec un centre blanc. Ce cortex, plus récemment créé par l'évolution, est le siège de l'organisation et de l'évaluation conscientes, ainsi que du stockage d'informations inconscientes. Il coordonne aussi les mouvements physiques volontaires. Alors que le diencéphale reptilien prend en charge nos fonctions vitales fondamentales, le cortex dirige la partie de notre système nerveux qui nous permet d'organiser, de nous inquiéter, de dépenser, d'aimer, de nouer des relations, de créer des œuvres d'art et de répondre aux changements et aux crises de notre monde. Grâce à cette pensée et à cette organisation conscientes, l'humanité a pu forger son environnement pratiquement à volonté.

Mais cela n'empêche pas le corps de tout être humain de garder le même pilote automatique que ses ancêtres animaux. Notre contrôle interne conscient est sérieusement limité par l'indépendance du cortex cérébral par rapport au cerveau reptilien. Comme la plupart de ces attributs formés par l'évolution, cette disconnexion a ses conséquences, positives et négatives.

Nos deux cerveaux et la maladie

Certains théoriciens accusent la relation inégale entre le rationnel et la pensée d'un côté et les sentiments et les expériences du corps de l'autre des maux psychologiques actuels de l'humanité et même des problèmes politiques de la société. Konrad Lorenz, prix Nobel et éthologue, Arthur Koestler, critique de notre société, Hans Selye, expert du stress, A.T.W. Simeons, médecin des hôpitaux britanniques et les psychothérapeutes, de Freud à Fritz Perls et à Alexander Lowen, s'accordent tous pour dire que nos dilemmes courants viennent d'un manque d'équilibre et d'intégration entre nos deux cerveaux [3]. Comme nous le verrons, la recherche neurologique actuelle sur les liens psychologiques entre le cortex et le diencéphale, l'esprit et le corps, soutient aujourd'hui ce point de vue.

A.T.W. Simeons, par exemple, suggère que l'homme, en utilisant son raisonnement conscient pour modifier son environnement, s'est progressivement écarté des réponses physiologiques instinctives localisées dans le diencéphale, y compris celle du système nerveux autonome et les réactions automatiques aux transformations de l'environnement. Les êtres humains, utilisant trop leurs pouvoirs corticaux, ont limité leur comportement — par le biais du conditionnement culturel et la création de la conscience, de la culpabilité et de la honte — à quelques schémas étroitement canalisés. En d'autres termes, notre conduite et nos réponses ont été soigneusement façonnées en des actions « socialement acceptables ».

Dans le cadre de ce mode de comportement « acceptable », qu'arrive-t-il au diencéphale? Bien qu'agissant entièrement en dehors de la conscience, il continue comme toujours à mobiliser le corps contre les menaces extérieures. Il stimule un mode de réponse physiologique, que la menace soit psychologique (quelqu'un hurlant contre vous) ou physique (une chute, une brique sur le point de tomber sur vous). Ainsi se déclenche la réaction d'alerte ou de lutte-fuite qui active aussi la première phase de la réponse-stress, ou SAG, et mobilise le système immunitaire. Cette série de réflexes prépare l'organisme à repousser les envahisseurs, à l'éloigner du danger aussi rapidement que possible ou à s'isoler et à réparer une blessure de la peau.

Notre corps se mobilise donc continuellement — et inconsciemment — de cette façon. Malheureusement, sa réponse ne l'aide pas toujours à faire face de façon appropriée aux agressions sociales particulières à l'homme moderne. Nous devons affronter des menaces tout à fait différentes de celles rencontrées par nos ancêtres. Pour eux, n'importe quel mouvement proche était une source potentielle de danger, un prédateur peut-être. Pour survivre, il fallait réagir instantanément.

Mais aujourd'hui, nous sommes moins menacés et inquiétés par des dangers physiques que par des atteintes psychologiques contre notre existence, le respect de nous-mêmes, nos sentiments et notre honneur. Ces menaces contemporaines sont en grande partie relationnelles ou symboliques et, en raison des tabous sociaux ou des inhibitions, nous sommes obligés d'y répondre à un niveau mental, ignorant la réponse physique de lutte ou de fuite qu'exigent nos émotions et notre instinct. Après tout, nous ne pouvons pas frapper nos patrons ou nos amants autant que nous aimerions le faire, ni fuir devant une insulte.

Que se passe-t-il alors? Répondant aux menaces sociales contemporaines, le diencéphale réagit instinctivement, exactement comme dans la jungle il y a des milliers d'années. Il perçoit les sources d'alerte modernes comme des menaces physiques, parce que c'est tout ce qu'il comprend, même si notre cortex rationnel sait qu'il se trompe. Nous sommes ainsi physiologiquement mis en état d'alerte par le diencéphale alors que notre cortex conscient ignore en grande partie le processus, laissant le corps se mobiliser pour le combat mais incapable d'agir ou de libérer la tension qui s'accumule. Les maladies liées au stress découlent de cette lutte entre le cortex et le diencéphale. Nos tentatives primitives de mobilisation sont à juste titre perçues par le cortex conscient comme inutiles mais créent une gêne.

Tel est le dilemme de l'humanité moderne. Sous de nombreux aspects, l'environnement prépare notre corps à l'action, mais peu de nos réponses le calment naturellement. Jouer au golf, jogger, hurler ou pleurer peut, jusqu'à un certain point, tenir lieu de soupape de sécurité. Mais, en général, de notre mode de vie résulte physiologiquement un état d'alerte chronique, ininterrompu, sans échappatoire. Nous « nous retenons ».

Conséquences physiques? Pression sur le cœur et le système circulatoire provoquant l'hypertension, attaques et maladies cardiaques, perturbation du système digestif, causant des ulcères, colites et autres maux, tension émotionnelle menant à l'angoisse, l'inquiétude et la névrose, douleur et contraction des muscles, ainsi que d'autres troubles, majeurs ou mineurs.

De notre organe le plus faible ou le plus agressé dépendra principalement la maladie particulière que nous contracterons. Cependant, ce n'est pas une maladie ou le dysfonctionnement d'un organe précis qui provoque notre effondrement mais la dualité de notre système nerveux et nos réponses-stress excessives ou inappropriées. De la même réponse-stress à l'environnement peuvent découler des dizaines de maladies différentes.

La réponse-stress selon le modèle de Selye

Une grande partie de notre connaissance du stress et de son impact sur notre bien-être est due à la recherche du pionnier Hans Selye [1]. Selye dressa la carte du système de défense général du corps contre les changements et les menaces externes. Il pista cette réponse, du système nerveux jusqu'à diverses glandes endocrines — l'hypophyse et les surrénales —, à travers la plupart des organes internes puis vers toutes les autres parties du corps.

Lorsque Selye entama son travail, la médecine n'avait pas encore donné de nom à la réponse adaptative générale qu'il décrivait. Il choisit le terme de « stress » pour indiquer le degré d'usure du corps. Selon lui, l'individu, au cours de sa vie, semble disposer d'une certaine somme d'énergie adaptative pour faire face à son environnement. Comme nous le verrons, cela peut poser des problèmes à celui qui l'utilise trop rapidement — s'il doit faire face à trop de changements, s'il souffre de nombreuses maladies graves, s'il subit une vie de difficultés et de privations ou s'il maintient son corps en état d'alerte chronique pour répondre à des menaces psychologiques réelles ou imaginaires. Lorsque cela arrive, le corps ne résiste plus, même à de faibles agressions dues à l'environnement. Alors, toute résistance épuisée, un organe peut facilement cesser de fonctionner ou d'autres maladies survenir. Selye pensait que chacun doit conserver son énergie adaptative en réglant soigneusement sa vie, surtout lorsque, dans un environnement, prédominent des agents de stress récurrents, violents et divers.

Voici comment Selye décrit la réponse SAG — le mécanisme par lequel le corps réagit pour se protéger. Au premier signe de stress, des messages du cortex cérébral et du diencéphale activent la réponse sympathique et la réaction d'alerte. Les muscles se contractent, l'hypotalamus avertit l'hypophyse qui à son tour sécrète des hormones, charriées à travers le corps tout entier. En atteignant leur organe cible, les hormones lui commandent une réponse particulière.

Au cour de ce processus, le corps prend conscience de la source et de la nature de la menace, bien qu'on ne sache pas encore exactement comment cela se produit. Puis, si la menace est localisée en un lieu précis — une déchirure dans la peau ou un microbe — une réponse (l'inflammation) isole ce point jusqu'à ce que le système immunitaire puisse repousser l'agresseur ou guérir les tissus endommagés. Si la menace n'est pas localisée, comme dans le cas d'un risque potentiel ou psychologique dû à l'environnement, le SAG mobilise tout le corps pour le préparer à répondre de toutes ses forces, c'est-à-dire à résister à la menace.

Si le stress subi se limite à une longue nuit d'étude ou à une journée de travail physique acharné, le corps passe « l'overdrive » le temps de résister, puisant dans ses réserves d'énergie mais fournissant la puissance ou la vigilance additionnelles exigées. Même en cas de stress psychologique, la phase de résistance — tandis que nous nous préparons à une action soutenue — a les mêmes caractéristiques : contraction des muscles, attention renforcée à l'environnement et digestion bloquée.

Selye insiste sur le fait que le corps, en se mobilisant pour résister à une source de stress, dépense la plus grande partie de ses capacités adaptatives et sera donc moins apte à nous défendre contre d'autres agressions. Par exemple, si vous vous sentez attaqué dans votre amour-propre, vous résisterez moins bien aux microbes, à d'autres menaces et au surmenage. Les recherches portent à croire qu'une tension émotionnelle, exténuante et durable favorise l'apparition de maladies chroniques.

Au cours de la phase de résistance, l'hérédité, autant que l'éducation donnée par les parents ou d'autres influences, déterminent la façon dont un individu réagit au stress. Par exemple, certains contractent les muscles de leur estomac et respirent rapidement pour bloquer leur réaction émotionnelle. Des années plus tard, ils risquent de souffrir de maladies des voies respiratoires, telles que l'emphysème, surtout s'ils ont en outre irrité leurs poumons en fumant. D'autres expriment leurs sentiments non par la parole mais par l'inflammation de la paroi intestinale, se prédisposant aux ulcères et aux colites.

D'autres encore, les « combattants », réagissent aux aspects psychologiques du stress en expulsant toute leur énergie émotionnelle d'un seul coup. Ainsi résistent-ils au stress ou s'en libèrent-ils. Ceux qui « somatisent » s'interdisent de ressentir les reflets émotionnels du stress et les manifestent en maux de tête, douleurs dorsales, indigestions ou d'autres maladies plus graves. Enfin, ceux qui « psychologisent » expriment leur résistance au stress par l'inquiétude, l'angoisse, la dépression ou une tension chronique. Dans ces deux derniers cas où la source de stress ne reçoit pas de réponse directe, la prédisposition aux maladies psychiques ou physiques n'est pas due à un agent de stress particulier mais à une réaction de défense inadéquate.

Les maladies peuvent être provoquées par une résistance excessive aussi bien qu'insuffisante. Les rhumatismes, les rhumes des foins, l'arthrite, l'hypertension et la névrose illustrent en grande partie une réaction exagérée du corps face à un stress externe qui n'est pas vraiment dangereux. Le cancer, au contraire, profite d'une réaction adaptative trop timide : le corps échoue à tuer des cellules qui ont commencé à grandir sans considération pour leurs voisins.

Finalement, Selye décrit le dernier stade du SAG comme un épuisement. Après la phase de résistance, le corps cesse de se défendre car il a temporairement épuisé toute son énergie. Surviennent crampes musculaires, confusion intellectuelle, sommeil, hystérie et pleurs.

Comment recharger cette énergie? Selye suggère le divertissement : reposer les muscles fatigués ou, en cas de fatigue intellectuelle, se détendre par un exercice physique. Lorsque l'énergie adaptative d'un individu n'est pas régénérée — après une lutte contre une longue maladie ou à la fin d'une vie passée à se défendre, par exemple —, le corps meurt. Il a été suggéré que l'extraordinaire longévité de certains groupes sociaux comme les habitants du Caucase soviétique n'est pas tant due à l'hérédité, aux habitudes sanitaires ou aux loisirs mais à l'absence de stress psychologique et de changement qui leur permet d'épuiser moins vite leurs réserves d'énergie adaptative.

Le système immunitaire

Autre merveilleux réseau d'autodéfense décentralisé : le système immunitaire. Grâce aux globules blancs et aux lymphocytes, il aide le corps à affronter des envahisseurs spécifiques qui traversent la peau ou s'infiltrent par l'air ou la nourriture.

Activé, le système immunitaire envoie diverses cellules et substances protectrices à travers le sang, via les canaux internes du système lymphatique, jusqu'au siège du danger — une infection, une blessure, une cellule cancéreuse ou un corps étranger. Le corps fabrique alors des substances particulières capables de détruire l'envahisseur. Si cet envahisseur est un autre micro-organisme — un virus ou une bactérie — le corps ne l'oublie jamais et, lorsque le même germe frappe une nouvelle fois, même cinquante ans plus tard, il nous défend infailliblement. D'autres substances réparent les dommages et cherchent à repérer les blessures.

Les gros globules blancs qui font partie du système immunitaire se multiplient et se dépêchent vers le lieu de l'infection. Lorsque le médecin fait analyser votre sang, la présence d'un grand nombre de globules blancs révèle une infection. D'autres soldats de l'armée immunitaire résident dans le plasma, le fluide qui transporte les cellules du sang. Ils comprennent des protéines, les antigènes, capables d'identifier tout organisme étranger. Cela permet au corps de situer l'intrus et de produire un autre type de protéine, les anticorps, qui peuvent l'attaquer et le détruire. Ainsi fonctionnent les vaccins : en introduisant quelques germes dangereux, ils permettent à l'organisme d'identifier l'envahisseur, grâce aux antigènes, puis de produire ses propres anticorps pour le détruire.

Le système immunitaire ne joue pas seulement un rôle dans la lutte contre la maladie mais peut aussi l'encourager. Tout comme la réponse-stress, le système immunitaire est intelligent mais non infaillible. Ses défauts innés, ses dysfonctions ou simplement ses erreurs, sont responsables d'un grand nombre de maladies.

Parfois, comme dans le cas du cancer, il est évident que le système immunitaire n'a pas fait son travail : chasser les cellules devenues malignes. L'étude du cancer montre, entre autres, que tout le monde développe quelques cellules cancéreuses chaque jour mais que le système immunitaire les détruit avec succès.

D'autres maladies apparaissent lorsque l'organisme produit des antigènes ou des anticorps inefficaces. D'autres encore, les auto-immunisations (telles que les rhumatismes ou les allergies), se produisent lorsque le système immunitaire attaque à tort ses propres cellules.

Comme dans le cas du stress, des facteurs émotionnels et conscients affectent le pouvoir du réseau immunitaire. La dépression psychologique par exemple, réduit son activité, affaiblissant les capacités d'autodéfense du corps. En soulageant la dépression, nous pouvons relancer son activité et, du coup, favoriser l'autoguérison. On sait que l'imagerie mentale et la suggestion peuvent stimuler le réseau immunitaire.

Ainsi, pour une maladie que nous développons, des milliers d'autres envahisseurs ont probablement été détectés et détruits sans douleur par le système immunitaire.

Un plan d'action

A partir de cette information psychophysiologique, comment éviter ou traiter au mieux nos maladies de civilisation réelles ou potentielles? Il est essentiel de prendre conscience des états d'alerte liés au stress, de les identifier correctement et de comprendre exactement comment ils agissent physiologiquement. Il faut aussi prendre les moyens de désamorcer une réponse-stress inappropriée de façon à activer une réponse parasympathique pour réagir à une alerte sympathique excessive.

Les chapitres suivants proposent des approches spécifiques des différents stress que vous rencontrez et vous aident à contrôler au mieux et à modifier consciemment vos réactions d'autodéfense.

DEUXIÈME PARTIE

MALADIE ET RELATIONS HUMAINES

7

LE COÛT PHYSIQUE DE LA PERTE ET DU CHANGEMENT

Toute relation sera inévitablement dissoute et brisée : telle est la réalité. Le prix ultime exigé de l'engagement envers d'autres êtres humains se paye dans leur inéluctable disparition, dans un sentiment de perte et une douleur capables de mettre en danger notre santé. C'est un prix auquel personne ne peut échapper et que tous nous devrons payer plusieurs fois. Tout comme le flux et le reflux des marées océanes, les interruptions de relations humaines rythment nos vies : perte des parents ou d'un membre de la famille, mort d'un compagnon ou d'une compagne, divorce, enfants quittant la maison, disparition d'amis intimes, déménagements et perte des relations en partant à la retraite. L'enfance, l'adolescence, l'âge adulte, la vieillesse... Toutes les saisons de la vie impliquent la perte humaine.

James J. LYNCH

Charles s'était toujours vanté de sa bonne santé. A quarante-huit ans, il n'avait jamais été gravement malade. Il s'approvisionnait souvent aux magasins d'alimentation naturelle, prenait toujours des repas équilibrés et, le week-end, se défendait très honorablement au tennis. Dans sa quarante-neuvième année, il fut promu vice-président d'une compagnie de moyenne importance, emménagea dans un quartier aisé et fut invité à s'inscrire à de nombreux clubs prestigieux.

Il eut aussi quelques problèmes cette année-là. Son père mourut et sa femme avoua qu'elle préférait leur ancien mode de vie. Elle ne se sentait pas à sa place dans leur nouveau milieu social. Son poste lui apportait plus de tensions et de responsabilités, exigeait plus de temps, des voyages fréquents, des sorties d'affaires, que sa femme méprisait.

La vie de Charles s'écroula un mardi après-midi quand une crise cardiaque le terrassa. Depuis, il n'est plus le même. Bien qu'il fût vite de retour au travail, les médecins l'avaient averti qu'il pouvait à tout instant être victime d'une nouvelle crise. Il vit donc avec la peur permanente d'être toujours à la limite de la mort et ne sait qu'y faire.

Pourquoi la maladie a-t-elle frappé Charles à cette occasion précise? Pourquoi n'importe lequel d'entre nous tombe-t-il malade à un moment donné? Existe-t-il un moyen de prévoir quand un estomac ou un côlon faible s'ulcérera? Ou quand un cœur fragile (ou même apparemment sain) ou des poumons irrités provoqueront une crise aiguë. Lorsque nous sommes sérieusement malades, nous avons tendance à nous demander non seulement « Pourquoi moi? » mais aussi « Pourquoi maintenant? ». La réponse dépend en partie de notre environnement et de notre réaction à ses exigences lorsque nous changeons et nous adaptons.

Selon Alvin Toffler, nous subissons au cours d'une vie plus de changements technologiques et de déracinements qu'il fallait autrefois en affronter durant plusieurs générations. Aujourd'hui, seule une petite fraction de la population garde longtemps le même lieu de résidence ou le même emploi. Pratiquement dès la naissance, nos vies sont imprégnées de tensions et victimes de multiples transitions : nouvelle situation, nouveaux visages, déménagements, changement d'emplois, divorces et séparations. Par contraste, l'homme d'une ère plus simple, qui grandissait dans la ville où sa famille avait toujours vécu, qui épousait une amie d'enfance et reprenait l'affaire ou la profession de son père, devait faire beaucoup moins d'efforts pour s'adapter. Même si, à cette époque, l'espérance de vie était entamée par d'autres menaces, il est difficile de ne pas voir de corrélation entre la croissance des maladies liées au stress et le rythme et la nature de notre environnement.

Notre attitude face aux changements incessants complique souvent notre état. En raison de préférences et d'exigences professionnelles, la famille nucléaire — le couple marié et ses enfants — ne vit pas près de ses parents, d'autres membres de la famille et d'amis de longue date. En l'absence d'une communauté plus large, chaque famille devient une sorte de cocotte-minute, ses membres exigeant affectivement plus les uns des autres. De plus, parce qu'il leur est difficile d'atteindre un état intérieur de stabilité et de sécurité, les gens s'attachent à des symboles, à des biens matériels ou à une situation sociale particulière. Tout cela les aide à se définir. La perte d'un de ces symboles, qui donnent un sens à leur vie, peut porter un coup fatal. Souvenez-vous simplement de ces millionnaires de papier, ruinés, qui se suicidèrent en série après l'effondrement de la bourse en 1929. Ou du taux anormalement élevé de morts de directeurs peu de temps après leur départ en retraite. Les soutiens extérieurs peuvent avoir une importance primordiale pour notre santé et notre existence.

Bref, le changement perpétuel et la perte de nos symboles et de nos biens les plus chers peuvent dévaster à la fois notre psychisme et notre corps. Chaque nouvelle situation, surtout soudaine et imprévisible, augmente notre prédisposition à la maladie : il nous faut canaliser tant de notre énergie adaptative pour faire face à ces changements! Comme si les troupes d'une nation étaient toutes engagées sur un front, laissant ses flancs, où d'autres dangers peuvent frapper, moins bien défendus. De la même façon, quelle que soit la force des défenses de notre corps, la nature envahissante de l'assaut nous épuisera finalement. Tout comme les accidents, suicides et autres expressions de détresse psychologique, la plupart des maladies catastrophiques sont donc liées au changement, aux crises et plus particulièrement aux pertes qui surviennent au cours d'une vie.

Changements

La relation entre la maladie et les mutations qui surviennent au cours de la vie est étudiée depuis longtemps. Au début de ce siècle, le psychiatre Adolf Meyer remarqua que l'affection se déclarait souvent lors d'événements significatifs de transitions et de crises dans la vie de l'individu. Pour examiner plus systématiquement cette relation, il conçut une « carte de vie », sur laquelle chacun de ses patients devait noter la date des principales difficultés physiques et psychologiques de sa vie ainsi que les événements importants et les frustrations majeures. Le produit final était en fait une ligne de vie, traçant les hauts et les bas, les changements et les tournants. Ces cartes révélaient souvent un net rapport entre la maladie et le changement de vie.

Le psychiatre Thomas Holmes et ses collègues ont poursuivi l'étude de Meyer [1]. Pratiquement tout le monde peut mettre le doigt sur certains changements survenus peu de temps avant la maladie. S'attachant à cette période, Holmes et son associé Richard Rahe ont tenté de définir plus précisément cette relation en mesurant la gravité du changement.

Il est évident que deux personnes peuvent répondre très différemment au même changement. Si un divorce ou la perte d'un emploi peut vous angoisser, il peut laisser indifférent un autre individu. Malgré cela, Holmes et Rahe étaient décidés à établir une classification de l'impact général des événements courants de la vie en demandant aux patients quelle quantité d'adaptation et d'ajustement chaque événement avait exigé d'eux. Ils attribuèrent au mariage un total arbitraire de 50 sur une échelle de 1 à 100 puis demandèrent aux participants à leur enquête d'attribuer des valeurs aux degrés d'adaptation exigée par d'autres changements couramment rencontrés. Les participants s'accordèrent de façon surprenante même s'ils étaient de nationalité, classe sociale et âge différents. Les chercheurs conclurent qu'il y avait quelque validité à assigner un score numérique aux événements d'une vie, score correspondant au degré relatif d'énergie adaptative exigée.

La liste préparée par Holmes et Rahe contenait quarante-trois changements habituels, leur exigence adaptative relative placée sur une échelle de 1 à 100. La mort d'un conjoint, par exemple, était considérée comme la plus sévère et était notée 100. Une violation légale insignifiante comme une contravention, 11. Voici leur échelle de notation du réajustement social [2].

ÉCHELLE DE NOTATION DU RÉAJUSTEMENT SOCIAL

	Événements	*Valeur moyenne*
1.	Mort d'un conjoint	100
2.	Divorce	73
3.	Séparation (dans un mariage)	65
4.	Détention (prison ou autre institution)	63
5.	Mort d'un membre intime de la famille	63
6.	Blessure ou maladie grave	53
7.	Mariage	50
8.	Licenciement	47
9.	Réconciliation (dans un mariage)	45
10.	Retraite	45
11.	Modification importante de la santé ou du comportement d'un membre de la famille	44
12.	Grossesse	40
13.	Difficultés sexuelles	39
14.	Nouveau membre familial (naissance, adoption, personne âgée venant vivre chez vous...)	39
15.	Réajustement professionnel important (fusion, réorganisation, banqueroute...)	39
16.	Important changement de situation financière (en pire ou en meilleur)	38
17.	Mort d'un ami intime	37
18.	Changement de branche professionnelle	36
19.	Changement important du nombre de querelles avec son conjoint (beaucoup plus ou beaucoup moins, concernant les enfants, les habitudes...)	35
20.	Hypothèque dépassant 50 000 F (achat d'une maison, d'une affaire...)	31
21.	Saisie d'une hypothèque ou d'un prêt	30
22.	Changement important dans les responsabilités professionnelles (promotion, rétrogradation, transfert...)	29

Événements	*Valeur moyenne*
23. Enfant quittant la maison (mariage, université...)	29
24. Ennuis dus aux beaux-parents	29
25. Accomplissement personnel extraordinaire	28
26. Épouse prenant ou quittant un emploi extérieur	26
27. Début ou fin d'études	26
28. Changement important de conditions de vie (construction d'une nouvelle maison, transformation, détérioration de la maison ou du voisinage)	25
29. Modification des habitudes personnelles (habillement, manières, relations...)	24
30. Ennuis avec son patron	23
31. Changement important d'horaire ou de condition de travail	20
32. Déménagement	20
33. Changement d'école	20
34. Changement important de genre ou/et de type de loisirs	19
35. Changement important d'activité religieuse (beaucoup plus ou beaucoup moins)	19
36. Changement important d'activité sociale (clubs, danses, films, visites...)	18
37. Hypothèque ou prêt de moins de 50 000 F (achat d'une voiture, T.V., freezer...)	17
38. Changement important d'habitudes de sommeil (beaucoup plus ou beaucoup moins ou autre répartition des heures de sommeil)	16
39. Changement important dans les rencontres familiales (beaucoup moins ou beaucoup plus fréquentes)	15
40. Changement important d'habitudes alimentaires (beaucoup plus ou beaucoup moins ou horaires ou entourage très différents)	15

	Événements	*Valeur moyenne*
41.	Vacances	13
42.	Noël	12
43.	Violation mineure de la loi (contravention, traverser la rue en dehors des passages cloutés, trouble de l'ordre public...)	11

Pourquoi ne pas appliquer à vous-même l'échelle de Holmes et Rahe? Considérez attentivement les événements portés sur la liste : lesquels vous sont arrivés au cours de l'année qui vient de s'écouler? Notez aussi combien vous avez subi de changements au cours de l'année précédant votre plus grave maladie. Si un événement s'est produit deux fois dans cette année-là, il faudra le noter deux fois. Les valeurs chiffrées des changements au cours de cette année-là devront donc être additionnées, fournissant un total d'Unités de Changements dans la Vie (UCV) au cours de cette période.

Depuis leurs premiers travaux, Holmes et Rahe ont suggéré que les individus attribuent leurs propres valeurs aux mutations de leur vie. Revenez donc à votre liste de changements et estimez, sur leur échelle de 1 à 100, la quantité d'adaptation exigée par chaque modification. Si, par exemple, vous avez déménagé et estimez que cela a bouleversé votre vie, vous pouvez vous attribuer un score de 30 ou 35 au lieu des 20 proposés. Recalculez donc vos UCV selon vos propres estimations. Vous obtiendrez ainsi un total beaucoup plus juste des exigences nécessaires à votre adaptation.

Depuis 1945, Holmes, Rahe et d'autres ont utilisé cette échelle sur plus de 5 000 sujets. Ils ont découvert que le total d'UCV des patients ayant souffert de nombreux troubles (y compris de la tuberculose, de maladies de la peau, de problèmes de grossesse, de maladie cardiaque, d'accidents, de sclérose en plaques, de cancer et de maladies mentales) avait augmenté considérablement au cours de l'année précédant la maladie. 37 %, par exemple, de ceux qui atteignaient un total de 150 à 200 UCV au cours d'une période de douze mois étaient gravement atteints cette année-là. Ceux dont les scores atteignaient 200 à 300 avaient plus de 50 % de chances de tomber malade. 80 % de ceux ayant plus de 300 UCV sur une année contractaient une affection au cours de cette période. De plus, la gravité du trouble était proportionnelle au total d'UCV, particulièrement en ce qui concernait les maladies chroniques liées au stress [3].

D'autres études sont depuis venues soutenir ces découvertes. Rahe, par exemple, examina les maladies de 2 500 marins navigants par rapport à leur total d'UCV pour l'année précédente. Les marins ayant un total dans le tiers le plus élevé souffrirent deux fois plus de maladies au cours des six mois à bord que ceux dont le total restait dans le tiers inférieur [4].

Une autre étude indiqua que les accidents, comme les maladies, sont liés aux changements de la vie. Dans une enquête sur des joueurs de football américain dans une université, la moitié de ceux qui se classaient dans le tiers supérieur en termes d'UCV étaient blessés au cours de la saison, contre 25 % seulement dans le tiers moyen et 9 % dans le tiers inférieur [5].

Il n'en fait pas vraiment beaucoup pour faire franchir à quelqu'un la barre des 150, 200 UCV. Explorons par exemple les changements qui ont eu lieu au cours des douze mois précédant la crise cardiaque inattendue de Charles, mentionnée au début du chapitre. Sa promotion (n° 22 sur la liste) lui apporte 29 UO; son changement d'horaire de travail : 20 UCV; sa nouvelle maison (n° 32) : 20 UCU;l'hypothèque l'accompagnant (n° 20) : 31 UCV. La mort de son père (n° 5) ajoute 63 UCV; ses nouvelles activités sociales (n° 36) : 18 de plus. Cela donnait à Charles un total de 181 UCV cette année-là, le mettant dans une position où il risquait quelque maladie. Le stress supplémentaire créé par les frictions entre lui et son épouse y contribua, bien qu'il ne soit pas possible de le mesurer sur l'échelle générale.

Dans le classement de Holmes et Rahe, parmi les quinze événements les plus perturbants, dix sont liés à la famille, prouvant ainsi l'importance des relations familiales sur la santé de chacun. D'autres chercheurs ont confirmé cette conclusion. C. Murray Parkes rapporte qu'on peut littéralement mourir d'un cœur brisé. Parkes découvrit que dans les six mois suivant la mort de leur femme, les hommes de plus de cinquante-cinq ans avaient un taux de mortalité de 40 % plus élevé que la normale. L'insuffisance cardiaque en était la cause principale [6].

R. W. Bartrop étudia 26 veuves et veufs (de vingt à soixante-cinq ans) au cours des semaines qui suivirent la perte de leur conjoint et les compara à 26 employés d'un hôpital. Le premier groupe souffrit d'un fonctionnement affaibli des lymphocytes, trahissant la déficience du système immunitaire. Bartrop conclut que le stress entraîné par la disparition n'affecte pas seulement le système hormonal mais aussi, de façon indépendante, le système immunitaire qui protège le corps du danger [7].

Bien sûr, comme l'indique l'échelle de Holmes et Rahe, le changement n'a pas besoin d'être négatif pour modifier la prédisposition à la maladie d'un individu. Comme cela s'est sans doute produit pour Charles, trop d'avancement, une amélioration soudaine du niveau de vie, l'emménagement dans une nouvelle maison plus belle et de longues vacances peuvent augmenter les UCV de chacun. Les responsabilités inhabituelles d'un nouvel emploi et les problèmes que causent la rencontre de nouveaux amis ou le fait d'entrer dans une classe sociale plus élevée ne vont pas sans adaptation et, potentiellement, sans maladie.

Dans une étude sur les employés d'une compagnie, Lawrence Hinkle rapporta que ceux dont la classe sociale, le passé, les aspirations ou les intérêts coïncidaient avec leur emploi étaient les mieux portants. Les travailleurs qui ne changeaient pas de classe sociale, de vie ou de statut professionnel étaient moins sujets aux affections. Par contre, ceux qui étaient frustrés par leur emploi, comme ceux qui étaient promus au-delà de leurs attentes, ceux dont l'ascension était bloquée et ceux qui accédaient à des postes supérieurs — situation engendrant déception dans un cas et adaptation difficile dans l'autre — souffraient plus [8].

Je vous propose d'utiliser l'échelle de Holmes et Rahe principalement comme guide pour vous permettre de comprendre et prévoir les difficultés potentielles. Imaginons par exemple que le mois prochain on vous offre votre troisième promotion et relogement en cinq ans. Connaissant le stress que cela impliquerait, vous pourriez refuser ou différer votre accord. Même si vous l'acceptez, vous détiendrez l'information qui vous permettra d'anticiper et de vous préparer aux changements majeurs. Ainsi, si vous êtes conscients qu'une série d'événements mineurs ou qu'une mutation profonde impliquent un stress considérable, vous pourrez y parer en vous engageant par exemple dans un programme de relaxation profonde ou en restant ultra-vigilant devant les exigences de votre corps.

Holmes a émis certaines suggestions qui doivent aider à utiliser son échelle pour se maintenir en bonne santé et prévenir la maladie :

1. Familiarisez-vous avec les événements de la vie et la quantité de changements qu'ils exigent.
2. Affichez l'échelle là où votre famille et vous-même pouvez la voir facilement plusieurs fois par jour.
3. En vous y entraînant, vous pourrez juger un événement lorsqu'il survient.
4. Pensez à la signification de l'événement et essayez d'identifier certains des sentiments que vous ressentez.
5. Pensez aux différentes façons dont vous pourriez vous adapter au mieux à l'événement.
6. Prenez votre temps pour prendre des décisions.
7. Anticipez, si cela vous est possible, les changements et préparez-vous y longtemps à l'avance.
8. Gardez votre rythme. Cela ne peut se faire si vous vous dépêchez.
9. Considérez l'accomplissement d'une tâche comme faisant partie de la vie quotidienne et évitez de considérer un tel accomplissement comme « un moment d'arrêt » ou « un moment où tout laisser tomber ».
10. Rappelez-vous : plus vous subissez de changements, plus vous risquez de tomber malade. Donc, plus votre total d'UCV est élevé, plus il vous faut travailler pour rester en bonne santé [9].

Pleurer une disparition

Sur le conseil de son médecin, un homme vint me demander un traitement pour son asthme et ses douleurs chroniques dans la poitrine. Timide et nerveux, il venait de se remarier, cinq ans après le suicide de sa première femme dont il avait divorcé peu de temps avant sa mort. S'il avait occasionnellement souffert d'asthme et de douleurs dans la poitrine pendant de nombreuses années, il en était physiquement gêné depuis ce suicide. Croyant que le divorce avait fortement contribué à la détresse de sa première femme, il se sentait quelque peu responsable de sa mort.

Sous contrôle, il explora sa culpabilité et se mit à en souffrir profondément. Il découvrit finalement un grand nombre d'autres sources de douleurs, à la fois passées et présentes. Il apprit à éviter la plupart de ses crises d'asthme en s'autorisant à exprimer librement ses sentiments; lorsqu'elles survenaient, elles étaient beaucoup moins gênantes.

Autre cas : la femme d'un homme d'affaires qui, après vingt ans de vie dans une petite communauté, emménagea, avec son mari, dans une grande ville. Elle s'adapta apparemment bien, surmontant le déracinement et la perte de ses amis et se créa une nouvelle vie. Mais son mari fut à nouveau promu, ce qui entraînait un nouveau déménagement. Quelques jours après l'annonce de cette nouvelle, une crise cardiaque la frappa, ce qui interrompit les préparatifs du départ.

Lorsque je commençai à conseiller cette femme, elle se rétablissait mal. Je lui demandai ce qui se passerait quand elle se porterait mieux; elle s'angoissa et me répondit faiblement : « Eh bien, je pense qu'il nous faudra déménager. » Elle doutait pouvoir survivre à une nouvelle perte, surtout depuis le récent départ de son plus jeune fils pour le collège et parce que son mari passait de plus en plus de temps sur la route. La seule façon dont elle se sentait capable de répondre à la perte imminente de sa nouvelle communauté et à la dislocation de sa famille était de tomber malade. Son mari, averti des problèmes de son épouse, refusa la promotion et fit un effort volontaire pour se rapprocher de sa famille. Presque immédiatement, la santé de sa femme s'améliora considérablement. Au lieu de ressentir une nouvelle perte, elle retrouva à la fois santé et intimité avec son mari.

Les pertes peuvent s'exprimer de façons variées et on peut y répondre diversement. Certaines de ces façons vous surprendraient peut-être. J'ai conseillé une femme qui avait souffert d'angine grave (douleurs de poitrine) en atteignant l'âge auquel sa mère était morte. Un anniversaire, une perte, un bouleversement peuvent réveiller de vieux sentiments, prédisposer à la maladie. Il est indispensable de faire face efficacement aux pertes et aux disparitions pour éviter et surmonter la maladie.

George Engel, un des chefs de file de la recherche psychosomatique à l'université de Rochester, recueillit des comptes rendus de journaux sur les morts soudaines — excluant les suicides et les accidents — et enquêta sur les événements qui les précédaient. Il découvrit que dans 59 % des 170 cas la mort était précédée de quelque perte : 36 individus, par exemple, étaient morts après l'effondrement ou le décès d'un proche ; 35, dans les seize jours suivant un profond chagrin ; 16, après la menace de la perte d'un intime ; 9, après une dégradation du statut social ou une blessure d'amour-propre ; et 5 en pleurant une disparition ou le jour anniversaire de cette mort [10].

Dans une autre étude, William Greene interrogea les épouses de 26 hommes qui étaient morts soudainement. La moitié d'entre eux avaient souffert d'une surcharge de travail et d'une dépression, cette dernière étant souvent liée au départ du plus jeune enfant [11]. Un autre chercheur, Arthur Schmale, étudia 42 patients admis consécutivement dans son hôpital, en proie à divers problèmes de santé. 29 de leurs maladies étaient associées à la perte ou au départ récent d'un être aimé, auxquels s'ajoutaient sentiments d'impuissance ou de désespoir face à leur nouvelle situation. Cette réaction émotionnelle réveillait souvent les souvenirs de précédentes séparations ou de la mort d'un parent [12].

La vie publique et la politique fourmillent d'exemples du même type. Les poumons de Patricia Hearst s'effondrèrent quand elle fut jugée coupable d'attaque à main armée.

Richard Nixon souffrit d'une phlébite lorsqu'on le pressa de démissionner de la présidence. Robert Taft en 1952 et Hubert Humphrey en 1968 furent frappés d'un cancer après avoir perdu les élections présidentielles.

Le cancer a été plus particulièrement associé à des événements comparables. LeShan et Worthington, étudiant des centaines de patients atteints de cancer, rapportèrent que 72 % d'entre eux avaient perdu une relation importante dans les deux années précédant la découverte de la tumeur. Un grand nombre (47 %) de ces patients avaient des difficultés à exprimer des sentiments d'hostilité envers les autres et 37 % ressentaient encore une tension à cause de la mort d'un parent survenue de nombreuses années auparavant. Invariablement, aujourd'hui, la vie des cancéreux est indissociable des pertes et des bouleversements [13].

Malgré l'évidence grandissante de l'influence des émotions sur le cancer, elle reste une hypothèse controversée. Par essence, que le cancer soit en partie d'origine psychosomatique contredit l'opinion médicale généralement admise. Il est intéressant de remarquer que le National Cancer Institute n'a pas accordé de subventions à des études en ce domaine, considérant que la recherche n'est pas suffisamment importante à ce jour.

Néanmoins, en 1959, dans un rapport sur la recherche psychologique pour le National Cancer Institute Journal, Lawrence LeShan présenta des dizaines d'études suggérant qu'une perte récente, frappant une personnalité définie comme « impuissante et désespérée », peut précéder le cancer [14]. Certains psychologues ont en fait été capables de détecter un cancer après un test psychologique. Par exemple, sur un groupe de patients souffrant de diverses maladies, LeShan reconnut 24 des 28 cancéreux. Bruno Klopfer, qui fait autorité en matière de tests psychologiques, pouvait presque infailliblement repérer parmi des patients souffrant de cancer ceux dont les tumeurs grandissaient rapidement ou au contraire lentement, en se fondant simplement sur leurs résultats aux tests de Rorschach [15].

LeShan décrivit le patient type atteint d'un cancer généralisé comme un individu qui a souffert d'une perte récente et y réagit d'une certaine façon. Les cancéreux, dit-il, sont souvent des individus qui, dès leur plus jeune âge, se méfient des relations affectives. Ils sont capables, pendant un certain temps, de nouer des relations, d'entreprendre une carrière ou de se trouver des intérêts qui absorbent leur énergie émotionnelle. Mais, juste avant leur cancer, ils perdent l'un de ces sujets de satisfaction.

Selon LeShan, ils réagissent à la perte par un très grand désespoir plutôt que par une dépression légère. D'une façon ou d'une autre, ils continuent à vivre, comme ils l'ont toujours fait, mais, intérieurement, la perte ne fait que confirmer la futilité de tout engagement affectif. Le cancer à son tour confirme encore leur vision négative de la vie. Mais LeShan pense qu'une psychothérapie intensive peut les aider à aborder leur futur avec plus d'espoir et de vigueur. Cette thérapie aurait un effet positif sur leur maladie [16].

Les psychiatres Engel et Schmale rapprochent cette attitude de dépendance d'un certain nombre d'autres maladies :

> [...] On remarqua fréquemment qu'un grand nombre de maladies débutaient et s'exacerbaient à partir d'états affectifs tels que le « désespoir », la « dépression », le « renoncement », le « chagrin », etc. Tous ces termes indiquent, d'une façon ou d'une autre, un sentiment de perte irrémédiable ou de manque. Intrigués par la grande diversité de maladies — littéralement tout l'éventail des troubles organiques — pour lesquels cela semblait être le cas, nous avons essayé de définir plus précisément les caractéristiques de cet état pré-maladif [17]...

Ces patients, selon Engel et Schmale, relient leurs sentiments d'impuissance et de désespoir à leurs propres échecs. Par conséquent, les quelques relations qu'il leur reste sont insatisfaisantes. Ils ressentent une scission entre leur passé et leur présent et une incapacité à faire confiance à leur futur.

Meyerowitz a lié l'arthrite rhumatismale, un état chronique qui touche les femmes d'âge moyen, au sentiment de frustration éprouvé pour n'avoir pas satisfait leurs ambitions et à leur doute quant au succès si elles avaient essayé. Cette maladie frappe souvent peu de temps après le départ du dernier enfant et affecte une mère déjà déprimée et ne sachant pas ce qu'elle va faire de la dernière moitié de sa vie [18].

En fait, selon Engel et Schmale, de tels sentiments, combinés à une prédisposition biologique et à une crise existentielle, peuvent provoquer n'importe quelle maladie. Dans ces cas-là, le traitement médical sera souvent boiteux, à moins que l'état intérieur soit soigné parallèlement. Comme nous le verrons plus loin, aider à rétablir un contact avec la réalité en association avec un traitement médical possède une puissance thérapeutique considérable pour celui qui semble avoir perdu la volonté de vivre.

Lorsque je demande aux individus d'explorer les mutations et les pertes dont ils ont souffert et de mettre en relation leurs maladies avec leurs attitudes habituelles envers la vie, je suscite trois sortes de réactions : certains disent que cette relation ne s'applique pas à eux. Une telle réaction peut se justifier. Même si, de façon claire, la perte et le changement peuvent être des facteurs pathologiques, nous nous attendons cependant à ce que de nombreux troubles n'aient aucun rapport avec les événements de notre vie.

D'autres patients admettent immédiatement l'existence de cette relation. Puis ils entament le difficile processus émotionnel qui doit leur permettre de s'accommoder de leurs manques et d'apprendre à voir le futur différemment. Un troisième groupe, sans doute le plus important en nombre, est tout d'abord méfiant et surpris quand je décris ce rapport. Mais, après mûre réflexion, il le comprend et voit comment appliquer cette prise de conscience.

Il y a deux façons d'étudier ce qu'une disparition, un changement ou une maladie a provoqué en vous :

1. Pensez à votre vie écoulée; relevez les pertes ou les changements les plus douloureux ou les plus dévastateurs. Examinez ensuite le prix que ces événements vous ont coûté, comment vous y avez réagi et comment vous vous en êtes accommodés. Certains trouvent plus facile d'y réfléchir en état de relaxation (des exercices seront décrits au

chapitre 13). Demandez-vous ensuite si vous n'avez pas quelque vieux compte psychique à régler avec ces changements ou ces manques. Souvent, écrire une lettre à un mort, ou une brève note sur les conséquences d'une mutation professionnelle peut vous indiquer si cela continue de vous affecter.

2. Étudiez la signification de chacune de vos maladies graves (ce que vous avez peut-être déjà fait au cours des chapitres précédents). Notez les raisons de chaque maladie (un changement ou une perte peut être une cause contribuante). Cherchez deux types de causes : les facteurs à l'origine de la maladie et ceux qui, si vous en souffrez toujours, continuent d'entamer votre capacité à la surmonter. Voyez-vous des relations réelles ou symboliques entre vos maladies et les pertes ou les changements dont vous avez souffert ?

Nous devons réaliser que notre moderne style de vie et nos réponses physiologiques inadaptées aux pertes et aux changements peuvent être en grande partie accusés des maladies de civilisation. Les substances carcinogènes de notre environnement (sous-produits de la vie moderne) et notre alimentation contribuent effectivement aux épidémies de cancers cardio-vasculaires, pulmonaires et hépatiques. Mais, par essence, je pense que ceux qui tombent malades sont sensibles aux stress auxquels nous sommes tous confrontés. Une prise de conscience de cette situation peut nous obliger à nous engager à y remédier avant que n'en résulte une maladie grave. La plupart des maladies sont loin d'être inévitables.

8

FAIRE FACE ET MAITRISER L'ENVIRONNEMENT : SE PROTÉGER DU STRESS

Je pense que nous sommes sujets au stress lorsque nous perdons confiance en notre faculté de faire face aux relations avec le monde extérieur comme avec d'autres êtres humains. Cette perte de confiance vient de l'impuissance à contrôler l'environnement, d'espoirs déçus, du sentiment d'être à la merci de forces imprévisibles et indomptables, de complexités et de contradictions que nous ne pouvons dominer.

Peter MARRIS

A l'initiative de sa femme, un homme d'âge moyen atteint d'une grave hypertension vint me voir. Lors de nos premières rencontres il me révéla qu'il lui semblait avoir toujours été déprimé. Peu de choses dans sa vie — ni son emploi, ni sa famille — lui faisaient plaisir. Il codirigeait une affaire familiale et redoutait de prendre ne serait-ce que de courts répits de peur que son cousin s'en plaigne. Il savait quoi faire pour être plus heureux et bien portant — perdre du poids, arrêter de fumer, prendre des vacances — mais pour quelque raison indéfinissable il choisissait de ne pas le faire. Il lui semblait ne pas pouvoir changer ni échapper aux situations de tension. En un sens, il ne pensait pas pouvoir être aidé.

Après avoir travaillé avec cet homme quelque temps, j'établis une relation entre sa vision négative de la vie et son hypertension. Imaginez un instant les contraintes d'une vie passée à agir par peur des autres, non par plaisir personnel. Le tumulte qui faisait rage en lui avait dû être terriblement destructeur.

Mes patients mentionnent souvent leurs difficultés à faire face aux exigences de la vie et lient ce problème à leurs symptômes psychologiques et physiologiques chroniques mais mineurs. Leurs inquiétudes, douleurs et ennuis semblent être des retombées de leurs réactions mal adaptées ou excessives. Leur corps et leurs sentiments les avertissent que leur style de vie est dangereux et exige d'être changé. Ils en viennent aux programmes des thérapeutes comportementalistes, souvent après avoir usé longtemps de tranquillisants ou d'analgésiques, finalement convaincus que la meilleure médecine consiste à modifier le style de vie dans lequel s'est développé leur symptôme.

Les changements de vie (et plus particulièrement les pertes) discutés dans le chapitre 7 ne sont qu'un maillon d'une longue chaîne de réactions et d'événements dont le résultat final peut être une maladie physique chronique ou dégénératrice. Je suis sûr que vous connaissez des individus qui réagissent de façon désastreuse à des stress mineurs, comme d'apprendre que leur fille a un amant ou d'avoir à entrer en compétition avec un collègue pour une promotion. D'autres personnes ne vivent bien qu'en luttant, qu'en affrontant des difficultés ou ne sont apparemment pas touchées par le combat ou le changement. En fait, nous pouvons considérer ces changements de vie et les stress qu'ils provoquent comme des envahisseurs forçant les frontières physiques d'un individu, traitées puis transformées en réactions psychophysiologiques internes, en une réponse individuelle. Chacun réagit en permanence aux changements et aux stress à sa façon.

Se mobiliser contre le danger ou la menace

Comme je l'ai déjà énoncé au chapitre 6, un grand nombre de maladies de civilisation résultent de tentatives d'autoprotection mal adaptées. Les affections psychologiques sont souvent dues à une réaction excessive ou inappropriée à une douleur psychique, à l'angoisse ou à un mal imaginaire. De la même façon, les symptômes de stress physiques viennent de la réaction inadaptée du corps face à des menaces qui n'appellent pas des « réponses » aussi traumatisantes.

George Engel, ainsi que d'autres chercheurs étudiant le stress ont défini les menaces dues à l'environnement qui mènent habituellement à des réponses-stress psychosomatiques :

1. Perte réelle ou perçue comme telle d'une personne, d'un objet, d'une activité dans lesquelles nous nous sommes investis psychologiquement.
2. Dommage ou blessure réelle ou menaçant notre intégrité physique (ex. : blessure) ou psychologique (ex. : humiliation).
3. Frustration, réelle ou potentielle, de ce que nous considérons comme nos motivations et nos besoins fondamentaux.
4. Perception ou information ambiguë ou incomplète menant à croire que quelque chose représente une menace ou un danger [1].

Les symptômes de stress peuvent ainsi être activés non seulement par des changements ou des menaces réels mais aussi par des facteurs psychologiques. L'inquiétude ou la douleur anticipée suffisent à déclencher la réponse stress. Que vous arrive-t-il, par exemple, avant un rendez-vous chez le dentiste? La simple idée d'une gêne possible provoque chez un grand nombre d'entre nous un mal de tête ou une douleur à la mâchoire. La tension, ainsi que la façon dont nous y réagissons physiquement, s'accentuent lorsque le dentiste s'empare de sa roulette ou nous fait une piqûre de novocaïne. Certes, la piqûre fait mal. Mais quelle part de la douleur lui attribuer effectivement? Quelle part est due à l'appréhension de cette douleur? Quels dommages cette image mentale d'une douleur possible a-t-elle infligés à notre corps?

On retrouve le même schéma de mobilisation dans des centaines d'expériences courantes. Certains réagissent anxieusement aux relations avec le sexe opposé. D'autres, lorsqu'ils rencontrent un employeur. Après quelques expériences négatives de ce genre, un individu peut se contracter à la simple vision de la personne qu'il redoute et, éventuellement, à sa seule évocation. Des journées entières peuvent être gâchées par l'angoisse ou la colère simplement provoquée par la possibilité d'une rencontre. Même si aucune confrontation réelle n'a lieu, des maux de tête, d'estomac ou même des ulcères peuvent se développer.

Vous vous demandez peut-être maintenant : « Pourquoi ne puis-je tout simplement pas m'empêcher de m'inquiéter, de me troubler ou de répondre négativement au stress ? » Eh bien, allez-y, essayez. Cela ne marchera pas. Le cerveau ne répond pas à de tels ordres verbaux. Il erre à la limite de la prudence et, lorsqu'il doute, il nous plonge automatiquement dans un état d'alerte. En fait, essayer de s'obliger à se détendre peut souvent accentuer notre trouble en nous faisant prendre conscience de notre impuissance.

Bien que la réponse stress se mobilise automatiquement, les processus conscients jouent un rôle dans son déclenchement. Ils agissent en quelque sorte comme médiateurs. Après tout, une conversation ne pourrait nous mettre en colère ou nous troubler si nous ne savions pas ce qu'elle signifie et si nous ne pouvions l'interpréter comme une menace. Nous ne pourrions pas non plus craindre un individu sans les processus de pensée qui définissent son rôle comme menaçant.

Pour qu'un agent de stress extérieur cause quelque dommage, il doit être d'abord perçu et reconnu comme menace ou danger. Certains interprètent une insulte comme une plaisanterie; pour d'autres, elle peut représenter une agression. La façon dont nous la percevons détermine notre réaction. Pour compliquer encore les choses, certaines de nos réponses (par exemple à un grand bruit ou à un mouvement brusque) sont relativement automatiques, alors que d'autres nécessitent une pensée consciente élaborée (comme de s'inquiéter du retard d'un conjoint).

Notre niveau de stress est donc déterminé par ce que nous attendons de notre environnement et la façon dont nous interprétons les événements qui surviennent dans nos vies. Ces interprétations s'élaborent au cours du dialogue permanent que nous entretenons à l'intérieur de notre esprit. Aussi loin que vous puissiez vous souvenir, vous avez probablement été conscients de la conversation pratiquement incessante que l'esprit tient avec lui-même. Le biochimiste Robert DeRopp a nommé ce phénomène « causette au coin du cerveau [2] ». Ce dialogue peut reproduire une conversation, une idée fantasque, un rêve éveillé, un fragment de chanson, des plans, des inquiétudes ou des appréhensions. Lié à nos activités quotidiennes, il intervient lorsque nous parlons avec nous-mêmes, au travail, chez nous, en conduisant et même en bavardant.

Ce dialogue ne se résume pas à un simple phénomène mental. Il est en fait lié à d'autres éléments de notre système nerveux autonome. Lorsqu'il se concentre presque exclusivement sur des événements passés ou à venir ou sur des pensées angoissantes, il met en branle, ne serait-ce que légèrement, le système nerveux sympathique. L'estomac se contracte et s'acidifie, les muscles se tendent, la transpiration se déclenche et la respiration s'accélère. A chaque répétition mentale d'événements liés à une angoisse, ces réponses-stress seront à nouveau activées.

Le cerveau joue donc un rôle déterminant dans l'évaluation du stress qui nous oppresse. Mais, comme nous le verrons dans d'autres chapitres, il détient aussi la clef de l'état opposé, la détente.

Vos réponses stress et vos habitudes

Nous disposons, face au monde qui nous entoure, de nombreuses réponses, adaptatives et non adaptatives. En prendre conscience constitue le premier pas vers une modification significative et positive de ces processus.

Pensez un instant à divers événements ou situations où vous vous êtes senti très tendu ou oppressé. Essayez de retrouver les sentiments et les réponses que vous avez eus alors :

Quelle genre de situation était-ce?

Ces situations avaient-elles quelque chose en commun?

Qu'avez-vous ressenti et comment y avez-vous répondu?

Comment vous êtes-vous senti ensuite? Quelle sorte de retombées physiques et émotionnelles ces événements ont-ils laissées derrière eux?

Vous trouverez peut-être utile, pour aider votre mémoire à analyser vos réponses à ces situations de stress, de les noter par écrit. Toutefois, en procédant à cet exercice, vous saisirez à quel point votre mémoire est imparfaite. Ayez donc toujours sur vous papier et crayon pendant les quelques semaines à venir pour noter les stress et les « réponses » quotidiennes que vous leur opposez.

Voici le meilleur moyen de procéder. Faites quatre colonnes sur une feuille de papier. La première pour la date, le lieu et les circonstances de tout événement que vous ressentirez comme source de stress au cours de la journée. Écrivez ce que vous faisiez et ce qui vous est arrivé.

Dans la deuxième colonne, estimez de 1 à 100 la densité du stress. Une situation de travail frustrante peut atteindre 30 — un stress relativement faible —, alors qu'une querelle avec un conjoint peut constituer un score plus élevé, 70 ou 80.

Dans la colonne suivante, décrivez comment votre corps a répondu au stress et ce que vous avez ressenti lors de l'incident.

Enfin, dans la dernière colonne, notez ce que vous avez fait et en quoi cela a affecté votre corps. Avez-vous pris une aspirine ou un tranquillisant, vous êtes-vous endormi, avez-vous quitté la scène, hurlé contre votre conjoint, joué au tennis ou avez-vous simplement été déprimé et angoissé? Ceci vous éclairera sur la façon dont vous faites face. Comment, par exemple, affrontez-vous la frustration, la tension, les déceptions, la malchance, les défis, l'inattendu, les événements que vous ne contrôlez pas?

Vous apprendrez vite à reconnaître ce qui provoque l'angoisse et les symptômes physiques qui indiquent le stress. Vous définirez aussi le genre de rythme que vous maintenez, si vous êtes une tortue ou un cheval de course ou quelque chose entre les deux.

En vous rappelant et en observant vos réponses, non seulement vous vous rendrez compte de vos mécanismes habituels, mais vous commencerez probablement à prendre conscience de votre propre vision du monde. Votre réponse au stress est déterminée par un amalgame d'influences aussi personnalisées et uniques qu'une empreinte digitale. Certains de vos organes sont peut-être héréditairement faibles ou sensibles et répondent donc pauvrement à un stress excessif. Cette faiblesse peut avoir été encore accrue par la lésion d'un organe particulier. De plus, votre hygiène de vie — alimentation, tabac, tensions chroniques causées par les traumatismes de l'enfance — peut contribuer à un schéma de réponse particulier.

Repensez aux moments où vous avez été le plus agressé ces dernières semaines. Comment avez-vous réagi? Libérez-vous vos tensions? Avez-vous des tics, des maux de tête ou d'estomac, des diarrhées? Vous rongez-vous les ongles? Hurlez-vous? Ou bien emmagasinez-vous et ne relâchez-vous pas ouvertement l'agitation interne?

Un de mes patients remarqua qu'en se rendant à son travail le matin, il sentait la tension monter en lui. Il conduisait mal et se mettait en colère contre les autres conducteurs. Son travail — avec les pressions de dernière minute et les exigences de ses supérieurs — l'oppressait. Je lui demandai de concentrer son attention sur la partie de son corps où se localisait le stress. Il indiqua son estomac; il avait effectivement des ennuis de digestion.

Cet homme était incapable de trouver un débouché constructif à sa tension. Il rentrait, lisait ou regardait la télévision, ignorait sa femme et attendait que son corps se calme miraculeusement et retrouve son énergie. Le miracle ne se produisait jamais. Jusqu'à ce qu'il apprenne à se détendre, il ne disposait d'aucun exutoire et donc, ce qu'il avait appris sur sa tension chronique ne lui était d'aucun secours.

Vous souvenez-vous des organes qui sont les plus vulnérables lorsque vous êtes sévèrement angoissé? Cet exercice vous aidera sans doute à vous rafraîchir la mémoire :

Asseyez-vous le plus confortablement possible dans un endroit calme. Prenez conscience des sensations que vous procure chaque partie de votre corps en vous demandant si, à chaque endroit, tel muscle ou tel organe est douloureux ou non. Ressentez-vous quelque tension dans votre visage ou votre mâchoire? Dans votre estomac? Dans vos cuisses, jambes, bras, dos, cou, tête ou poumons? Si vous

	HEURE LIEU SITUATION	NIVEAU DE STRESS	RÉPONSE DU CORPS	RÉACTIONS(S) PERSONNELLE(S)
Stress n° 1				
Stress n° 2				
Stress n° 3				
Stress n° 4				

parvenez à vous concentrer intensément sur chaque zone de votre corps, vous arriverez probablement à identifier celle sur laquelle se porte habituellement votre tension.

Maintenant, concentrez-vous uniquement sur cette partie de votre corps, la plus tendue et essayez de la visualiser. Dessinez mentalement la sensation que provoque cette tension. Est-ce complètement noué? Est-ce étranglé par une force extérieure? Est-ce écrasé par des poids très lourds?

Imaginez ce qu'il faudrait modifier dans ce tableau mental pour détendre cette partie de votre corps. Par exemple, si vous vous représentez votre estomac comme un énorme nœud solide, serré et humide, vous pouvez visualiser le nœud en train de se dénouer lentement et doucement pour tomber et sécher, lâche et mou, sur une plage ensoleillée. Comme nous le verrons dans les chapitres suivants, de telles images mentales peuvent stimuler des changements corporels positifs.

Caroline B. Thomas, psychosomaticienne à l'école médicale John Hopkins, a dressé une liste des signes les plus répandus de tension nerveuse. Elle s'aperçut qu'à ces habitudes correspondaient un grand nombre de troubles. Elle demanda aux patients de noter leurs réactions courantes dans des situations de tension ou de stress injustifiés [3].

— épuisement ou fatigue excessive	— grande joie
— sentiments dépressifs	
— sentiments d'inconfort ou d'anxiété (soupirs, gorge ou poitrine serrées, bouche sèche, mains moites...)	
— tension générale (« nerfs en pelote », difficultés à se détendre)	
— activité accrue	— activité diminuée
— envie accrue de dormir	— difficultés plus grande à dormir

— envie accrue de manger	— perte d'appétit
— nausée	
— vomissement	
— diarrhée	— constipation
— fréquente envie d'uriner	
— tremblements ou instabilité	
— colère (exprimée ou cachée)	
— désir d'en venir aux mains	
— inquiétude concernant sa santé physique	
— tendance à vérifier plusieurs fois les résultats d'un travail pour s'assurer de leur exactitude	
— envie irrésistible de se confier et de chercher conseil et réconfort	— envie irrésistible d'être seul et de tout fuir
— irritabilité et souci de trouver un bouc émissaire	
— effort intellectuel sans résultat remarquable	

Pour vous donner une vague indication de votre degré de stress chronique ou non soulagé, notez combien de ces réponses vous concernent.

Bon nombre de ces habitudes s'opposent symétriquement, suggérant que le stress peut déséquilibrer votre corps dans un sens comme dans l'autre. Les habitudes de chacun, selon Thomas, répondent à un schéma personnel : fréquence, type et sévérité. La plupart sont elles-mêmes désagréables et, ce qui est très important, peuvent mener à de graves complications médicales si elles persistent pendant des années. Les personnes tendues doivent apprendre à équilibrer leurs réponses.

Une de mes patientes souffrait d'un assortiment de troubles, y compris d'hypertension. En établissant le graphique de ses réponses-stress, elle s'aperçut qu'elle réagissait par l'inquiétude et l'angoisse non seulement à ses propres dilemmes mais aussi à ceux de ses enfants, de son mari et de ses parents. Lorsque les membres de sa famille avaient un problème, elle ressentait une certaine tension, aggravée par un sentiment d'impuissance. Leurs difficultés, sur lesquelles elle n'avait aucun contrôle, l'obsédaient et elle était constamment inquiète.

Une autre patiente qui tenait consciencieusement son « carnet de stress » découvrit que ses douleurs dorsales ne s'éveillaient que lorsqu'elle songeait à quitter son mari et à vivre une aventure avec d'autres hommes. La douleur la confinait chez elle et exprimait sa crainte de détruire son mariage autant que sa frustration sexuelle. Dans un autre cas, un jeune homme conclut que ses crises d'épilepsie survenaient lorsqu'il tentait de se libérer de la dépendance où le tenaient ses parents.

Après avoir tenu votre carnet pendant une ou deux semaines et avoir passé quelques soirées à vous souvenir de vos réactions habituelles aux événements angoissants de votre passé, vous devriez pouvoir en tracer les schémas et reconnaître les sentiments qu'elles provoquent, les façons dont elles affectent votre corps. Analysez ensuite si vos « réponses » sont adaptatives ou non et déterminez quels changements vous pourriez opérer ou quelles nouvelles réponses plus souples vous pourriez adopter qui réduiraient mieux les effets secondaires. Si vous rencontrez quelques difficultés au cours de cette phase d'analyse, les chapitres suivants vous fourniront diverses techniques qui vous aideront à adopter de nouvelles habitudes.

Type A : réussite, colère, répression et contrôle

L'analyse des profils de stress de nombreux individus indique qu'à des réponses et des comportements particuliers correspondent parfois des maladies spécifiques. La réponse liée aux maladies du cœur et de l'artère coronaire en est l'exemple le plus frappant.

La recherche dans ce domaine fut entamée par les cardiologues Meyer Friedman et Ray Rosenman. Leur intérêt fut plus particulièrement éveillé par l'étonnement d'un tapissier qui réparait les meubles de leur salle d'attente. Il se demandait pourquoi seule l'extrémité avant des chaises et sofas était usée. Jusqu'alors les chercheurs s'étaient préoccupés des facteurs de risques physiques traditionnels de la maladie cardiaque (tabac, manque d'exercice, régime riche en graisses saturées et en cholestérol). Mais par la suite ils se mirent à examiner pourquoi la majorité de leurs patients faisaient preuve d'une attitude agressive, axée sur la réussite sociale et vivaient obsédés par le temps.

Rosenman et Friedman appelèrent type A ce mode de vie hautement compétitif associé à la thrombose de l'artère coronaire. Peut-être connaissez-vous des personnes (habituellement des hommes) possédant cette personnalité de type A : le directeur surmené, obsédé par son travail, constamment sous pression et généralement difficile à supporter par son entourage. Il lutte sans cesse pour tout contrôler, ne peut déléguer son autorité, est très exigeant. Ce type A est symbolisé par le dessin d'un avant-bras, poing fermé, montre au poignet [4].

Rosenman et Friedman, ainsi que le psychologue David Glass, pensent que le surmenage nerveux et les impératifs de temps permanents maintiennent les individus de type A dans un état d'éveil psychophysiologique constant. Ils essaient de faire plusieurs choses à la fois, vivant par leur montre et leur calendrier. Ceci provoque une tension musculaire, particulièrement autour du visage, une agitation nerveuse, une élocution rapide et des doigts qui pianotent fréquemment. Ils mangent et marchent rapidement, trouvent difficile de rester assis à ne rien faire. Leur esprit n'est jamais dans le présent mais toujours préoccupé par la tâche à venir. Évidemment, ce comportement tend à pousser le corps à ses limites physiologiques.

Que ces individus l'admettent ou non, il est évident qu'une colère et une hostilité considérables se cachent derrière le comportement de type A. Ils sont souvent irrités et frustrés par l'attente, l'inattendu et par le travail imparfait des autres. Ils jouent toujours pour gagner et se méfient des motivations de ceux qui les entourent. Ils s'attendent au pire de la part des autres, ce qui trahit leur vision d'eux-mêmes. Glass constata que le type A s'épuise pratiquement à accomplir des exercices de routine mais ne s'avoue pas aussi fatigué que son opposé, le type B, qui abandonne rapidement.

Glass a élaboré une théorie concernant la façon dont le type A fait face à ce qu'il perçoit comme des menaces extérieures. Il essaie de contrôler totalement son univers de façon à vivre dans un environnement ordonné, prévisible. Il se méfie de l'inattendu dans les relations personnelles et au travail. Pour lui, le monde est hostile et menaçant et il cherche à le dominer autant que possible [5].

Dans de nombreuses études, ce schéma comportemental prédit plus sûrement les attaques et autres formes de maladies cardiaques et artérielles que les facteurs de risque plus couramment présentés. Rosenman et Friedman déclarèrent que les trois quarts au moins des hommes qu'ils ont étudiés obéissent à ce schéma. Nombre d'entre eux ont été entraînés à se comporter de cette façon depuis l'enfance et la considèrent indispensable à la réussite.

Le schéma de comportement opposé, le type B, est moins hostile et agressif, plus capable de se détendre et de profiter de la vie et des autres. Il semblerait que la loi de la jungle favorise les A plutôt que les B. En fait, non seulement le schéma B est plus sain mais un plus grand nombre de B accèdent à des positions élevées. Les A stagnent au niveau moyen car ils ont du mal à s'adapter, manquent de souplesse et sont incapables de bien travailler avec d'autres. La plupart des individus se trouvent entre les A et les B; essayez de déterminer succinctement celles de leurs caractéristiques qui sont vôtres.

Vous pensez peut-être que le type A s'oppose totalement à l' « impuissant désespéré », vulnérable au cancer ou à d'autres maladies, présenté au chapitre précédent. La recherche de Glass révèle cependant que lorsqu'il est confronté à des situations insolites ou qui frustrent son besoin de contrôle, le type A retombe en fait dans la même attitude de désespoir et d'impuissance.

Glass plaça des hommes de type A et de type B dans une pièce où ils furent soumis à des bruits très violents qu'ils ne pouvaient que subir. Il leur demanda ensuite de venir à bout d'une tâche frustrante. Les A, habituellement rapides et efficaces, ne réussirent que médiocrement par rapport aux B. Glass en conclut que le type A est plus sérieusement affecté par les pertes qu'il subit sans pouvoir les contrôler. Il y réagit moins efficacement que le type B, plus décontracté. Peut-être est-ce dû au fait que le style de vie agressif et surmené du type A n'est qu'une tentative pour éviter la réaction « impuissant-désespéré ». En cas d'échec, la maladie risque de survenir.

Une fois encore, ces études lient la maladie non seulement aux sources externes du stress, telles les pertes et les frustrations, mais aussi aux réponses émotionnelles individuelles. La perte de contrôle sur les événements et la peur que cette perte réveille affectent apparemment la faculté d'adaptation et la vigilance du corps face à la maladie.

Le comportement de type A a été directement lié aux maladies de cœur mais il peut avoir des conséquences plus générales. La réponse « impuissant-désespéré » mène au cancer comme à d'autres maladies. Au type A peuvent correspondre de nombreux symptômes dus au stress. Évidemment, trop de facteurs interviennent — depuis la qualité de notre alimentation et de l'environnement jusqu'aux influences héréditaires — pour permettre de généraliser de façon simpliste l'impact potentiel du comportement de type A. Les études qui se poursuivent devraient permettre de mieux comprendre son influence sur notre santé.

Lorsque je décris les caractéristiques du type A, mes interlocuteurs me demandent toujours : « En suis-je un ou non ? » Dans l'affirmative, ils craignent pour leur santé, alors que s'ils se croient des types B, ils s'estiment hors de danger. Tout le monde possède plus ou moins certaines des qualités du type A car c'est de cette façon que nous nous adaptons le plus souvent à notre civilisation. Nous nous sentons quelque peu surmenés, frustrés et irrités par notre incapacité à contrôler les événements complexes, ambigus et perturbants qui nous assaillent.

Comment pouvons-nous modifier nos réponses, apprendre à être plus souple et direct lorsque nous devons affronter des événements stressants ? Modifier le comportement de type A demande du temps, exige des changements prudents et patients de tous les aspects de notre mode de vie. Il faut prendre conscience de ses propres caractéristiques puis élaborer un plan pour les transformer.

Faire face efficacement au stress

Les recherches peuvent nous donner des indications non seulement sur les variables qui nous rendent malades mais aussi sur les réponses à notre environnement susceptibles de nous maintenir en bonne santé. Les cadres et autres personnes surmenées suivent frénétiquement des séminaires pour contrôler les stress et apprendre à se relaxer : pour eux, la médecine a essayé de déterminer quels types d'attitudes et de réponses aident à demeurer bien portant.

Les recherches du psychologue John Lacey, pionnier en ce domaine, démontrent que chacun répond physiologiquement selon certaines tendances à différents agents de stress. Lacey a soumis des individus à différents types de stress : mental — difficiles problèmes arithmétiques et tests d'association de mots — et physiologique — ventilation excessive et pieds plongés dans l'eau. Il découvrit que chacun possède un schéma particulier par lequel son corps répond à ces agents de stress. Certains réagissent rapidement tandis que d'autres refont surface plus lentement et mettent plus de temps à récupérer. De plus, ces réponses sont, jusqu'à un certain point, indépendantes du stress : chacun a sa propre signature physiologique. Celle-ci peut le prédisposer à des maladies particulières liées au stress, quel que soit celui qui l'oppresse [6].

Selye, remarquant que la réponse est individuelle, divisa les personnalités en « chevaux de course » et « tortues ». Les chevaux de course vivent de tensions, d'exigences, de stimulations, de défis et de compétitions. Éloignés de ce contexte, ils seront sujets au stress. Certains d'entre eux ont du mal à prendre des vacances ou à s'échapper de leur travail alors que d'autres se jettent aussi vigoureusement dans les loisirs que dans d'autres activités. Les tortues, dit Selye, réagissent tout à fait à l'opposé : lents, ils ont besoin d'encouragements, d'exigences et de pressions mesurées.

Sinon, ils s'angoissent, s'inquiètent et souffrent de graves stress [7].

Les différents sous-produits des stress de la société moderne — la douleur, la tension, la gêne ou la dépression — peuvent nous détruire si nous n'apprenons pas à les désamorcer. Cependant, tous leurs symptômes ne sont pas nuisibles. Le psychologue Irving Janis a examiné la relation entre l'angoisse préopératoire et le taux de rétablissement postopératoire. Il s'est aperçu que les deux extrêmes — ceux qui s'inquiètent trop et ceux qui ne s'inquiètent pas assez ou pas du tout — étaient plus affectés par l'opération que les patients qui s'inquiétaient modérément. Il suggère l'existence d'un « travail d'appréhension » qui prépare le corps au choc imminent et le protège. Toutefois, trop ou trop peu d'appréhension semble inadéquat; trop peu nie le stress et donc ne prépare pas le corps tandis que trop entraîne une réponse excessive.

Janis pense aussi que chaque symptôme de stress a un rayon d'action et une utilité fonctionnels particuliers. Ainsi, comme celui qui s'inquiète modérément, nous devons apprendre à bloquer notre réaction lorsque le symptôme a accompli son travail. Bien sûr, il y a des raisons de s'inquiéter et de se déprimer. Mais, exactement comme la résistance au stress mène à l'épuisement, l'utilité d'un symptôme, dans le processus d'adaptation, finit par s'user et laisse finalement la place au mal [8].

Ces observations nous apprennent que, pour contrôler le stress, il est indispensable de maintenir un rythme régulier, de prendre les choses calmement, d'éviter de relever certains défis et de rechercher les difficultés. Nous vivons chacun selon notre propre rythme et nous pouvons nous attendre à un danger lorsque l'environnement, le travail ou la famille nous en imposent un autre. De nombreux conflits professionnels et domestiques surviennent simplement lorsque deux personnes vivent à des rythmes biologiques différents. Prendre soin de soi-même et se placer dans des conditions qui conviennent à notre nature de cheval de course ou de tortue (notre tolérance personnelle au stress) est probablement la façon la plus efficace de moduler notre réponse-stress négative.

La qualité et la force de notre préparation aux événements pénibles est un autre aspect important du contrôle du stress. Barrell et Price ont découvert que la façon dont une personne affronte un événements contraignant détermine l'effet physiologique qu'il aura sur elle. Au cours de leur expérience, les individus réagissaient très différemment à l'annonce qu'ils allaient recevoir un choc électrique douloureux. Certains se transformaient en « lutteurs », concentrant leur attention sur le choc à venir, essayant de s'y préparer. D'autres — les « esquiveurs » — demeuraient passifs, essayant de ne pas penser au choc imminent tout en l'attendant. Physiologiquement cela se traduisait chez les lutteurs par une plus grande tension musculaire et, pour les esquiveurs, par une plus grande accélération du rythme cardiaque. Les lutteurs, qui pensaient pouvoir faire quelque chose contre le stress, préparaient leur esprit et leur corps. Les esquiveurs, qui se sentaient impuissants à affronter la crise, répondaient par la négation, avec l'angoisse qui l'accompagne[9].

De l'étude de Barrell et Price, il ressort que l'approche la plus adaptative au stress est celle par laquelle nous exerçons le plus de contrôle et de préparation. En répondant directement au stress potentiel, nous n'expérimentons qu'un minimum de frustration et de colère, avec les changements physiologiques qui les accompagnent.

D'autres études psychophysiologiques nous informent sur les moyens de contrôler le stress. Une étude des stratégies d'affrontement et des réponses physiques — pression artérielle et cholestérol, triglycérides et taux d'acide urique — de 300 cadres supérieurs apporte quelques suggestions utiles quant à la façon de contrôler le stress professionnel [10]. La stratégie la plus efficace consiste à demeurer fort physiquement en mangeant sainement, en dormant suffisamment et en prenant de l'exercice (cette dernière pratique est un antidote particulièrement positif contre le stress professionnel). De plus, vous devriez prendre physiquement du recul lorsque vous vous sentez agressé par un stress, consacrer quelques minutes à vous « dénouer » ou à vous détendre avant de remonter en selle. Séparer vie professionnelle et vie domestique constitue une autre stratégie. Essayez de laisser vos problèmes professionnels au bureau, de ne pas discuter de vos frustrations avec votre conjoint, ce qui aurait pour effet de maintenir votre organisme en état d'alerte. Au contraire, parlez avec vos collègues de vos ennuis professionnels, autant que possible dès qu'ils se posent.

Qui commande?

Vous contrôlez beaucoup mieux votre destin que vous ne le croyez sans doute. Après avoir travaillé avec des centaines de patients, je pense que les attitudes d'un individu face à la vie et ce qu'il attend du monde influencent souvent son souvenir. Certains se croient impuissants et devancent l'échec lorsqu'on exige trop d'eux. D'autres par contre affrontent la vie en se disant qu'ils feront de leur mieux et ne seront que légèrement touchés par les événements qu'ils ne peuvent contrôler. Tout bien pesé, plus vous croyez en votre propre efficacité, plus vous êtes capable d'accepter à la fois votre réussite et vos limites, mieux vous vous adapterez aux changements et aux obstacles de la vie.

Sous l'effet du stress, la personnalité de type A réagit comme l'individu harcelé par l'impuissance et le désespoir. Tout deux sentent leur univers leur échapper. Le futur leur semble morne et ils renoncent à tout effort pour maintenir leur intégrité contre un monde qui ne satisfait ni leurs besoins ni leurs espérances. Intuitivement, il semble logique que ces personnes s'exposent à la maladie; comme si elles avaient perdu le désir de se protéger ou comme si elles avaient épuisé leurs ressources à se battre contre un ennemi inexistant.

Est-il possible de les aider? Il est probable que si on pouvait modifier leur schéma de réponses, les effets physiologiques négatifs et la détresse diminueraient. Mais on ne peut ordonner à quelqu'un de changer instantanément, car il s'angoissera ou se mettra probablement en colère, se sentira sans défense ou se prétendra incapable de mieux contrôler les événements.

Le processus de changement, donc, doit se faire petit à petit. Vous devriez d'abord définir vous-même votre problème et établir un plan pour modifier non pas vos symptômes mais plutôt votre attitude envers le monde. Si vous appartenez au type A, essayez de laisser les choses en l'état et de déléguer un peu de votre autorité. Vous devrez apprendre à vous détendre (voir le chapitre 13), à faire confiance au monde et en attendre qu'il soutienne vos efforts.

En commençant à percevoir différemment vos capacités et vos besoins et à évaluer d'une autre façon votre environnement, votre attitude face aux choses de la vie et aux menaces extérieures deviendra plus souple et vous pourrez commencer à changer et vous adapter.

9

EXPRIMER SES ÉMOTIONS ET PRENDRE SOIN DE SOI-MÊME

De retour chez moi, la guérison s'est poursuivie. J'apprends à libérer ma colère. Je ne me retiens plus. Mes enfants et moi nous disputons ouvertement lorsque nous en ressentons le besoin et n'avons jamais été aussi proches. Lorsque je me promène, je crie souvent face au rugissement de l'océan — je crie ma force, ma rage, mon rire, ma joie, ce qui vient. Je me sens appartenir au monde entier, à l'aise en son sein. Lorsque quelque chose ne va pas comme je veux, je renonce à l'idée préconçue que j'en ai sachant que mon esprit ne connaît pas la totalité du problème...

Je prends de plus en plus profondément conscience de ce que ce cancer est un cadeau précieux, puisqu'il m'apprend à vivre.

Elizabeth RIVERS

Pour la plupart d'entre nous, l'acné faisait autant partie de l'adolescence que la gaucherie physique et le trouble émotionnel. A cause de sa nature universelle, nous hésitons à l'appeler maladie. Après tout, n'est-elle pas un élément normal et prévisible de la croissance?

Intrigué par la banalité de l'acné, Wallace Ellerbroek, chirurgien devenu psychiatre, décida d'examiner en quoi les émotions peuvent la provoquer. Il choisit 38 patients d'âge différent souffrant tous d'une acné si prononcée qu'elle les gênait effectivement. Aucun n'avait cherché de traitement auprès d'un dermatologue. 32 furent réceptifs à l'approche psychologique d'Ellerbroek et 30 virent leur condition s'améliorer en deux mois.

Ellerbroek commença par observer ses patients lorsqu'ils parlaient de leur vie :

> Lorsque je discutais de problèmes désagréables avec un patient, il portait souvent sa main à son visage, sa poitrine, sa jambe ou son autre bras et se grattait un instant tout en cherchant ses mots. Je me mis à provoquer un stress chez mes patients et épiai cette réaction : je fus stupéfait par l'uniformité avec laquelle ce comportement se produisait. De plus, je me rendis compte, autant que je pouvais en juger, que chaque fois qu'on me cherchait querelle, cela me démangeait... En m'examinant je remarquai que si ce sentiment se transformait rapidement en un léger sentiment de déprime, le chatouillement ne se produisait pas et la réaction qui le remplaçait était un lourd soupir. Il me vint à l'esprit que ce comportement (se gratter) apparaissait de façon plus intense et plus fréquemment chez les individus sujets à une acné active ou portant des marques d'acné [1].

Ellerbroek conclut que l'acné peut être une réaction au sentiment d'être pris à partie ou taquiné et à l'envie qu'on vous laisse tranquille. Ces émotions étouffées et peut-être inconscientes s'expriment à travers un chatouillement qui, à son tour, conduit à se gratter régulièrement. Les lésions faciales sont donc le résultat de l'infection d'une peau déjà sensible. Patient après patient, Ellerbroek retrouva ce sentiment chronique d'être pris à partie : ils interprétaient les revers de fortune comme des insultes personnelles. Le traitement, pensa Ellerbroek, devrait viser à changer la vision du monde du patient plutôt qu'à simplement soigner chaque nouvelle infection.

Ellerbroek essaya par la psychothérapie d'aider ses patients et de soulager leurs peines. Ils les amena à exprimer les émotions négatives qui s'étaient accumulées pendant des mois ou des années. Il leur enseigna aussi à penser et à se comporter de façon constructive ainsi qu'à améliorer leur attitude et l'expression de leur visage. Le traitement d'Ellerbroek mis en place, l'acné diminua miraculeusement.

Bien que la plupart des dermatologues s'accordent à

penser que des facteurs émotionnels jouent un rôle significatif dans le développement de l'acné, peu ont essayé de traiter le symptôme physique en changeant les attitudes émotionnelles et le comportement. Ellerbroek replaça la maladie dans ce contexte, ce que les autres médecins doivent faire avec toute maladie s'ils veulent modifier de façon durable le processus pathologique.

La maladie, signe de refoulement émotionnel

Il y a peu de temps, j'ai commencé à traiter une femme approchant la trentaine qui vomissait toute nourriture. Elle venait de divorcer et luttait pour réussir par elle-même, sans le soutien de ses parents. Elle se sentait seule et n'avait qu'une conscience très floue de ses capacités et de ce qu'elle voulait faire dans la vie.

Je lui demandai d'apporter de quoi manger avec moi à l'une de ses séances de thérapie. Le repas à peine entamé, elle s'étrangla et vomit. Je lui demandai alors de se concentrer sur ce que ressentait son estomac. Elle le fit et le réflexe d'étouffement se transforma en une douleur insupportable dans la région du cœur. Chaque fois qu'elle détournait son attention de cette terrible gêne, elle recommençait à s'étouffer, je lui demandai donc de continuer à se concentrer sur la douleur.

Les minutes s'écoulant, alors qu'elle continuait à explorer la douleur, des sentiments et des souvenirs liés à ses parents commencèrent à faire surface. Elle était obsédée par une image négative d'elle-même qui, disait-elle, était due à l'absence d'amour et d'attention de sa mère. Sa façon d'échapper à celle qui la rejetait était en fait de la vomir. Elle se mit à pleurer de façon incoercible pendant quelques minutes mais, après cette séance, elle fut enfin capable de manger un repas sans vomir. Nous avions mis le doigt sur une relation évidente entre son vomissement et la répression de sentiments douloureux et menaçants.

Une autre patiente, victime d'un ulcère, ressentait sa douleur comme un couvercle qui pesait sur elle et l'inhibait. Je lui demandai de s'imaginer en train d'ôter le couvercle : elle se mit à danser librement, très heureuse, et l'intensité de sa douleur décrut considérablement.

Un autre patient, atteint d'un ulcère lui aussi, me raconta qu'il avait repris, à contrecœur, l'affaire de famille pour faire plaisir à ses parents. Il leur en voulait d'avoir, pour obtenir cela, exercé une pression sur lui. Il n'exprimait sa colère qu'intérieurement, trouvant difficile d'affronter ses parents ou de faire face aux conséquences qu'entraînerait le fait de s'en tenir à ses propres décisions.

De tels exemples suggèrent le lien direct entre les symptômes physiques et les émotions refoulées. Le symptôme est en fait une expression voilée du sentiment ou peut-être un message signalant que l'émotion intérieure nécessite une expression plus ouverte. Très souvent, une exploration des sentiments cachés mène à des découvertes qui soulagent les symptômes de façon significative.

Je crois qu'un symptôme physique masque, jusqu'à un certain point, une attitude émotionnelle. Une fois ce sentiment découvert et exprimé, le corps est libre de traiter le symptôme et peut cesser de s'attaquer à une partie de lui-même.

Les émotions et le corps sont profondément imbriqués. Les émotions, apparemment produites à l'intersection du cerveau « des viscères » et du système endocrinien, semblent faire partie du réseau primaire d'alerte du corps. La plupart — particulièrement la rage, la peur, la joie et le bonheur — sont des expressions positives ou négatives d'un éveil physiologique.

Même les émotions les plus nuancées y sont liées, ainsi qu'à la perception consciente de ce qui nous arrive. L'angoisse, par exemple, semble être un état d'attente de quelque chose d'imminent combiné à une incapacité à déterminer de quoi il s'agit et comment y réagir correctement. Le corps est préparé à l'action mais nous ne savons ni où, ni comment, ni quoi faire. Les émotions pourraient donc être définies comme des attitudes associées à des changements organiques [2].

L'expérience directe d'une émotion, vécue à la fois dans son corps et dans son esprit, s'accompagne d'une décharge de la tension et de l'éveil psychophysiologique. Ne vous sentez-vous pas soulagé, par exemple, après avoir hurlé ou après avoir manifesté votre colère? Votre corps ne se sent-il pas calme et détendu? Mais vous avez peut-être appris en grandissant à vous méfier quelque peu de vos émotions ou même à les détester. De nombreuses familles, tout comme la plupart des écoles ou des environnements professionnels, encouragent le contrôle et l'inhibition des sentiments. En fait, ceux qui réagissent émotionnellement sont souvent sanctionnés. Chacun d'entre nous a été, à un moment ou à un autre, puni pour s'être mis en colère ou averti de ne pas pleurer lorsqu'il avait un problème. Même l'amour, la joie et l'affection sont souvent découragés, soit que nous les considérons comme inconvenants, soit que nous craignons que de tels sentiments soient rejetés. Il n'est donc pas étonnant que tant d'entre nous apprennent rapidement à craindre et même à ne pas faire confiance à leurs émotions.

Certains vont parfois jusqu'à perdre toute conscience de celles-ci. Freud a analysé le processus par lequel les individus répriment leurs sentiments, ou apprennent à ne pas les ressentir. Arrivée à l'âge adulte, une personne peut n'être consciente que de quelques émotions, si ce n'est d'aucune, bien que ses sentiments refoulés se manifestent à travers des symptômes comportementaux et physiques.

Le premier à avoir étudié les relations entre la structure du cerveau et les émotions, P. D. MacLean a suggéré que de nombreuses maladies sont peut-être le fait d'une réponse émotionnelle bloquée au niveau du cerveau « conscient » :

> Il est frappant d'observer à quel point le patient atteint d'une maladie psychosomatique est apparemment incapable de verbaliser ses sentiments...
>
> Il semblerait presque qu'il y ait peu d'échange direct entre le cerveau « des viscères » et le cerveau « des mots » (cortex) et que les sentiments élaborés dans la formation hypocampique (partie du système limbique), au lieu d'être relayés vers l'intellect pour y être évalués, trouvent une expression immédiate à travers des centres autonomes. En d'autres termes, les sentiments, au lieu de trouver une expression et un débouché dans l'utilisation symbolique des mots et du comportement appropriés, peuvent être traduits en une sorte de « langage organique [3] ».

MacLean affirme qu'en aidant le patient à comprendre et à éprouver ses sentiments et ses réactions face à la vie, les symptômes peuvent être allégés.

Une femme, gravement atteinte, que sa maladie poussa à analyser profondément ses sentiments et ses relations, m'écrivit :

> Je me sentais prise au piège dans mon mariage. Je me suis mariée pour une certaine sécurité et j'ai souffert de divers maux, les uns après les autres. Je ne pouvais distinguer la dépression de la fatigue chronique et j'en cherchais les raisons partout, sauf dans mon mariage. Je consultais continuellement des médecins pour des douleurs, maux de tête, etc. J'entrepris finalement une thérapie mais continuai d'éluder mes sentiments piégés. Je ne pouvais avancer dans aucune direction et je hurlais au fond de moi, prête à exploser.
>
> Six mois après avoir eu un enfant, mon visage se couvrit de furoncles et d'acné. Un an plus tard, je me fis enlever une tumeur maligne à la jambe. Je supportai l'intervention chirurgicale comme un soldat, brave et stoïque, ne sentant rien. Je continuai de vivre toujours aussi oppressée et une deuxième tumeur se déclara. Je commençais à penser que j'étais une parfaite candidate au cancer et j'explosai. Rien ne m'importai plus que de briser cet insupportable piège de fer. J'ai horreur de faire du mal aux autres, mais, pour me libérer de ces schémas destructeurs, il me fallait tout changer. J'arrêtai de fumer, quittai mon emploi, mon mari et mes relation néfastes. En fin de compte, je me laissai aller à la colère, mais je ne pouvais comprendre pourquoi. Il me semblait qu'en essayant de libérer mes émotions je me faisais du mal à moi-même.
>
> La colère m'effraie encore terriblement car aujourd'hui elle me vient facilement de façon incongrue. Mais ma santé est revenue, pour la première fois depuis des années. Il me semble avoir échangé des sentiments profonds et confus, que je me bats encore pour comprendre, contre une maladie physique tenace et destructrice.

De nombreux types de maladies ont été associés au refoulement de la frustration et de la colère. Herbert Weiner découvrit que les personnes atteintes d'un ulcère ont plus en commun que des hyper-sécrétions stomacales. Ils ont tous un besoin psychologique intense d'amour et d'attention, sentiments régulièrement frustrés. Toutefois, ils refoulent leur colère, craignant de s'aliéner les autres. Ils sont réservés et inhibés et sont persuadés que le monde échappe en grande partie à leur contrôle. Comme l'avait prédit Weiner, les hommes qu'il étudiait souffrirent d'ulcères lorsqu'ils subirent le stress dû à l'incorporation militaire[4]. De telles études n'offrent que des hypothèses, mais il devient, grâce à elles, de plus en plus évident que les besoins insatisfaits provoquent impuissance et maladie.

Ceux qui souffrent d'autres types de symptômes chroniques sont eux aussi souvent frustrés. Ils ont peur de demander ce dont ils ont besoin, craignant de ne pas l'obtenir. La personnalité de type A, par exemple, plutôt que de demander de l'aide, essaie de tout faire seule. Ce faisant, ses besoins émotionnels réprimés trouvent en la maladie une expression organique. Dans ces situations, un symptôme de stress ou une douleur peut n'être qu'un appel à l'aide indirect ou l'expression d'un besoin ou d'un désir à demi dissimulé.

Considérez le cas d'un homme d'affaires d'âge moyen qui montra des signes précoces de sclérose en plaques peu de temps après le premier échec de sa carrière jusque-là très satisfaisante. Depuis cette déception, il vivait dans la crainte de perdre son emploi et se sentait frustré et impuissant. Il exprima finalement ce sentiment par un langage organique : atrophie et rigidification neuronique.

Une femme contracta la même maladie au cours d'une période de tension dans son mariage. Sa fille avait souffert de plusieurs affections graves au cours de son enfance, nécessitant une hospitalisation et elle n'avait pas senti, lors de ce moment difficile, le soutien de son mari dont elle avait désespérément besoin. Comme l'homme d'affaires décrit plus haut, ses sentiments se reflétèrent finalement sur son corps.

Et les maladies moins graves? Les rhumes et les grippes

sont-ils eux aussi liés au stress? Thomas Holmes et ses collègues observèrent les situations émotionnelles de plusieurs patients enrhumés. Ils découvrirent que, dans la plupart des cas, les sentiments réprimés, tels que la colère, précédaient le déclenchement d'affections mineures. Au cours de discussions avec ses malades, lorsqu'il était question de circonstances émotionnellement troublantes, leur niveau de congestion nasale augmentait immédiatement [5].

Alors, la prochaine fois que vous éternuez, vous grattez, toussez, étouffez ou ressentez un élancement ou une légère douleur, demandez-vous si vous n'êtes pas en train de refouler un sentiment qui lutte pour s'exprimer. Dans un sens, c'est une forme de médecine préventive; empêcher vos tensions de s'accumuler jusqu'à un niveau où elles pourraient créer des problèmes plus graves.

Malheureusement il n'est pas toujours facile de détecter une émotion inhibée ou refoulée : Une femme de vingt-deux ans, trop grosse, souffrait d'un ulcère. C'était une personne tendre et généreuse qui tenait un poste à responsabilités dans les services sociaux. Son petit ami, qui se droguait, essayait constamment, avec son aide, de décrocher. Cependant, elle n'exprimait jamais colère ou frustration et n'exigeait rien. Elle ne faisait que donner. Après quelques séances de thérapie, je découvris son ressentiment et ses propres besoins de réconfort et d'attention. Je l'encourageai à rechercher la satisfaction de ses besoins, ce qu'elle fit : l'état de son ulcère s'améliora.

Comme je l'ai déjà dit, le fait d'inviter chacun de mes patients à explorer ses émotions cachées et ses besoins refoulés n'implique pas pour autant que j'estime ces sentiments nécessairement responsables de la maladie ou des symptômes. Toutefois, les recherches telles que celles que j'ai citées indiquent que la répression des émotions peut exacerber ou compliquer le traitement de simples difficultés. Une fois les pressions psychologiques éliminées, le corps est libre de travailler à plein temps à la guérison. Ainsi, bien que l'expression des émotions puisse aider la guérison, je ne prétends pas que les sentiments causent l'affection, conviction que certains médecins sceptiques attribuent à tort à ceux qui pratiquent la médecine holistique.

La recherche est encore loin d'aboutir. Mais, parce que c'est aujourd'hui que vous souffrez, essayez d'établir des relations entre vos sentiments et vos troubles.

Émotions, attitudes et affections spécifiques

Des maladies particulières correspondent-elles à des crises existentielles, à des types de personnalité ou à des émotions spécifiques? C'est possible, mais trop d'autres facteurs sont associés à la maladie, y compris les influences physiques et différents événements, pour l'affirmer aussi nettement. Bien que j'aie déjà soigneusement évité de proclamer cette relation comme reflet d'une réalité, les médecins ont, depuis des siècles, détecté un lien entre émotion, personnalité et maladie spécifique. Un nombre croissant d'études récentes soutient cette hypothèse.

W. J. Grace et D. T. Graham, experts en psychosomatique, ont longuement interrogé 128 patients présentant chacun les symptômes d'une maladie. Douze maladies étaient représentées. Ils s'aperçurent qu'à l'apparition des symptômes de chaque maladie spécifique correspondaient certains comportements émotionnels. Selon eux les patients exprimaient physiologiquement ce qu'ils avaient l'impression de subir dans la vie de chaque jour.

27 patients, par exemple, étaient sujets à des crises de diarrhée quand ils voulaient mettre fin à une situation particulière ou se débarrasser de quelque chose ou de quelqu'un. Un homme en souffrit après avoir acheté une voiture défectueuse. Il déclara aux chercheurs : « Si seulement je pouvais m'en débarrasser! » Déféquer, évidemment, c'est se débarrasser de substances dont le corps n'a plus besoin.

17 autres patients étaient constipés quand ils s'acharnaient à résoudre un problème apparemment insurmontable. Ils déclarèrent, entre autres : « Mon mariage ne sera jamais heureux mais je n'abandonnerai pas. » Et qu'est la constipation si ce n'est un processus corporel consistant à garder inflexiblement des substances, malgré la gêne que cela provoque.

12 patients atteints de rhume des foins et 7 d'asthme

faisaient face à une situation qu'ils auraient préféré ne pas affronter ou qu'ils espéraient voir disparaître. Ils voulaient lui échapper, s'en cacher et se débarrasser de toute responsabilité la concernant. Grace et Graham remarquèrent que ces deux syndromes — l'asthme et le rhume des foins — apparaissaient souvent ensemble. Tous deux sont des réactions à une irritation extérieure au cours desquelles les membranes du nez et des poumons enflent et se rétrécissent pour essayer de diluer ce qui les irrite ou de s'en débarrasser. Le corps, exactement comme l'individu, veut se défaire de quelque chose.

31 patients souffraient d'urticaire, une réaction épidermique au traumatisme, provoquant cloques et inflammations. Ils se sentaient entravés dans leur désir de faire quelque chose qui leur tenait à cœur. Ils ne trouvaient pas de moyen efficace pour affronter leur frustration. Ils étaient si préoccupés par la façon dont les autres intervenaient dans leur vie qu'ils se sentaient comme physiquement battus par leurs adversaires — d'où les cloques. Ceci rejoint l'impression des patients atteints d'acné qu'étudia Ellerbroek : sans cesse on leur « cherchait des poux dans la tête » et, ironiquement, ils s'en cherchaient à eux-mêmes au sens propre.

La nausée et le vomissement (chez 11 patients) survenaient quand l'individu souhaitait que quelque chose ne fût jamais arrivé. Les ulcères (9 patients) se caractérisaient par un désir de vengeance. Les migraines (14 patients) apparaissaient après un effort intense pour accomplir une tâche. L'hypertension était commune à tous ceux qui s'inquiétaient continuellement d'avoir à faire face à toutes les menaces imaginables (comportement de type A). Les douleurs du bas du dos se retrouvaient chez ceux (11 patients) qui voulaient faire quelque chose impliquant le corps entier, le plus souvent s'enfuir [6].

Je trouve cette étude particulièrement utile, non pour compiler un atlas des sentiments associés aux symptômes mais parce que Graham et Grace révélèrent les chemins par lesquels les émotions peuvent être traduites en langage organique, surtout lorsque l'individu craint d'admettre ses sentiments ou de leur obéir. Mon expérience me suggère que de tels patients ne veulent tout d'abord pas que leurs attitudes deviennent conscientes et recherchent des alternatives. Les sentiments mijotent donc dans la colère dissimulée, la frustration, l'impuissance, l'angoisse ou la douleur.

Regardez de nouveau la liste de ces comportements. Un grand nombre des maladies courantes ou chroniques surviennent lorsque l'individu est incapable d'affronter efficacement quelque chose qu'il déteste. La maladie semble apparaître lorsque le sujet est incapable de fournir une réponse efficace aux événements de sa vie.

Ainsi, si vous souffrez de rhume des foins, d'hypertension, de diarrhée, de constipation, de maladies de peau, de douleurs ou d'ulcères répétés, il se peut que votre maladie soit un effet secondaire négatif de votre réponse inadaptée au stress et aux exigences qui pèsent sur vous. Dans de telles situations vous devriez explorer vos sentiments d'inaptitude et d'inefficacité. Retournez-vous contre vous-même votre frustration et vos émotions négatives? Après avoir exploré vos sentiments et découvert les façons les plus efficaces d'y faire face, vos symptômes diminuent-ils?

Malheureusement beaucoup d'entre nous traversent la vie en niant ou en éludant leurs sentiments. Mais la maladie chronique devrait nous apprendre que, bien que ces sentiments puissent être consciemment ignorés, ils continuent à agir de façon souterraine dans notre corps.

Répertoriez vos croyances et vos attitudes courantes concernant les événements de votre vie. Qu'attendez-vous des autres? Les estimez-vous beaucoup ou peu? Vous sentez-vous souvent exploité ou ressentez-vous les autres comme profondément intègres? Comment évaluez-vous vos relations et votre travail? Vous trouvez-vous optimiste dans la plupart des situations ou vous attendez-vous toujours à être frustré? Avez-vous en général l'impression d'avoir plus reçu des autres que donné?

Ayant pris conscience de votre comportement fondamental, vous pourrez vous y attaquer et modifier votre perception ou votre approche de la vie. Vous pouvez, par des changements positifs, influer sur la façon dont vous ressentez votre corps et celle dont il réagit.

Guérir et prendre soin de soi

Une ressemblance m'a frappé chez presque tous ceux que j'ai aidés à examiner la dimension psychologique de leur maladie. Pratiquement aucun d'entre eux ne se sentait à l'aise avec lui-même ni ne consacrait beaucoup de temps à prendre soin de ses propres besoins, physiques ou émotionnels.

Dans l'un de mes groupes de travail sur la santé, les patients réagissaient tous selon des schémas semblables. Une femme, par exemple, se sentait incapable d'exprimer à son mari ses désirs ou ses besoins, de peur de l'irriter. Elle pensait aussi qu'il trouverait ses exigences ridicules. Une autre femme souffrait d'avoir à s'occuper de tout dans la maison — y compris de la maladie de sa fille — peu aidée par son mari, homme d'affaires qui préférait ignorer les problèmes affectifs.

Plusieurs autres membres du groupe avaient des conjoints qui ne satisfaisaient pas leurs besoins affectifs. Mais aucun n'exprimait le désir ou ne semblait capable de chercher satisfaction ailleurs : grâce à d'autres ou grâce à un emploi. Un homme nous montra les listes qu'il rédigeait chaque jour de ce qu'il avait à faire; aucune ne prenait en compte son propre plaisir ou son bien-être. Un autre avait travaillé des années dans une profession qui ne l'intéressait nullement, au sein d'une famille où il se sentait ignoré et inefficace. Mais il était impuissant à changer cette situation qui le rendait malheureux.

Ces histoires pourraient continuer sans fin. Pour tant de mes patients, les besoins humains les plus élémentaires ont été négligés : besoin de contact physique et d'amitié, de plénitude sexuelle et d'estime personnelle, besoin de partager des sentiments intérieurs, d'exprimer une énergie créatrice et de recevoir et de donner de l'amour. Au contraire, leur vie se caractérisait par le devoir et l'obligation envers ceux-là mêmes qui leur donnaient si peu ou rien en retour.

Je m'aperçois souvent que ces individus sont inconscients de leurs besoins et incapables d'en parler : « Le sexe, dit une femme, je crois que j'ai tout simplement appris à ne pas le désirer! » Ils ont accepté une réalité dont ils ne sont pas satisfaits et croient que la vie n'offre aucune récompense. Ils la traversent donc sans énergie ni vitalité. Ils sont engourdis, souvent tristes, déprimés, profondément frustrés ou quelque peu irrités. Cependant, exigent-ils réparation ou cherchent-ils des changements dans leur monde? Non, ils sont comme des prisonniers condamnés.

Lawrence Hinkle étudia un groupe de plus de mille employés d'une compagnie téléphonique; il compara les dix individus les plus sains à ceux qui avaient eu le plus de maladies. Il s'aperçut que les membres du deuxième groupe trouvaient décourageant leur rôle dans la vie :

> Ceux qui étaient souvent malades s'identifiaient, de façon prévisible, à des buts qui n'étaient pas primordiaux pour eux-mêmes, à des devoirs, des responsabilités et des idéologies; ils se montraient plus concernés par les événements et les situations qu'ils rencontraient et y réagissaient plus que les membres de l'autre groupe [7].

Dans un certain sens, les gens les plus sains sont plus « égoïstes ». Ou peut-être ne sont-ils que plus conscients de leurs besoins affectifs et psychologiques et donc s'attachent-ils plus à les satisfaire.

Par contre, les personnes moins bien portantes sont incapables d'exprimer leurs besoins personnels. Elles sont plus habituées à vivre pour les autres et s'occupent souvent peu d'elles-mêmes, même en ce qui concerne l'hygiène élémentaire et le repos. Dans le cadre d'un traitement, comme le suggère MacLean, elles sont tout d'abord incapables de déceler leurs sentiments, frustrations, colères ou dépressions.

Heureusement je m'aperçois que la plupart d'entre nous commençons enfin à découvrir nos propres besoins et nos sentiments concernant ceux qui nous entourent. Dans les groupes, tout comme dans les thérapies individuelles ou familiales, ceux qui souffrent de symptômes chroniques s'organisent pour faire face à leurs besoins et pour se sentir moins démunis. Ils se créent une stratégie de bien-être qui comprend une hygiène élémentaire et des soins physiques personnels; ils prennent aussi en considération ce qu'ils demandent aux relations affectives, professionnelles et familiales.

Invariablement, ces hommes et ces femmes sont moins déprimés par leurs maladies et ressentent leurs symptômes comme moins contraignants, douloureux et opprimants. Des patients qui m'avaient une fois dit « je ne peux rien faire à cause de mon dos » cessent d'utiliser leur maladie comme excuse pour ne pas obtenir ou faire ce qu'ils veulent. Dans ce cas, ils trouvent plus d'énergie en eux-mêmes.

Bien sûr certains d'entre nous ont des difficultés à décider quels sont exactement leurs désirs. Une femme, par exemple, répétait constamment : « Je veux que ma fille — ou fils, mari ou mère — soit heureuse; cela me rendrait heureuse. » Je trouve que ce schéma reflète plus d'oubli de soi que d'attention à soi-même, même si évidemment on a plaisir à aider sa famille.

J'en conclus personnellement que les sentiments négatifs, le manque d'amour et de respect de soi-même peuvent se refléter dans nos corps. C'est une hypothèse séduisante et elle mérite qu'on observe attentivement sa vie. Prendre soin de soi-même, se sentir optimiste, recevoir autant qu'on donne, être conscient de ses sentiments négatifs et positifs et les utiliser comme guides dans l'action ; tout cela favorise la santé.

10

LA FAMILLE : CREUSET DE LA MALADIE

> *Il faut prendre conscience de ce que chaque individu né dans une société est, de naissance — et, selon toute probabilité, dès avant sa naissance —, sujet au conditionnement culturel progressif relayé par tous ceux avec qui il entre en contact. Ainsi le modèle culturel est construit dans sa personnalité tout entière en un processus où il n'existe pas de dualisme; de telle sorte que les accès de mauvaise humeur, les tensions musculaires, la modification du taux de glucose sanguin et les insultes lancées à un parent agressif s'insèrent dans un schéma intégré. Ainsi nous voyons que chaque individu et non seulement chaque patient peut être considéré d'un point de vue psychosomatique selon lequel les névroses organiques spécifiques ne sont que les développements extrêmes et particuliers d'une des potentialités contenues dans la personnalité tout entière. Et nous voyons de plus qu'il n'y a pas de nature humaine fondamentale mais que chaque individu doit être considéré à la lumière d'un fond culturel commun, qu'il est une variante idiosyncrasique de l'un des nombreux modes de développement de la personnalité humaine.*
>
> Margaret MEAD

Le patient pénètre seul dans le cabinet de son médecin. Il est rare qu'une exploration de la relation éventuelle entre la famille et la maladie ait lieu dans ce cadre. Un médecin n'étudiera jamais un organisme ni n'essaiera de comprendre son dysfonctionnement sans le considérer dans sa globalité mais il n'examinera sans doute pas l'influence de l'environnement familial sur la physiologie du patient.

Tina, souffrant d'une sclérose en plaques, avait été

traitée par certains des meilleurs spécialistes américains. Au cours des deux années précédant notre rencontre, son état s'était rapidement dégradé. La sclérose en plaques peut entraîner pendant des années des douleurs relativement faibles, mais aussi de graves troubles nerveux, la paralysie et l'invalidité. J'avais la ferme intention de voir si les facteurs familiaux et psychologiques pouvaient avoir affecté Tina, plus particulièrement au cours de l'aggravation récente de son état.

Lors de notre premier entretien, Tina ne donnait pas l'impression de vouloir s'aider elle-même. Ce fut son fils, à l'occasion de vacances universitaires, qui l'amena. Sa fille venait de terminer ses études secondaires. Elle me parla d'elle et de sa famille. Elle avait grandi en tant qu'aînée responsable d'une famille très unie. A vingt ans elle rencontra son mari et décida d'abandonner ses études pour l'épouser. Au même moment, son plus jeune frère fut atteint d'une sclérose en plaques qui le cloua rapidement à une chaise roulante.

Tina se sentait coupable de ne pas rester auprès de son frère pour le soigner. Malgré tout elle se maria et emménagea dans une ville éloignée — sa première séparation d'avec ses parents. Chaque année, lorsqu'elle rendait visite à son frère, elle repartait avec une raideur dans les jambes, un des premiers symptômes de la sclérose en plaques. De plus, dès qu'on diagnostiqua la maladie de son frère, elle se crut destinée au même sort.

Sa famille évolua selon les standards du rêve américain. Tina se transforma en femme au foyer et éleva ses enfants pendant que son mari travaillait. Homme d'affaires autoritaire ayant atteint une place de premier plan dans les affaires locales, il était devenu un des piliers de la communauté. Elle décrivit son mariage comme « heureux et satisfaisant » et déclara que son époux prenait les décisions à la maison. Elle souhaitait parfois qu'il travaille moins et prenne plus de vacances avec sa famille. Deux ans auparavant, lorsque son fils avait quitté la maison, ses symptômes s'étaient sérieusement aggravés. N'ayant jamais travaillé, elle constata qu'elle n'avait rien à faire ni à espérer.

Quelques jours après notre première rencontre, elle

revint accompagnée de son mari. C'était un homme engageant et sincère, très soucieux de l'état de sa femme. Je remarquai qu'il dirigeait la conversation, s'adressant directement à moi, ignorant Tina. Je lui demandai si elle n'éprouvait jamais de colère à être interrompue ou à ne pas être écoutée et elle me répondit : « Un peu. » Au cours de la discussion qui suivit, j'appris qu'elle n'avait influé sur les décisions de son mari (que faire, quand et où prendre des vacances ou quand passer du temps avec elle) que lorsque ses jambes la faisaient souffrir.

Tina semblait irritée et déçue par certains aspects de sa vie et de sa relation avec son mari, bien qu'on lui eût appris à ne pas exprimer ses sentiments. Au contraire, elle semblait s'accuser elle-même de sa tristesse et de sa dépression. Elle refusa de se soigner et, bien qu'elle eût appris à marcher avec une canne, elle utilisait un déambulateur ou se faisait porter. Elle quittait rarement la maison et refusa l'offre que lui faisait une amie de travailler dans sa boutique. Elle semblait dénuée d'énergie et d'espoir — un état psychique tout à fait contraire à la guérison.

Mon travail avec Tina s'engagea dans plusieurs directions. Le premier pas consista à la faire participer à un programme de soins et lui trouver une activité satisfaisante. Avec l'encouragement de ses enfants et de son mari, elle se mit à travailler dans la boutique de son amie. Elle créa son propre traitement et se soumit régulièrement au régime imposé. Elle commença aussi à suivre les exercices de relaxation et de visualisation qui seront décrits plus loin. Utilisant les techniques de bio-feedback elle put voir ses efforts lui assurer un meilleur contrôle de ses muscles qu'elle n'en avait eu pendant des années. Voir qu'elle possédait un certain pouvoir sur sa maladie l'encouragea.

Je m'attachai particulièrement aux problèmes liés à son mariage, à ce manque d'estime pour elle-même et à son sentiment d'impuissance. Elle devint plus attentive à sa colère et apprit à en parler avec son mari. Elle parla ouvertement de la culpabilité qu'elle ressentait d'avoir « abandonné » son frère et ses parents et de sa perception d'elle-même comme servante — de la famille dans laquelle

elle avait grandi comme de son mari et de ses enfants. Au fur et à mesure qu'elle se mettait à penser à ce que la vie offrait et qu'elle suivait un traitement psychologique et physique axé sur la famille, son état s'améliora énormément.

Comme le démontre l'histoire de Tina, la maladie est, sans aucun doute possible, une affaire de famille qui affecte et est affectée par les liens familiaux. On subit rarement sa maladie seul et en silence. Bien au contraire; comme je l'ai déjà fait remarquer auparavant, le patient entre souvent dans un état de dépendance infantile, s'attendant à ce que les membres de sa famille l'aident à prendre les rendez-vous avec les médecins, à suivre son traitement et, fait essentiel, lui offrent réconfort, sympathie et attention. A cause de l'intensité des liens familiaux, les périodes de tristesse et de dépression du patient se reflètent souvent sur chacun de ceux qui l'entourent.

Nous ne pouvons comprendre la santé et la maladie en ne considérant que le corps et l'esprit. Nous n'existons pas comme des unités isolées. Nous faisons partie d'un ensemble plus large comprenant la famille nucléaire, la famille élargie, la communauté, le groupe professionnel et la société. Pour comprendre les racines de notre maladie, nous devons nous situer au sein de notre environnement tout autant que par rapport à nous-mêmes.

Je pense souvent à la famille comme à une enveloppe protectrice, formant une première ligne de défense contre cet environnement. Le foyer est comme une peau sociale. A l'intérieur de cette peau, les individus, tout comme les organes du corps peuvent fonctionner en harmonie ou sur un mode conflictuel. Les besoins les plus élémentaires de chacun — nourriture, habillement et abri — peuvent se trouver à l'intérieur de l'unité familiale, tout comme les besoins sexuels et affectifs. La famille nourrit et protège le jeune enfant et, au cours des années, l'aide à créer sa propre identité et à vivre d'une façon plus indépendante.

L'état de santé d'un individu peut être influencé par la façon dont sa famille l'élève, répond à ses besoins affectifs et par le degré d'harmonie ou de conflit à l'intérieur du foyer. Lorsque les relations familiales sont sécurisantes, riches et significatives et assurent son bien-être, elles contribuent positivement à sa santé. Lorsqu'il doit faire face à un conflit, à une disparition, une dépression ou à toute autre difficulté au sein de sa famille, il mobilise ses capacités d'adaptation (par le biais de la réponse-stress) pour se protéger — mais pas toujours avec succès.

Conflit familial et homéostasie

« Tu me rends malade! »

Ces mots sont souvent échangés entre enfant et parent ou hurlés avec colère contre un conjoint. Et, bien que la phrase soit rarement à prendre au pied de la lettre, elle est souvent un reflet fidèle de la façon dont un trouble émotionnel peut effectivement mener quelqu'un à la maladie physique. Un conflit au sein d'une famille peut faire réapparaître instantanément des symptômes. Un thérapeute que je connais décrivit un couple recevant la visite de la mère de l'épouse qui s'entendait mal avec son beau-fils. En l'espace d'une journée, la mère fut atteinte d'insomnie, le beau-fils d'eczéma et la fille de dépression. Au départ de la mère, les symptômes disparurent.

La « fièvre des vacances » vous est peut-être familière. Elle est fréquente chez les étudiants retournant chez eux pour les vacances et dans les familles où on est peu habitué à passer beaucoup de temps ensemble. Ces situations peuvent être source d'angoisse, souvent exprimée en tombant malade.

Les symptômes les plus bénins — rhumes, maux de tête, grippes — peuvent être liés aux remous familiaux. Si vous en souffrez régulièrement, vous pourriez peut-être réduire leur fréquence en examinant les milieux dans lesquels vous vous trouvez et les émotions que vous ressentez à leur apparition. Il suffit souvent de reconnaître l'existence et la réalité d'une émotion particulière pour éviter un rhume ou un mal de tête. En exprimant ouvertement conflits, colères ou sentiments, certains éviteront les symptômes physiques.

Nombreux sont ceux qui trouvent difficile d'exprimer leur colère ou d'entrer directement en conflit avec d'autres membres de la famille. Ils se contentent de traiter leurs symptômes en avalant comprimés sur comprimés d'aspirine, d'antihistaminiques ou des médicaments plus puissants sans jamais s'interroger sur la répétition des symptômes. Ainsi, une femme dépendante, exaspérée par son mari, prend des pilules et se couche. Ou le père, défié par son fils, souffre d'une angine. C'est sa façon de dire : « Ton insolence m'est intolérable », sans jamais en parler ouvertement. De plus, en tombant malade, il interdit à son fils ou à sa femme de lui répondre. Au contraire, la femme pensera peut-être : « Comment puis-je être en colère contre lui? Après tout il est malade. » Ou le fils : « Je suis vraiment un salaud. Il faut vraiment que je sois plus gentil avec papa. »

Le lien entre le stress émotionnel, le conflit familial, les réactions psychologiques et la maladie physique a été brillamment démontré par l'étude du psychiatre familial Salvador Minuchin. Il travaillait avec une famille dont la fille avait une forme très changeante de diabète apparemment activée par certains conflits familiaux. Au cours d'une séance de psychothérapie familiale, Minuchin tenta une expérience : il fixa une sonde sanguine sur chaque membre de la famille en prenant des échantillons toutes les cinq minutes. Il mesura ensuite le taux d'acide gras libre de chaque échantillon, considéré comme un indicateur physiologique de l'émotion.

Minuchin découvrit que le taux d'acide de chaque personne, et donc le seuil émotionnel, s'accroissait en cours de discussion sur des sujets qui la touchaient intimement. Le niveau émotionnel des parents, par exemple, était au plus bas lorsque leur attention se portait sur les problèmes de leur fille diabétique, alors qu'à ces mêmes moments le seuil émotionnel de leur fille était élevé. Il grimpa plus encore lorsque le thérapeute fit affronter à la jeune fille un conflit parental dans lequel elle pensait devoir prendre parti. Il permit ensuite à la jeune fille de voir, à travers un miroir sans tain, ses parents discutant entre eux de leurs problèmes conjugaux. L'émotion diminua de façon significative tandis que celle de ses parents grimpait en flèche [1].

Il est évident que les conflits familiaux ne constituent pas la seule, ni même la principale cause de maladie. En dehors des prédispositions héréditaires, de la fragilité des organes et des systèmes physiques, de la personnalité, de l'aptitude à contrôler le stress, des croyances et des espérances, d'autres facteurs peuvent jouer un rôle. Mais Minuchin démontra que les conflits familiaux affectent le statut et peut-être même l'origine de nombreux maux physiques.

J'ai travaillé avec de nombreuses familles harcelées par la maladie et j'ai constaté que, dans presque tous les cas, des liens existent entre la maladie et les relations familiales. Dans la plupart de ces cas, un examen psychologique assez rapide révèle comment la famille aggrave la maladie et permet de trouver les meilleurs moyens de réduire les tensions.

Dyades mortelles

Selon le bon sens populaire, les deux membres d'un couple, après des années de vie commune, parviennent à se ressembler. Quoiqu'on puisse douter que les apparences physiques des époux se mettent effectivement à coïncider, de nombreux aspects de leur vie, si ce n'est la plupart, peuvent se chevaucher. En partageant une maison, les enfants, l'activité sexuelle, le travail ménager, les finances et les expériences quotidiennes, ils deviennent dépendants l'un de l'autre et leurs rythmes intérieurs et extérieurs s'harmonisent.

En travaillant à partir de cette donnée, il n'est pas étonnant que des couples puissent accroître le risque commun de tomber malade par leur réaction au conflit au sein de leur relation. L'affliction n'est pas déclenchée par un schéma particulier de personnalité, mais par deux personnalités distinctes, chacune répondant à l'autre à sa façon. A moins que ce schéma ne puisse être modifié, ils s'entraînent l'un l'autre vers la maladie chronique, un sort qu'aucun des deux n'aurait peut-être subi s'ils ne s'étaient jamais rencontrés.

Tout comme d'autres chercheurs, j'ai rencontré de nombreux exemples de ces « dyades mortelles ». Le psychosomaticien Sidney Cobb et ses associés ont présenté un schéma de ce genre dans leur article « Pourquoi les femmes sujettes au rhumatisme articulaire ont-elles des maris souffrant d'ulcère? [2] » L'homme prédisposé à l'ulcère apparaît angoissé, ayant besoin de plaire et d'être encensé. Il peut être attiré par une femme à personnalité arthritique, qui a toujours cherché statut social et estime, mais a été frustrée. Initialement chacun voit l'autre comme répondant à ses besoins et ses désirs. Au cours de leur vie commune, la femme s'aperçoit que ses besoins ne sont pas satisfaits et s'en irrite. Pendant ce temps-là, son mari s'inquiète et se sent frustré parce qu'il ne reçoit pas le soutien affectif qu'il désire.

Cette hostilité croissante et mutuelle les conduit finalement à créer ou exacerber leurs maladies potentielles. Leur système d'esquive et de colère déclenche l'inflammation des articulations de la femme et l'ulcération de l'estomac du mari. Si chacun s'était marié dans un environnement plus inoffensif, leurs prédispositions physiologiques et personnelles auraient pû ne jamais être réveillées.

Deux conjoints d'âge moyen avec lesquels je travaillais constituaient une dyade mortelle. Le mari se décrivait comme un « fana du boulot » : un ingénieur dont la personnalité pouvait être clairement définie comme de type A (agressif, forcené, compétitif, obsessionnel). Il avait eu un infarctus du myocarde grave et avait, depuis, réduit son activité. Peu de temps après, sa femme fut atteinte d'un cancer.

Avant leur maladie, le mari avait toujours partagé de bon cœur les responsabilités de la maison, alors que sa femme devenait de plus en plus impuissante et dépendante. Sa crise cardiaque l'obligea à intervertir les rôles. C'est à ce moment-là qu'elle fut atteinte d'un cancer, ce qui, à son tour, l'inquiéta tellement qu'il se chargea de nouveau de toutes sortes de responsabilités et prit soin d'elle.

Un cercle vicieux — et mortel — se mit ainsi en place. Sa maladie semblait résulter, en partie du moins, de sa surcharge d'obligations et du fait qu'il exigeait trop de lui-même. Lorsque les rôles furent inversés, elle-même réagit par une dépression physiologique, comme si elle essayait de lui faire reprendre son rôle habituel. Après que je les eus aidés à équilibrer leur vie et qu'ils eurent commencé à s'assister mutuellement ainsi qu'à faire des choses pour eux-mêmes, ils se rétablirent.

Un autre chercheur, F. C. Hoebel nota que certains patients mâles, sujets à l'infarctus du myocarde, n'écoutaient pas ceux qui leur conseillaient de moins fumer, de prendre de l'exercice et de pratiquer la relaxation. Il conclut que leur femme pouvait affecter de façon décisive leur comportement en les aidant à abandonner leurs activités pathologiques. Il demanda donc aux épouses de se plier à une psychothérapie de leur côté. Il les aida à reconnaître comment, en dépit de leurs bonnes intentions, elles pouvaient gêner le rétablissement de leur mari. Il les aida à établir des stratégies encourageant le changement positif chez leur époux. Même sans la coopération des maris, il fut capable d'agir sur eux, simplement en aidant leur femme à modifier leur propre comportement [3].

Hoebel montra que, même lorsque les maris ne coopéraient pas, le traitement familial pouvait réussir. Le comportement de tous les membres de la famille influe sur le rétablissement ou la rechute éventuels du membre malade. Si deux conjoints peuvent se rendre mutuellement malades ou entraver le rétablissement de l'un d'entre eux, je pense que l'inverse doit être vrai.

L'enfant, bouc émissaire de la famille

Comme je l'ai souligné plus tôt, la santé de l'enfant est effectivement sensible aux mêmes influences que celles de n'importe quel adulte. La recherche autant que la pratique médicales démontrent que dans de nombreuses familles l'enfant malade n'est qu'un pion — un court-circuit — dans un conflit entre deux parents, ou sa maladie, le reflet d'erreurs de la part d'un parent. L'enfant peut en fait devenir la victime innocente de la dyade parentale mortelle.

Minuchin divise en deux phases la crise psychosomatique de l'enfant. Dans la première phase, dite de « mise en route », un conflit ou une interaction familiaux, au cours d'un événement particulièrement perturbant, crée une réponse physiologique qui déclenche la maladie de l'enfant

— asthme, diabète, douleur abdominale, par exemple. La seconde phase, dite de « mise hors circuit », peut survenir après la crise, lorsque la réponse physiologique diminue et revient à un niveau normal. Toutefois, chez certaines familles, l'arrêt ne se fait pas car elles maintiennent leur pression néfaste. L'enfant demeure donc malade et ses symptômes deviennent difficiles à contrôler par traitement médical [4].

Le membre de la famille, surtout s'il s'agit d'un enfant, devient souvent le bouc émissaire du conflit domestique. Le malade aide indirectement les autres membres de la famille à se sentir mieux car ils peuvent concentrer leur énergie et leur attention sur l'enfant, évitant ainsi d'affronter leurs propres problèmes et de s'affronter eux-mêmes. Pour protéger la famille, l'enfant doit rester malade! La thérapie doit aider chaque membre de la famille à faire cesser les processus qui provoquent les symptômes physiques chez l'un d'eux et à analyser ses propres conflits.

Minuchin a défini certains schémas d'interactions inhérents aux familles ayant des enfants fonctionnellement malades. Enchevêtrement : les membres de ces familles poussent le sentiment fusionnel à son extrême et n'ont pratiquement aucune vie privée. Les enfants sont impliqués contre leur volonté dans les luttes des parents et tous les aspects de leur vie.

Les membres de la famille se soucient tellement les uns des autres que la moindre indication d'une maladie ou d'un problème déclenche une mobilisation générale. Un éternuement, une fièvre ou n'importe quel signe d'inconfort inquiète les autres et les pousse à l'action. La famille est toujours si préoccupée par la santé de l'enfant, parfois si surprotectrice, qu'il ne peut plus rien faire seul.

Le système très rigide d'interaction est une autre caractéristique familiale. Il s'accompagne d'un besoin absolu de maintenir le statu quo. Le problème physique n'est ainsi ni surmonté ni oublié mais resurgit régulièrement. Il est difficile de s'adapter à de nouvelles situations (par exemple, d'encourager l'indépendance chez ses enfants) qui peuvent être perçues comme menaçantes ou dangereuses.

Les parents « infantilisent » souvent leurs enfants, utilisant leur faiblesse et leur vulnérabilité supposées pour les empêcher de quitter la maison. Enfin, ces familles ont du mal à discuter de leurs conflits et de leurs divergences d'opinion, tendant à nier l'existence même de ces différences.

Imaginez grandir dans un tel environnement. Un enfant peut se sentir poussé à prendre parti pour un parent ou un autre et craindre de dire quoi que ce soit de peur que les parents le comprennent comme un reproche. Il peut aussi s'allier à un parent contre l'autre.

Il y a peu de temps j'ai soigné une femme qui, chaque fois qu'elle était en colère contre son mari, confiait à son fils de dix ans, asthmatique, qu'il était « le seul à la comprendre ». Le père était indifférent et apparemment ne se sentait pas touché par sa famille. Les parents n'avaient pas de rapports sexuels. La mère semblait mettre toute son énergie en son fils, prenant soin de lui et, dans un sens, lui demandant de ne jamais la quitter émotionnellement comme l'avait fait son père.

Au fur et à mesure que le garçon perçut le conflit et l'importance de son rôle, il s'affaiblit et souffrit de sévères crises d'asthme, existant héréditairement. Les enfants malades, que ce soit une conséquence ou une cause de leur affection (sans doute un peu des deux), tendent à être protégés par les parents, ne nouent que peu de relations amicales et ne se libèrent que très difficilement de la famille. Ils sont incapables de prendre de la distance les uns avec les autres.

Dans ce cas-là j'aidai le garçon à acquérir plus d'indépendance et persuadai ses parents de moins se mêler de ses affaires et de moins se préoccuper de son état physique. J'essayai d'éliminer tout bénéfice secondaire que le garçon eût pu retirer de la situation en l'encourageant à jouer davantage avec ses amis. Je demandai au médecin de rassurer la famille en lui disant que l'enfant n'était pas gravement malade et pouvait vivre normalement sans risque médical. Cela apaisa quelque peu leur angoisse. J'essayais aussi d'inciter le père à s'occuper de son enfant. Tous deux s'intéressaient au sport mais le père n'en avait pas tenu compte, pensant que son fils n'était pas assez motivé ou costaud. Ma suggestion permit au garçon d'établir une relation vraie avec son père. Et les crises de l'enfant s'atténuèrent.

A cette étape du traitement, leur enfant s'éloignant d'eux et se rapprochant de ses amis, la distance entre les parents s'accrut. Ce conflit parental ne devint évident qu'après que la maladie du fils cessa d'être le point de focalisation de la famille. Je m'en occupai donc dans l'étape finale de la thérapie. Je commençai à voir le couple séparément et ils reconnurent qu'ils avaient peu de chose à se dire et n'avaient passé que très peu de temps ensemble. Ils affrontèrent aussi le fait que leur manque de contact sexuel dégradait leur relation et les maintenait à distance. Ils entreprirent simultanément une thérapie pour travailler sur ces problèmes et l'asthme de leur fils cessa d'être le principal objet de leur attention.

L'enfant malade est donc trop souvent utilisé comme mécanisme de défense, comme réponse-stress. Le thérapeute doit aider les parents à inverser les effets secondaires négatifs de ce processus.

Du point de vue des parents, cet état de fait peut sembler malsain mais n'est pas de mauvaise foi consciente. Il commence toujours par un épisode pathologique. Mais, peu à peu, d'autres éléments entrent en jeu. Le psychiatre Warren Brodey rapporte l'histoire d'une famille qu'il appelle Les Target *, qui concentrent toutes leurs préoccupations, colères et énergies sur une personne qu'ils ont choisie comme « cible » familiale :

> La famille Target cherche contre quoi diriger les forces familiales. Un enfant, un parent, une cause à défendre, une maladie, sont apparemment spécifiques, mais tout peut leur servir de cible. Ils se perdent de vue sauf au cours des tirs d'entraînement, où ils se détruisent les uns les autres.
>
> « Il est un peu nerveux. » Ce commentaire anodin d'un professeur peut transformer l'enfant en cible. Un diagnostic peut faire naître son symptôme et l'enfant se comporter selon le rôle qu'on lui assigne.

* *Target :* cible (N.d.T.).

Cible : « Dot est une prématurée, dit la mère. Donc elle est fragile. Dans la famille on a tous été malades de la poitrine. Ma sœur a eu la tuberculose. Nous faisons toujours attention à sa santé. Elle ne joue pas car elle n'a aucune coordination musculaire. Non. Elle sort peu. Les enfants disent qu'elle ne joue pas; il fait si froid dehors et elle a l'air si pâle et maladive. Elle essaie d'être courageuse et veut sortir mais nous savons qu'elle ne veut pas que nous nous inquiétions parce qu'elle ne va pas bien. »

La famille se concentre sur un seul événement comme sur une tache. Ils ne la voient pas grandir. Ils ne voient pas l'escalade [1].

De cette façon, un enfant peut avoir une faiblesse congénitale qui, avec le temps, se transforme en maladie chronique. L'enfant « coopère » à cause de l'attention qu'il reçoit peut-être, créant inconsciemment une situation dans laquelle il dépérit au lieu d'aller mieux. Le médecin, en essayant prudemment de découvrir ce qui ne va pas, chez l'enfant et non dans la famille, peut se transformer en complice. Au cours d'un traitement orienté sur la famille, il doit être directif. L'enfant est lentement éloigné de son symptôme jusqu'au moment où la maladie ne lui vaut plus attention et amour.

Un enfant est sensible à beaucoup plus qu'un conflit direct entre ses parents : peut-être à quelque chose de plus subtil — un conflit hérité de générations précédentes. Dans une famille en particulier le fils souffrait d'une maladie de peau incompréhensible. Après une période de traitement infructueuse, une séance de psychothérapie familiale révéla que la maladie s'était développée peu de temps après la mort soudaine des parents du père, à quelques mois d'intervalle. De toute évidence, le stress du père s'était communiqué au garçon. La tension psychologique peut donc être transmise d'un membre de la famille à un autre.

Le psychiatre Norman Paul a découvert l'origine de certains conflits familiaux et de leurs symptômes physiques chez des membres pris séparément, dans la mort d'un proche dont on n'a pas assez porté le deuil. Dans sa thérapie, il aide la famille à pleurer et à se souvenir du défunt. Cela soulage à son tour la personne souffrant du symptôme [6].

Un enfant né peu de temps après la mort d'un parent peut, par exemple, être poussé à jouer le rôle de celui-ci au sein de la famille ou à s'identifier à lui. Ce rôle peut inclure la prise à son compte des maladies de celui-ci.

Nous savons aussi que les croyances d'autres membres de la famille peuvent nous être transmises. Si nous nous attendons à mourir à un certain âge, exactement comme notre père ou notre mère, notre prédiction néfaste pourrait bien devenir réalité. Une jeune fille à qui on dit qu'elle finira comme sa mère parvient à le croire.

Les méthodes utilisées pour induire la maladie chez d'autres membres de la famille appartiennent à un domaine abordé depuis peu. Aujourd'hui encore, mis à part certains chercheurs comme Minuchin, il n'est exploré que par des psychothérapeutes familiaux *.

Mais, même à cette étape précoce de la recherche, je crois que la maladie n'apparaît pas simplement chez un individu mais qu'elle est un processus affecté par et modifiant les relations familiales. Le médecin Richard Arbogast met aujourd'hui en place les moyens d'évaluer ces facteurs dans la maladie — et, en fait, de concevoir « la famille comme patient ».

Je demande toujours à celui qui vient me consulter pour une maladie de venir avec son conjoint. Un enfant sera accompagné de ses parents. Lorsque je prescris un exercice à un malade, j'inclus les autres membres de sa famille dans le processus thérapeutique. Leur point de vue est sans prix et, avec un peu d'encouragement, ils peuvent aider à découvrir le rôle d'un symptôme. Si les relations familiales peuvent engendrer des troubles, c'est rarement le fait d'un acte conscient, malhonnête ou intentionnellement dangereux. Le plus souvent, lorsque la relation entre le comportement habituel, l'inhibition des sentiments et le conflit dissimulé est reconnue, la famille se met à travailler de concert pour modifier ces schémas et chaque membre devient capable d'exercer une influence positive sur les autres.

---

* Cf. *Le Creuset familial,* de Napier et Whitaker, coll. Réponses (Laffont éd., 1980).

11

LES RELATIONS PERDUES : INDIVIDUALITÉ, SENS ET COMMUNAUTÉ

La guérison vient de la médecine
et l'art de la médecine
a son origine dans la charité.
Donc,
être guéri n'est pas un acte de Foi
mais d'empathie.
Le vrai fondement de la médecine est l'amour

PARACELSUS

Au début des années soixante, des chercheurs s'émerveillèrent devant les résidents de Roseto en Pennsylvanie. Une étude approfondie des habitants de ce village italo-américain très uni révélait un indice étonnamment faible de la plus courante des maladies de civilisation : un homme de Roseto sur 1 000 seulement mourait de crise cardiaque (moyenne nationale : 3,5 pour 1 000). Le taux féminin était encore plus faible : 0,6 pour 1 000 (loin derrière la moyenne nationale de 2,09 pour 1 000). Il en était de même pour d'autres maux — y compris les ulcères et l'hypertension.

Les médecins furent d'abord troublés par la bonne santé physique de ces personnes, d'autant plus qu'elles présentaient certains « facteurs de risque », typiques de la maladie cardiaque. Les hommes comme les femmes de Roseto étaient tous sujets à un léger embonpoint et leur alimentation était aussi riche en graisse animale que celle des habitants des villes voisines. Ils présentaient un taux de cholestérol, d'hypertension et de diabète comparable à celui des communautés avoisinantes. Ils fumaient et prenaient autant d'exercice. Néanmoins ils se portaient sensiblement mieux.

Après avoir éliminé les facteurs génétiques et ethniques, les chercheurs conclurent que le bien-être physique pouvait être porté au crédit de la structure culturelle bénéfique de Roseto. Stewart Wolf, vice-président pour les affaires médicales de l'Hôpital St. Luke à Bethlehem, en Pennsylvanie, conclut que la culture de Roseto « reflétait des coutumes et des valeurs de l'ancien monde tenacement défendues. Nous avons trouvé que les relations familiales étaient très unies et qu'elles reposaient sur la solidarité. Cette qualité de cohésion s'étendait aux voisins et à la communauté dans son ensemble ».

Les personnes âgées étaient aimées et respectées. Lorsqu'elles tombaient malades, on prenait soin d'elles au sein de leur famille. Si un individu ou une famille avait des ennuis financiers, les parents et la communauté elle-même l'aidaient.

Toutefois, au cours des années soixante, des changements survinrent à Roseto. Un grand nombre de ses habitants, vers la trentaine ou plus jeunes, se montrèrent quelque peu insatisfaits de la tradition et de l'isolement social de leur communauté. Ils voulurent suivre le modèle de la classe moyenne américaine : avancement professionnel, maison plus grande et autres possessions matérielles. Et la ville se mit à changer.

En 1965, Wolf notait que les jeunes adultes de Roseto adhéraient à des clubs de la ville voisine, Poconos; ils achetaient des Cadillac; ils remplaçaient les vieilles maisons de bois riches en tradition par des constructions envahissantes ressemblant aux ranchs de banlieue; ils se mettaient à assister aux messes en plein air, ou à refuser la messe... Cela imitait, sur un mode accéléré et en microcosme, le rêve américain.

Au milieu de cette transition, un autre changement majeur survint. Le nombre de morts par crise cardiaque augmenta dramatiquement, surtout chez les hommes de moins de cinquante-cinq ans. Les chercheurs conclurent que la destruction des familles, des buts communautaires et de la camaraderie pouvait être rendue responsable du plus grand nombre de crises cardiaques [1].

Roseto n'est pas un cas isolé. De nombreux facteurs peuvent provoquer la maladie mais certaines recherches indiquent aujourd'hui que la perte de lien culturel et d'interrelations humaines a souvent une influence critique. La perte de contact intime et significatif avec sa communauté, avec l'amour et l'affection des autres, avec un sentiment de cohésion intérieure, la perte de tout sens donné à la vie engendrent la maladie. Celle-ci est l'excroissance d'une crise sociale, spirituelle, existentielle.

Avant l'apparition de l'aspirine, des tranquillisants et des interventions chirurgicales à facteur de haut risque, le malade n'avait pas d'autre choix que de s'analyser lui-même et de s'interroger sur sa propre responsabilité dans l'apparition de la maladie.

Aujourd'hui, tout ce que de nombreux patients demandent à leur médecin, c'est un soulagement quelconque pour pouvoir reprendre leur vie exactement comme avant. Et tant pis si celle-ci peut avoir contribué à la maladie. Souvent, les patients disent simplement à leur médecin : « Donnez-moi une pilule, s'il vous plaît, que je puisse retourner au travail. »

Les guérisseurs de l'Antiquité reconnaissaient l'importance du rôle de la communauté sur la manifestation de la maladie. Ils savaient reconnaître en elle le message des dieux indiquant le désarroi de l'âme. Peut-être le malade avait-il, par une activité excessive, ignoré l'ordre de la nature. La sagesse des anciens gagnerait à être appliquée partout — et plus particulièrement dans des villes comme Roseto où des changements surviennent dans la communauté, engendrant divers maux.

Il y a longtemps, la guérison impliquait la découverte des causes de la souffrance et exigeait des changements susceptibles de rééquilibrer l'individu et de le réinsérer au sein de la communauté. La cure exigeait souvent un pèlerinage jusqu'à un sanctuaire ou un temple où l'individu se purifiait d'abord. Il rencontrait ensuite, souvent en rêve ou en vision, un guérisseur ou un oracle qui lui indiquait comment modifier sa vie. Cette guérison « miracle » ne venait pas de l'extérieur, mais d'une expérience intérieure.

Notre orientation moderne et scientifique nous fait généralement percevoir comme contradictoires et inconciliables avec les enseignements contemporains la perspective spirituelle de la maladie, de la guérison et de la vie. Le médecin classique rejette l'approche spirituelle et estime que puisque avant lui la médecine n'existait pas, il n'y avait pas de guérison. Toutefois, dans ces temps difficiles, alors que nous avons perdu contact avec tant de choses essentielles, je crois nécessaire de recourir à une nouvelle approche des aspects spirituels de la maladie et de la guérison, non pour se substituer à la science, mais pour en élargir le champ.

L'individuel et le collectif

Comme l'ont fait remarquer certains observateurs dans les journaux populaires comme dans les revues spécialisées, notre époque est l'ère de l'Angoisse et l'âge du Soi. A première vue, les deux peuvent sembler sans rapport. Mais dans des cas comme celui de Roseto, il est de plus en plus évident qu'un égocentrisme excessif aux dépens de la communauté mène à un clivage psychologique provoquant non seulement l'angoisse mais aussi divers troubles physiques.

Un individu se préoccupera de lui-même au cours d'une quête personnelle ou d'une tentative de réajustement, à travers une psychothérapie. Cet égocentrisme peut aussi être la conséquence de l'éthique individualiste et capitaliste qui sont les fondements de notre culture.

On vous a peut-être élevé dans la croyance que si chacun se préoccupait d'abord de son propre intérêt, la communauté dans son ensemble prospérerait. Cependant, regardez donc autour de vous. Le narcissisme a-t-il créé le paradis que nous cherchions? Les communautés dans lesquelles nous vivons montrent des signes de délabrement, le mariage et d'autres formes d'engagements personnels sont indispensables et seuls quelques rares individus s'intéressent à l'environnement dans son ensemble.

S'il y avait un seul de ces chamans de l'Antiquité pour nous conseiller aujourd'hui, il percevrait ces signes comme autant de malédictions. La douleur, la souffrance de tous et les désastres collectifs sont des symptômes difficiles à ignorer. Toute personne séparée de la communauté risquait, selon les anciens prophètes, de perdre le sens même de son existence. Le concept actuel d'individualité ou de personnalité, de sort personnel différent de celui des pairs, n'avait pas pris l'importance qu'il a aujourd'hui. La maladie individuelle contenait jadis un message destiné à la communauté tout entière.

Le malade cesse d'être productif pour la communauté. L'idéal serait que le médecin ou le guérisseur l'aide à rétablir le contact avec le reste de la société.

L'étude consacrée à Roseto n'est pas la seule à soutenir que la perte de sa place au sein de la communauté est liée à la maladie d'un individu. Une étude de Pflanz révèle que « l'exclusion volontaire ou l'expulsion hors d'une communauté ou d'un groupe coïncide de façon étonnamment fréquente avec l'apparition ou la réapparition d'un ulcère [2] ». Thomas Holmes montre que la tuberculose apparaît plus souvent chez les « marginaux », privés de contact social significatif. Les hommes et les femmes vivant seuls, célibataires ou divorcés, membres de groupes minoritaires, se déplaçant fréquemment et se sentant donc déracinés, ont plus de chances d'être atteints de tuberculose [3]. Cette même découverte s'applique à la schizophrénie [4].

Au début du siècle, le sociologue français Emile Durkheim, dans son livre consacré à la question, démontrait que le suicide (la meilleure mesure de la détresse sociale, à l'époque) frappait plus souvent ceux qui vivaient isolés ou appartenaient à des groupes humains ayant peu de motivations à vivre et un faible sens de la communauté. Les suicides les plus fréquents se recensaient chez les personnes vivant en ville, protestantes, veuves ou divorcées et pendant les périodes d'incertitude économique. Par contraste, ceux qui étaient mariés, catholiques ou vivaient dans des communautés rurales étaient moins touchés. Les taux de suicide étaient aussi moins élevés en période de prospérité économique [5].

Les implications de l'étude de Durkheim sont sinistres pour la société moderne. Selon lui, les tendances actuelles aux divorces, aux changements constants d'emploi et de statut, les déplacements fréquents, l'abandon de la famille élargie et le sens déclinant de la communauté augmentent le risque pathologique. Comme s'il nous fallait plus d'énergie vitale pour nous adapter et faire face à notre environnement que dans une communauté prévisible, statique et intimement unie, au sein de laquelle nous serions sûrs de trouver notre place.

Je fus stupéfait la première fois que je comparai les statistiques concernant la santé des habitants de l'Utah et du Nevada. Dans l'Utah, la population est composée de 72 % de mormons : secte religieuse vivant selon de puissants liens familiaux et obligations communautaires. La principale industrie du Nevada est le jeu et sa population comprend de nombreux individus solitaires, déracinés et constamment en mouvement. Des cinquante États, c'est l'Utah qui a le plus faible indice de tuberculose, de graves maladies cardio-vasculaires, rénales, psychologiques et infectieuses, d'hypertension et de mortalité infantile. Il se place au quarante-neuvième rang quant aux rhumes, pneumonies et à l'artériosclérose. Mais au Nevada, juste à côté, les schémas de santé sont totalement différents. Cet État se trouve au premier rang pour presque chacun de ces troubles. Si le mode de vie non urbanisé de l'Utah peut être en partie rendu responsable de la santé de la population, la cohésion sociale et la stabilité communautaire des mormons soutiennent sûrement leur bien-être.

Les réactions internes des individus, l'enchevêtrement de leurs réponses émotionnelles permettent d'expliquer les affections. On a remarqué que chez ceux qui survivent à des traumatismes tels que les combats militaires, les désastres naturels, les accidents et les détournements d'avion, il se développe une variété de graves symptômes physiques et émotionnels. Les survivants et ceux qui leur sont proches perçoivent clairement la fragilité de la vie humaine, l'inquiétante irrationalité du destin et l'absence de justice ou de signification du désastre traumatisant. L'incompréhension et le sentiment que la vie peut n'avoir aucun sens peuvent précipiter des symptômes tant physiques qu'émotionnels. « Pourquoi s'embêter, rien ne semble avoir d'importance », semble dire le corps. Tant qu'on n'aidera pas les survivants à se restructurer émotionnellement, à comprendre leurs sentiments confus de colère, de responsabilité, de culpabilité et d'incompréhension, ils courront le risque de souffrir de toutes sortes de maux.

Pourquoi devrait-il y avoir un rapport si intime entre un bouleversement et la santé d'un individu? Pour le philosophe Dabid Bakan, la vie est un état dans lequel l'organisme est guidé par une nécessité : avoir un but. Selon lui, lorsque ce but est ignoré ou déformé, la maladie frappe. Le cancer, par exemple, provient d'un dégât causé par des cellules errantes ayant perdu le contact avec un centre organisateur qui leur indique leur place dans le corps.

Dans le cas de la maladie, selon Bakan, l'intégration harmonieuse du corps se scinde en deux forces opposées. Il en résulte une guerre de l'organisme ou du cerveau contre lui-même. La théorie de la névrose de Freud et celle des maladies adaptatives de Selye trouvent toutes deux leur origine dans ce principe de conflit interne. Le but des soins est de rétablir harmonie, unité, équilibre et intégration [6].

Le philosophe Philip Slater est un exemple vivant de la façon dont amour et tolérance — vis-à-vis de lui-même également — ont amené sa propre guérison. Il avait eu pendant des années une verrue laide qui défigurait son pouce. Après avoir cherché un traitement médical, il décida de tenter une expérience. Il se mit à aimer et accepter son pouce. Il le baignait, l'embrassait, lui parlait et le regardait constamment. En quelques jours la verrue disparut et ne réapparut jamais [7].

Mais qu'en est-il des plus surprenantes guérisons « miracles » dont nous entendons parler ou que nous lisons, où quelque force dépassant l'individu semble intervenir pour restaurer la santé après l'échec de toutes mesures médicales. La plupart des médecins discréditent ces histoires, refusent d'enquêter sur ce qui a pu réellement se passer. Le fait que le patient ait redécouvert quelque but transcendantal ou spirituel à sa vie, l'amour et le sentiment de relation avec une communauté ou une puissance spirituelles peuvent en être l'explication. Ces valeurs ont-elles pu fournir les ressources nécessaires à son rétablissement?

Une étude des cardiologues White et Liddon sur des victimes de crises cardiaques qui s'étaient rétablies démontra que cinq sur dix d'entre eux avaient fait l'expérience de ce qu'ils nommèrent une « réorientation transcendantale » — une expérience spirituelle de renaissance et de transformation — qui, selon eux, avait favorisé leur guérison [8]. Ceux qui surmontent de façon décisive une maladie mortelle subissent assez souvent, au cours du processus de rétablissement, une telle expérience.

Ce domaine nécessite clairement des recherches plus approfondies. Face au grand nombre de ces guérisons dites spirituelles, je me sens piqué dans ma curiosité et non menacé dans ce que je crois. Je me demande comment accroître la fréquence de ces expériences pour mes malades puisqu'elles facilitent de façon si évidente la guérison.

Relations, rituels et communautés favorisant la guérison

Quelle est la pire punition pour un crime? La prison à vie? L'exécution capitale? Dans de nombreuses civilisations « primitives », la punition suprême n'était ni la mort ni l'emprisonnement à long terme, mais le bannissement à tout jamais de la communauté et l'interdiction de tout contact ou lien avec ceux qui y appartenaient. Châtiment plus terrible que la mort car la communauté était considérée comme une entité d'où chacun tirait vie. Comme le prouve aujourd'hui la recherche, la séparation d'avec la communauté ou d'avec les êtres aimés — par la mort, le divorce, la perte de l'emploi ou de la foi, du sens de sa vie et de son futur — peut mener à de nombreux types d'affections psychologiques ou physiques.

A mon avis, de tels événements, lorsqu'ils se cachent derrière une maladie, sont de la première importance car ils nous indiquent souvent la cure possible. Un médecin ou un thérapeute sensible et attentionné peut être un partenaire primordial dans ce rituel de guérison : il guide le patient vers la réunion, le rattachement et l'unification avec sa famille ou sa communauté. Lorsque le psychologue Carl Rogers essaya de déterminer les caractéristiques qui rendaient efficaces certains psychothérapeutes célèbres, il s'aperçut que la théorie et la technique étaient de peu d'importance par rapport aux qualités humaines de chaleur, de tolérance et d'empathie. Plus le thérapeute faisait preuve de ces qualités, quelle que soit son orientation théorique, plus son travail était efficace. Rogers apprit que les relations thérapeutiques n'étaient guère différentes des autres associations intimes et bienveillantes : dans de tels rapports, l'intimité forge un lien qui semble aider à maintenir une bonne santé [9].

Si vous souffrez, psychologiquement ou physiquement, vous vous sentez peut-être seul et effrayé, séparé de votre communauté. Dans ce cas, un guérisseur qui peut restaurer l'intégrité de votre corps et vous aider à rétablir votre rapport avec l'environnement vous sera tout à fait profitable. Grâce à l'attention de celui qui vous soigne et grâce au lien intime que vous établissez avec lui, vous pouvez de nouveau vous sentir capable, ou digne, de réintégrer votre communauté. Il peut vous aider à comprendre votre douleur et à découvrir les moyens de la surmonter. Plus vous vous sentez l'objet de soins et d'attentions, plus votre foi et votre espoir en votre guérison et votre avenir grandissent.

Si vous avez eu la chance de trouver un médecin sensible, vous savez combien il peut être utile au processus de guérison. Bakan suggère que lorsque deux personnes (patient et soignant) partagent un but thérapeutique, ce lien en lui-même commence à atténuer la discorde dans le corps.

Ainsi, l'élément essentiel de toute relation thérapeutique peut ne pas être la connaissance ou la technique mais au contraire le soin, l'amour et l'attention envers le patient. Lorsque vous prenez contact avec un médecin, quand vous souffrez d'un mal que vous ne comprenez pas, votre but devrait être de trouver sa signification puis de la surmonter. Vous désirez aussi être aimé, touché comme un être humain. Pendant des siècles, le respect attentif du soignant pour son patient a été la pierre angulaire de la guérison; mais aujourd'hui, il est fréquemment ignoré dans la relation médecin-malade. Trop souvent les médecins voient leurs malades uniquement comme des puzzles de diagnostics. Il est intéressant de remarquer que ce que le public reproche le plus souvent aujourd'hui aux médecins, c'est de ne pas le respecter ou l'écouter, comme si les patients connaissaient l'importance d'une telle approche pour la guérison.

En règle générale, c'est en atteignant à une qualité propre aux rituels que les rencontres attentionnées favorisant la guérison deviennent le plus efficaces. Qu'un patient voyage jusqu'à Lourdes ou jusqu'au cabinet d'un spécialiste renommé, il arrive en espérant et en exigeant une présence unique. Il est difficile de déterminer la puissance des aspects spirituels de ces rituels mais peut-être sommes-nous loin de les exploiter comme il le faudrait.

Pensez, par exemple, à Rolling Thunder, l'homme-médecine Shoshone qui accomplit, à la Meninger Clinic, une guérison rituelle sur un patient ne connaissant rien de ses pratiques et souffrant d'une jambe infectée. Sous l'œil des participants à cette convention scientifique, Rolling Thunder effectua le rituel qui se termina après qu'il eut sucé le « poison » de la jambe et l'eut vomi dans un coin de la pièce [10].

La guérison fut réelle, mais pourquoi? A cause de la sensibilité et de la sollicitude que Rolling Thunder éprouvait pour l'homme qu'il guérissait et qu'il lui communiqua? Ou à cause de la focalisation et de l'intérêt intense de la convention tout entière, contribuant à la magie de la guérison? Les rituels collectifs des communautés ont toujours joué un rôle dans les pratiques thérapeutiques.

Nous possédons des rituels qui marquent des événements tels que la naissance, le mariage et la mort; nous pourrions donc créer ou retrouver des rituels de guérison pour ceux qui sont malades. Le psychiatre Ross Speck, par exemple, a créé une méthode pour traiter ses patients psychotiques qu'il appelle « intervention du réseau ». Il réunit un réseau de guérison composé de tous les individus que le patient connaît ou avec lesquels il est en contact, y compris la famille, les cousins, les amis, les voisins et les enseignants. Au cours de plusieurs réunions communes, ces individus concentrent leur attention et leur énergie sur le malade et réussissent très souvent à provoquer un changement dans des maladies qui semblaient jusqu'alors sans espoir. Speck nomme cet effet « retribalisation ».

De tels rituels peuvent être adaptés aux systèmes de croyances ou aux tendances propres au malade. Ils peuvent inclure des actes symboliques qui évoquent la maladie et exigent la force nécessaire au changement ou demander un signe indiquant comment l'individu doit changer. Comme dans la cérémonie de l'anneau nuptial, le malade peut faire un pacte avec la communauté puis être repris en son sein. Tout comme avec les rituels de l'Antiquité, Speck remarque qu'il en résulte des changements positifs non seulement pour le malade mais aussi pour tous ceux qui y participent [11].

Les rituels qui réussissent ne sont-ils que des exemples de l'effet placebo opérant dans un environnement propice à la guérison? Nous ne pouvons l'affirmer, mais peut-être sont-ils plus puissants que de simples attentes positives. Lawrence LeShan a récemment proposé une explication provocatrice à l'efficacité de l'amour, de l'attention, de la prière, du rituel et de l'intimité dans la guérison.

LeShan a toujours été intrigué par le phénomène de la guérison psychique. Dans toutes les civilisations, il a existé des guérisseurs religieux et médicaux dont le toucher ou la présence avait une influence positive sur la maladie. Tout guérisseur renommé aura à son actif des centaines de guérisons miraculeuses documentées, depuis Olga Worrad (qui a dirigé des services de soins quotidiens grauits pendant des dizaines d'années à New York) jusqu'à Edgar Cayce (qui donnait des conférences sur la santé et dont le travail est aujoud'hui poursuivi dans plusieurs cliniques). Ce qui intéressait LeShan, ce n'était pas tant de prouver que ces guérisons étaient réelles mais de spéculer sur ce qui pouvait les provoquer.

LeShan commença par demander à des médiums célèbres d'expliquer l'état d'esprit dans lequel ils se trouvaient quand ils guérissaient. Ils répondirent, avec une fréquence remarquable, qu'ils entraient alors dans un état de conscience tout à fait différent. Pour eux le monde n'était alors plus fluide et sans cesse en changement, mais unifié; ils se sentaient en relation étroite et ne faisant qu'un avec celui qu'ils guérissaient.

Si tel était leur état de conscience, LeShan décida que

l'étape suivante était pour lui de s'apprendre à atteindre cet état. Il s'entraîna à différentes formes de méditation et de contemplation et s'aperçut rapidement qu'il pouvait lui aussi pratiquer des guérisons. Il enseigna alors d'autres personnes et découvrit que le don de guérison existe en puissance en chacun de nous et peut être développé par l'entraînement. Il a formé de nombreux guérisseurs psychiques qui ne font pas payer leurs services et assemblent consciencieusement des informations sur chacun de leurs succès ou échecs.

LeShan suggère aussi que l'état de conscience atteint par le guérisseur n'est pas un simple état d'esprit, mais une façon totalement différente, mais tout aussi valable, d'appréhender la réalité avec ses propres forces et ses propres faiblesses. Il assure qu'avec de l'entraînement un individu peut passer d'un niveau de conscience à l'autre. Dans la réalité psychique du guérisseur/médiateur, tous les individus sont ressentis comme unis. On peut donc être dans cet état et influer sur la maladie d'un autre. Ce mécanisme peut, avec l'effet placebo, expliquer à la fois la puissance de la méditation sur la guérison et les effets combinés de la méditation de groupe et autres rituels collectifs dans lesquels une large assemblée pénètre une autre réalité où des choses différentes sont possibles [12].

Une autre recherche suggère l'effet mesurable que les guérisseurs psychiques peuvent avoir sur le corps. Dolores Krieger, qui enseigne à des infirmiers, s'est entraînée, ainsi que d'autres apprentis infirmiers à ce qu'elle appelle le « toucher guérisseur » qui, selon elle, est une tradition antique de soin. Elle décrit plusieurs expériences où le toucher du guérisseur a affecté la composition ionique de l'eau dans des éprouvettes. Au cours de sa propre recherche, un guérisseur psychique toucha un échantillon de plasma sanguin. On analysa le taux d'oxygène de chaque échantillon, touché et non touché : à chaque expérience, les échantillons touchés étaient plus riches en oxygène [13].

Dans ce chapitre je me suis largement éloigné de ce que beaucoup considèrent comme les frontières de la médecine — même de la médecine psychosomatique. Lorsqu'on enquête sur les racines de la maladie et sur les possibilités de guérison, on s'aperçoit que pratiquement tous les aspects de la vie sont en rapport avec la santé et ses altérations. La maladie et la santé ne peuvent être limitées à des phénomènes purement physiques. En fait, les limiter de cette façon est en soi-même dangereux car cela interdit à l'individu de prendre les mesures qui lui permettront de pousser plus loin sa guérison et d'assurer sa santé.

Je vous conseille vivement d'explorer chaque voie que peuvent emprunter les causes de vos maladies ainsi que celles que peuvent suivre les cures potentielles; et de le faire l'esprit libre. Retrouver la santé nécessite souvent des attitudes et des changements que vous n'avez peut-être jamais envisagés.

TROISIÈME PARTIE

TRAVAILLER A SA SANTÉ : UN PROGRAMME D'AIDE PERSONNELLE

12

LE CORPS EST LE TEMPLE

Le corps est flexible; champ d'énergie fluide, sans cesse en changement, de sa conception à sa mort. La chair n'est pas une masse solide et dense; elle est vie, conscience et énergie. Quoique vous soyez tout à fait prêt à lui reconnaître cette qualité, est-elle pour vous une réalité consciente et opérationnelle? Êtes-vous conscient des formes de vie dans les mains qui tiennent ce livre et dans votre partie inférieure qui touche la chaise, du mouvement au fond de votre crâne et de vos poumons?

[...] La plupart d'entre nous considèrent leur corps comme une masse solide, opaque, plus ou moins définitive, mis à part la dégradation due à l'âge... « Je me fais facilement mal. Je suis comme ça. Mon père était comme ça lui aussi. » « J'ai une scoliose (déformation de la colonne vertébrale). C'est génétique. Mon père et mon grand-père en ont une aussi. » La destruction de cette vision de la réalité nous libère et nous ouvre un champ passionnant où chacun peut trouver de lui-même ce qu'il en est effectivement. Le monde est plein d'inattendus, de surprises. Les pochettes-surprises qu'il nous faut découvrir... sont dans notre chair.

Don Johnson

Quels rapports entretenez-vous avec votre corps?

Si vous êtes comme la plupart d'entre nous, vous le considérez sans doute de la même façon que votre voiture, votre télé et vos appareils ménagers. Tous sont des instruments utilisés pour atteindre certains buts — c'est-à-dire qu'ils sont des moyens visant une fin.

Comme pour vos machines, vous apprenez à vous servir

de votre corps en branchant et en débranchant les contrôles externes (muscles et sens). Cependant, vous ne prenez en considération ou ne comprenez que rarement ce qui réside sous votre peau — cette machinerie interne qui est tout aussi essentielle à votre bien-être que les parties organiques plus visibles. Néanmoins votre corps agit habituellement en douceur et ne se fait remarquer que lors de troubles — douleur, maladie, dommage ou perte d'énergie. Si le problème ne disparaît pas, vous vous ruez chez un expert pour vous faire examiner, prescrire une médication ou pour subir des réparations dramatiques, par la chirurgie, par exemple.

Cette approche courante du corps est tristement inadéquate et myope. Parce que la maladie chronique est, de façon caractéristique, la conséquence ultime d'années de petits mésusages et de stress répétés sur le corps, il vous faut apprendre à être sensible à son fonctionnement global et à reconnaître les problèmes dès leur apparition, moment où ils sont le plus guérissables.

Vous vous demandez peut-être comment entrer en contact avec les rouages internes de votre corps. Après tout, nos cinq sens principaux sont uniquement axés sur le monde extérieur. Heureusement, nous disposons d'autres sens. Chacun possède une faculté sensorielle kinésique, la plupart du temps négligée, qui rend possible une prise de conscience de son corps interne. Ce système de sensation nous permet d'orienter le faisceau de notre projecteur individuel sur nous-mêmes et de découvrir un trésor d'informations sur notre statut interne. Les intuitions, les subtiles indications internes, les rêves eux-mêmes peuvent nous faire prendre conscience des signes avant-coureurs de maladie ou de déséquilibre. Et ce, bien avant que les dysfonctionnements physiques soient suffisamment importants pour être mesurés et testés par les médecins. De la même façon, en apprenant à contrôler notre réponse stress psychologique et à modifier des fonctions telles que la sécrétion gastrique ou la pression artérielle, nous pouvons éviter un grand nombre d'ennuis.

De fait, en apprenant à communiquer avec notre corps et à le contrôler à ce point, nous pouvons effectuer un saut en arrière d'un million d'années et entrer en contact avec notre cerveau reptilien, régulateur du système nerveux « des viscères », de la réponse stress et des émotions primitives. Chacun de nous possède de naissance la faculté d'agir avec ce « vieux » cerveau, mais c'est une aptitude qu'il nous faut cultiver si nous ne voulons pas qu'elle sommeille, comme c'est le cas chez la plupart d'entre nous. Aujourd'hui, négliger cette faculté se paie par une épidémie de maladies autodégénérescentes liées au stress de nos vies.

L'analyste jungien Russell Lockhart note que les Grecs parlaient du corps comme d'un « temple » et le traitaient avec le respect qui lui était dû [1]. Les civilisations hindoue et chinoise ne séparaient pas l'esprit du corps; leurs exercices spirituels comprenaient un élément physique et menaient souvent à un extraordinaire contrôle mental sur le corps.

Avec mes patients, je m'aperçois souvent que la guérison commence par l'établissement d'un dialogue avec leur corps et avec les aspects inconscients d'eux-mêmes. Au cours de ce processus, ils revendiquent la sagesse biologique qu'ils ont si longtemps négligée. Nous n'avons, pour nous aider dans cette quête, que peu de rituels ou d'institutions tels que les temples de guérison et les oracles des Grecs ou la méditation et les disciplines spirituelles des antiques civilisations orientales. Cependant, ce dialogue avec le corps peut encore être — et c'est ce qui se fait aujourd'hui — remis en activité par un grand nombre d'individus.

Il est temps d'observer et de réévaluer le fonctionnement de notre corps. Ce n'est pas un simple instrument; c'est aussi un ami intime et un conseiller avisé. Si vous étouffez ou ignorez ce potentiel, le corps peut devenir un ennemi mortel. A vous de choisir.

Conscience kinésique

Essayez cet exercice simple : observez quelques instants la pièce dans laquelle vous êtes assis en ce moment. Regardez-la comme si vous ne l'aviez jamais vue. Voyez-vous des choses que vous n'aviez pas remarquées depuis des mois ou des années — ou jamais? Nous avons tendance à épiloguer sur les détails et à ignorer les choses évidentes autour de nous.

L'objet le plus familier — et le plus négligé — est, bien entendu, notre corps. Combien de fois êtes-vous conscient de votre respiration, ou de votre estomac lorsqu'il n'est ni vide ni plein? De la sensation de certains muscles lorsqu'ils ne vous font pas souffrir? Ou d'un mouvement normal? Le système d'activation réticulaire (SAR) du cerveau censure l'information : nous n'avons pas besoin d'être informés des activités quotidiennes de notre corps.

Cette limite de la conscience que nous avons de notre corps peut ne pas nous sembler particulièrement menaçante ou dangereuse, surtout si le SAR laisse automatiquement passer les messages de notre corps nécessitant une attention immédiate. Mais ce n'est pas toujours le cas. La condition d'admission n'est pas le danger mais la nature unique, la soudaineté ou même l'aspect grossier de l'information. Malheureusement, une sensation répétée, même si elle avertit d'un danger, ne filtrera que rarement jusqu'à la conscience.

Supposons que vous mainteniez constamment votre nuque dans une position douloureuse, ou que vous tendiez vos muscles dorsaux. Après quelques premiers messages vous indiquant la nouvelle situation de la tension des muscles, le SAR cessera d'essayer de vous éduquer. La tension musculaire dans votre dos sera donc enregistrée comme normale — et ignorée. Cette situation ne changera qu'en atteignant un certain seuil de douleur ou niveau de détérioration. A ce moment-là, les dangers accumulés envahiront votre conscience avec une telle soudaineté que vous vous demanderez sans doute : « Qu'est-ce qui me tombe dessus? »

Seymour Fischer, psychologue, a soigneusement et systématiquement étudié la conscience que nous avons de notre corps et ses effets sur notre vie. Il affirme que nous négligeons ou même rejetons les messages physiologiques de notre corps. Il nous prévient que si nous sommes capables de nous entraîner à prendre conscience des messages kinésiques, nous sommes tout autant aptes à lire ceux qui sont positifs comme des signes de malfonction ou d'anormalité. Mis à part les plaisirs physiologiques, telle l'excitation sexuelle, nous considérons la plupart des sensations kinésiques comme pathologiques.

Mais, ajoute Fischer, il est aussi possible de réorienter vers le corps notre attitude et notre conscience, renversant ainsi la tendance :

> Nous nous rendons peut-être compte du nombre d'informations vitales supprimées de la vie de chacun par nos habitudes sociales actuelles qui sont si aveugles — et si peu confiantes — aux messages de notre corps. Au vu de ce que nous connaissons aujourd'hui de la perception du corps, il serait logique d'enseigner à l'enfant comment interpréter plus sensiblement son corps comme un objet psychologique. Nous devons le faire, non seulement pour affirmer qu'il n'est ni irrationnel ni néfaste de se brancher sur la longueur d'onde du monde organique, mais aussi pour créer un vocabulaire riche permettant d'appréhender les événements de ce monde. Mis à part les termes banals tels que « colère », « peur », « tension », « mal de tête » et « mal d'estomac », il nous faut offrir des termes qui saisissent les nuances les plus légères. Par exemple, pourquoi ne serait-il pas possible à chaque enfant d'apprendre à distinguer entre les différentes sensations dans la région de son estomac de telle sorte qu'il puisse déclarer clairement s'il ressent une indigestion due au fait d'avoir mangé trop vite, une indigestion due au fait d'avoir trop mangé, une nausée exprimant une attitude de « ras le bol » envers le monde, des mouvements stomacaux indiquant un sentiment de privation et de solitude, une tension stomacale reflétant un désir de rejeter (vomir) des envies ou des pensées désagréables, et ainsi de suite? Pourquoi de tels jugements précis ne pourraient-ils pas être appris en ce qui concerne les sensations crâniennes, cardiaques, pelviennes, etc.? Une telle éducation de l'expérience corporelle aurait sans doute une valeur plus durable pour permettre de faire face correctement à la vie que la pseudo-éducation sexuelle, l'entraînement sportif ou les leçons de conduite automobile [2].

Sonder votre corps

Il nous faut essayer d'ouvrir les canaux de communication entre notre conscience et notre corps. En faisant régulièrement attention à son corps, en le sondant pour y trouver les signes de tension et de fatigue et en s'exerçant à ressentir les subtils degrés du changement et de la différence, nous pouvons atteindre cette habileté. Essayez l'exercice suivant :

Asseyez-vous dans un fauteuil confortable, à l'abri des stimuli extérieurs. Pour éviter d'être distrait ou interrompu, choisissez un endroit éloigné de la rue, débranchez le téléphone et demandez à un membre de votre famille d'éloigner les enfants. La pièce que vous choisirez doit être faiblement éclairée et peut-être sentir bon ou ne rien sentir.

Asseyez-vous tranquillement et fermez doucement les yeux. Prenez le temps de percevoir ce que vos yeux ressentent une fois les paupières fermées. Que ressentez-vous autour des orbites? Tension? Fatigue? Sensation de détente?

Maintenant axez votre conscience tout entière sur l'intérieur de votre corps. En commençant à observer votre corps, les sensations afflueront sûrement à votre esprit. Que remarquez-vous? Sentez-vous vos fesses là où elles touchent le fauteuil ou vos pieds, caressés par vos chaussettes ou comprimés par vos chaussures? Certains de vos vêtements sont-ils trop serrés? Si c'est le cas, quelle différence ressentez-vous en dégrafant votre ceinture ou en enlevant vos chaussures?

Certains prennent conscience, au cours de cet exercice, d'une partie précise de leur corps — une jambe ankylosée, une épaule tendue, un estomac plein. Si cela vous arrive, explorez autant que vous le pouvez cette région. Demandez-vous ce que cette partie du corps essaie de vous dire. Peut-être vous dit-elle : « Je suis fatiguée », « J'ai trop travaillé » ou peut-être essaie-t-elle même de vous communiquer des messages affectifs tels que : « Je me sens seule. » Ce message reflète fréquemment un besoin psychologique ou physique négligé.

Puis inspectez votre corps de la tête aux pieds — faites

un inventaire de votre géographie interne. Commencez par le haut de votre tête, en concentrant votre attention sur votre cuir chevelu, vos cheveux puis votre front. Glissez votre conscience dans chaque région et découvrez comment elle se sent. Quelles sensations y percevez-vous? Que sentez-vous en pliant ou bougeant les muscles volontaires de cette partie de votre corps? Y a-t-il des régions voisines qui bougent ou répondent en même temps?

Descendez peu à peu jusqu'à vos yeux, votre bouche, votre cou, vos bras, votre torse, votre abdomen, votre taille, vos jambes et vos pieds, braquant votre conscience sur chaque partie, prenant un certain temps pour explorer des sensations que vous n'avez peut-être jamais ressenties auparavant.

Un grand nombre d'individus découvrent, grâce à cet exercice, que leur environnement interne est tout aussi accessible que leur environnement externe. En tendant, en pliant, en relâchant et en bougeant chaque partie du corps, ils reconnaissent — souvent pour la première fois — les nombreuses nuances de l'expérience qui réside en eux.

Comme avec toute nouvelle maîtrise, plus vous pratiquerez cet exercice, plus il deviendra utile. Finalement vous vous apercevrez sans doute que vous êtes capable de prendre conscience de votre corps à n'importe quel moment de la journée.

Il ne s'agit que du premier d'une série d'exercices d'autoguérison et de relaxation que vous trouverez dans les chapitres suivants. Soyez donc prêt à consacrer un certain temps à le perfectionner. Comme il faut fermer les yeux, certains de mes patients enregistrent les instructions sur une cassette en les lisant doucement et en laissant du temps pour les suivre. Puis ils se passent la cassette chaque fois qu'ils pratiquent l'exercice.

Je vous conseille aussi de noter toutes vos expériences sur un carnet. Après avoir scruté votre corps, notez sur papier vos impressions, sensations et découvertes. Qu'avez-vous appris sur votre corps et votre santé? Ce journal vous permettra de revoir périodiquement vos découvertes sur vous-même. Au bout d'un certain temps, cela vous aidera à reconnaître des schémas et des progrès.

Conscience de son corps et blocage émotionnel

Lorsque je demande aux gens de prendre conscience de leur corps, certains visualisent leurs tensions comme un nœud séparant la tête du corps, ou le torse de l'abdomen. Ceux-là ne peuvent vivre consciemment qu'à travers leur intellect. Ils n'établissent de relations entre les parties supérieures et inférieures de leur corps que lorsque la maladie les oblige à faire attention à certaines parties d'eux-mêmes. Cette disconnexion malheureuse entre le corps et l'esprit est pratiquement logique dans notre civilisation. En tant que société, nous exaltons l'intellect au détriment du corps. Nous essayons de séparer la sexualité du reste de la vie. Pour beaucoup, les régions inexplorées et cachées du corps se transforment en une boîte noire, vide d'expérience et exposée à de multiples atteintes.

Il n'est donc pas étonnant que de nombreux psychothérapeutes étudient à la fois le corps et l'esprit, explorant les placards ténébreux des tensions musculaires et autres symptômes physiques qui peuvent se refléter à un niveau psychologique. En travaillant directement avec le corps, par le toucher ou le mouvement structuré, la tension se relâche. Lorsque cela se produit, un souvenir ou une émotion apparaît aussi.

Wilhelm Reich se sépara de son mentor, Sigmund Freud, principalement parce qu'il pensait devoir travailler à relâcher la tension physiologique pour libérer les blocages émotionnels. Il touchait ses patients; Freud les écoutait seulement. Reich est en fait le plus remarquable fondateur du mode physique de la psychothérapie. Après lui vinrent des chercheurs-cliniciens tels que F. M. Alexander, Ida Rolf, Alexander Lowen et Moshe Feldenkrais, qui affirment tous que la détente physique s'accompagne de décharge et de modification émotionnelles [3]. Ces styles de thérapie partent de l'hypothèse que les événements mentaux et physiques sont clairement liés et que le changement peut donc démarrer à chaque niveau, indifféremment.

Reich découvrit que certaines caractéristiques psychologiques et certains mécanismes de défense s'accompagnaient de rigidité musculaire. Il nomma cette rigidité

« armure du caractère » et pensa que certains peuvent cacher dans leur corps les souvenirs troublants d'événements traumatisants. Par exemple, un enfant à qui on répète de ne pas manifester sa curiosité naturelle, redoutera non seulement les expériences nouvelles, mais se retiendra physiquement et adoptera une posture physique rigide. Cette rigidité musculaire reflète la peur de la punition ; elle peut aussi mener à des troubles respiratoires, digestifs ou musculaires.

De façon caractéristique, en relâchant diverses parties du corps rigides ou « caparaçonnées », l'individu revit les expériences ou ressent les émotions que le corps a supprimées; comme si les souvenirs ou les sentiments étaient stockés et cachés dans la tension du corps. Nous pourrions donc nous attendre à ce que l'examen et la libération de cette tension mènent à une guérison psychologique et émotionnelle, autant qu'à un rétablissement physique.

Les thérapeutes prêchent que l'être physique a beaucoup à enseigner sur lui-même au psychisme. Les sentiments résidant à l'intérieur de la structure physique peuvent faire partie du processus entier de guérison. Un individu vraiment en bonne santé doit avoir un corps flexible et sensible, qui ne soit pas bloqué ou entravé par la tension musculaire. Alors que pour l'essentiel la psychothérapie semble avoir négligé cette dimension de la détresse, la médecine s'est égarée dans l'autre direction, ignorant habituellement le rôle des émotions dans la maladie.

Aimer son corps

Une femme que je traitais avait perdu une jambe à cause d'un cancer. Un jour, elle m'annonça que bien avant l'apparition de son cancer, elle avait prié qu'un accident lui arrive pour qu'elle n'ait plus à travailler chez elle. Une autre femme qui s'était mise à prendre du poids après la mort de son père me raconta qu'elle avait voulu devenir laide pour qu'aucun homme ne la désire.

Ces exemples sont caractéristiques des façons dont les individus attaquent, rejettent et détruisent leurs corps.

Pensez à un objet que vous chérissez plus particulièrement — une œuvre d'art, une maison, un jardin, une voiture. Imaginez ce que vous ressentez pour lui, comment vous le soignez, la valeur que vous lui attribuez, le plaisir qu'il vous procure. Si vous êtes comme la plupart des autres êtres humains, vous vous rendrez compte que vous considérez et traitez votre corps avec moins d'amour.

Pour réguler et soigner votre corps, il vous faut d'abord l'accepter comme vous appartenant. Pour parler de lui et le rejeter inconsciemment, vous vous y référez comme à un « il » anonyme. S'il vous inspirait amour et respect, vous ressentiriez votre esprit et votre corps comme un tout intégré et vous utiliseriez sans doute des termes comme « nous » ou « moi ».

Le but est de vous débarrasser de toute aliénation, de créer une relation intime avec votre corps, fondée sur la confiance, l'amitié, la tolérance, la fiabilité, la conscience, le soutien et la dépendance mutuelle. Cela ressemble à la définition d'un mariage solide — et c'est le cas.

Il n'est pas surprenant, quand on y réfléchit, qu'un grand nombre d'individus apprennent à répudier leur corps. Essayez l'exercice suivant :

Écrivez tout ce qu'on vous a appris sur le corps au cours de votre vie et sur votre corps en particulier. Si vous ressemblez un tant soit peu aux autres êtres humains, vous devriez pouvoir trouver des dizaines de messages négatifs et pratiquement aucun de positif. Par exemple, vous rappelez-vous vos parents vous disant de vous tenir droit si vous ne vouliez pas devenir bossu ? Ou vous a-t-on prévenu que faire certaines choses, comme sortir sans manteau, vous rendraient malade ? Ou peut-être avez-vous appris que ce n'était pas bien de vous toucher, surtout autour des organes génitaux. Ou qu'à manger certains aliments vous grossiriez. Vous avez peut-être même entendu certaines personnes se moquer d'une partie de votre corps et vous avez accepté et fait vôtre ce rejet.

Un grand nombre d'individus grandissent en pensant que Dieu, par le biais de la maladie, les punit de ne pas avoir suivi les conseils de leurs parents. Ou ils pensent simplement que le corps n'est pas fiable, qu'il est la proie de la maladie au moindre faux mouvement ou à la moindre pensée négative. Les parents, dans notre civilisation, enseignent rarement à leurs enfants à tirer plaisir de leur corps; beaucoup d'entre nous grandissent donc en s'interdisant de ressentir quoi que ce soit d'agréable avec leur corps, de toucher et d'être touché.

Dans votre liste, notez les attitudes et les dictons particuliers dont vous vous souvenez concernant le corps. Les passer en revue peut vous convaincre de la nécessité de penser à votre corps et de le ressentir de façon positive. Par exemple, combien de ces vieux sentiments et comportements sont-ils encore enfouis en vous, affectant chaque jour votre vie? Si vous n'avez pas œuvré consciemment et de façon explicite à les modifier, ils peuvent demeurer une partie de vous, jusqu'à un certain point au moins. Si vous êtes finalement frappé d'une maladie chronique, ces attitudes fermement établies peuvent apparaître comme pour vous dire : « Tu vois, ce que tu fais te rend malade. C'est bien fait pour toi! »

Chaque être grandit avec une image — consciente ou non — de son corps. Qu'arrive-t-il à une fille dont le père se moque de ses petits seins? Elle reprendra à son compte cette remarque au premier degré et passera sa vie à avoir honte de ses seins. Une femme aux seins imposants, ouvertement comparée par ses parents aux modèles charmeurs (mais pas particulièrement sains) de la télé et des magazines, peut se sentir mal dans son corps. Nous ne pouvons que spéculer sur la façon dont une évaluation négative de celui-ci se traduit en symptômes et en maladies physiques, mais cela peut en constituer une cause importante.

Pour tenter de percer l'idée que se fait un patient de son corps et les sentiments que celui-ci lui inspire, je lui demande de se dessiner. Les dessins révèlent certains aspects essentiels de sa vision de lui-même. Essayez de le faire et examinez la personne que vous avez dessinée. A quoi ressemble cette caricature et que ressentez-vous face à elle? Elle reflète plutôt la façon dont vous vous voyez que la réalité de votre corps.

La taille de la silhouette que vous dessinez, tout comme sa précision ou son imprécision relatives, sa mobilité ou sa rigidité, est importante. Quelles sont les parties du corps qui manquent ou qui sont disproportionnées? Regardez les mains et voyez comment elles interagissent avec l'environnement. Quelle est l'importance, ou la grosseur de la tête par rapport au reste du corps? Chaque trait du dessin révèle ce que vous ressentez par rapport à vous-même et à votre corps. Vous devriez être capable, après quelque réflexion, d'interpréter de façon assez précise votre dessin.

Je me souviens du dessin qu'avait fait une femme qui voulait découvrir pourquoi elle n'arrivait pas à perdre du poids. Elle me décrivit son corps comme très étrange et laid. Puis elle dessina une deuxième personne à l'intérieur du premier corps et cela devint le symbole de son vrai moi qu'elle avait recouvert d'une épaisse coquille. Elle pensait que son obésité protégeait son moi profond.

Toucher, plaisir et sexualité

Aimer, accepter, soigner et vivre pleinement son corps peut avoir un effet positif sur votre santé. Vous pouvez explorer cette dimension non négligeable de votre existence en suivant l'exercice ci-après :

Déshabillez-vous et regardez chaque partie de vous dans la glace. Touchez-vous. Notez bien comment vous êtes réellement et comparez ce que vous voyez avec la façon dont vous vous sentez, intérieurement comme extérieurement.

Faites des compliments aux parties de votre corps que vous préférez. Découvrez autant d'aspects positifs que possible à celles que vous n'aimiez pas avant. Excusez-vous auprès de votre estomac, de vos parties génitales ou de votre visage, que vous détestiez, puis pardonnez-vous tout en changeant consciemment d'attitude. Puis bougez et sautez librement, pour découvrir combien votre corps est en réalité flexible et modifiable. Cette expérience ne devrait pas vous rendre indulgent envers vous-même, ni narcissique : elle devrait plutôt être naturelle, belle et agréable.

Cet exercice fera souvent apparaître certaines sensations, peurs ou culpabilités que nous avions autrefois taxées de « sexuelles ». Même en cette époque de pseudotolérance, la sexualité et les plaisirs du corps font partie des aspects les plus rejetés ou réprimés de notre vie. Dans notre civilisation les hommes comme les femmes s'interdisent des jouissances sans entraves, interdictions qui peuvent mener à une détérioration de la santé.

Je conseille de nombreux couples dont l'un des membres souffre d'une grave maladie chronique. Ils n'ont tous que peu ou aucune activité sexuelle. La plupart des médecins supposeraient que ce manque résulte de la maladie, même si rien, physiquement, n'exige l'abstinence. J'examine attentivement ce qui semble être apparu en premier — la maladie grave ou le manque d'activité sexuelle. Dans la plupart des cas, les problèmes sexuels ont précédé la maladie.

Le contact physique est un besoin tout aussi fondamental que la sexualité. Freud et ses successeurs ont suggéré que son absence, comme l'absence d'expression sexuelle, est à l'origine de troubles névrotiques et psychosomatiques. Dans de nombreux mariages, le contact physique et la vitalité sexuelle ont pratiquement disparu. Existe-t-il une relation entre le manque de plaisirs physiques et sexuels et les symptômes pathologiques?

Serrez-vous dans vos bras et touchez-vous beaucoup votre conjoint, vos enfants, vos parents et vos amis? A ceux de mes patients qui ne le font pas, je conseille un programme d'embrassades et de massages réguliers. Un malade ou un infirme a un grand besoin de contact physique et peut souvent le rendre. Cependant, il est caractéristique de voir que l'absence de ce contact à la fois précède et sert de réponse à la maladie. Comme si l'un des compagnons craignait d'être contaminé en touchant, ou comme si le plaisir gênait la guérison. Un malade est souvent plus touché par l'infirmière que par le conjoint.

Certains d'entre nous sont en fait « plaisirophobes », craignant apparemment les conséquences du plaisir qu'apporte le corps. C'était le cas d'une femme atteinte d'un cancer avancé qui vint me voir. Elle était chaleureuse et charmante, une épouse, une mère et une secrétaire parfaite. Mis à part son cancer, elle aurait pu se qualifier pour le titre de « femme idéale ». Chaque fois que je lui demandais comment elle prenait soin d'elle-même, elle me parlait des autres : combien c'était agréable de s'occuper de ses enfants, de son mari, d'amis ou de son patron. Sa conception du plaisir était fondée sur l'altruisme.

Un jour, je lui demandai comment elle pourrait les aider si elle mourait d'un cancer. Cela sembla changer toute sa façon de penser et elle se mit à faire des choses pour elle-même, sans pour autant ressentir qu'elle négligeait les autres. Elle commença à tirer plaisir de son corps, à faire régulièrement des exercices et des massages. Elle apprit à se toucher et à se donner du plaisir en adhérant au programme créé par Lonnie Barbach pour les femmes n'atteignant pas l'orgasme et négligeant généralement les joies physiques [4]. Elle se sentit plus énergique, plus forte et éprouva des sensations positives et nouvelles.

Le corps conscient

Pour rétablir la santé, il nous faut *devenir* notre corps et non le contraindre à obéir à nos ordres. Bref, nous devons créer un « corps conscient ».

Les exercices de ce chapitre avaient pour but de vous faire prendre conscience de l'effet possible de vos sentiments et de vos attitudes envers votre corps, sur les maladies physiques et psychologiques. L'écran qui a été érigé entre votre conscience et votre fonctionnement viscéral, automatique, émotionnel et physique doit s'effacer pour vous permettre de prendre conscience des messages subtils, mais essentiels, que le corps vous envoie pour vous indiquer comment prendre soin de lui.

Développer cette conscience du corps et écouter ses messages vous permettra certainement de mieux prendre soin de lui. Son fonctionnement régulier est une source de plaisir et de créativité infinie qui peut rétablir l'équilibre entre le corps et l'esprit. Les tensions libérées, et les sensations physiques rétablies, vous pourrez développer la faculté de jouer avec votre corps, de tirer du plaisir et de la joie de son mouvement et vous le sentirez comme un élément sain et fiable de vous-même.

13

LES CHEMINS DE LA DÉTENTE

L'individu surmené, tout comme le névrosé, a en partie perdu l'habitude ou la faculté de se détendre. Il ne sait généralement pas quels muscles sont contractés, ne peut juger avec précision s'il est reposé, ne réalise pas clairement qu'il devrait se détendre et ne sait pas comment. Ces aptitudes doivent être cultivées ou retrouvées.

Edmund JACOBSON

Angoisse, inquiétude, insomnie, maux et brûlures d'estomac, indigestion, maux de tête, hypertension artérielle.

Ces maux, ainsi que d'autres, sont le lot de beaucoup d'hommes et de femmes. Ce sont les retombées symptomatiques d'une existence constamment stressante dont l'individu est incapable de contrer les effets destructeurs. Alors que les agents de stress eux-mêmes ne provoquent pas le trouble, la nature de la réponse à ceux-ci, ou l'absence de réponse, en provoque un.

La visite au médecin se termine habituellement par le refrain familier : « Vous devez essayer de vous détendre, monsieur Jones ». Et combien nous aimerions y parvenir! Mais, tout comme tenter de dormir, « essayer » de se détendre — c'est-à-dire ordonner consciemment à ses muscles et à son corps de libérer leur tension — est impossible. Comme nous l'avons vu, on ne peut l'ordonner, principalement parce qu'une grande part de notre tension vient de la contraction musculaire et de l'éveil de la partie viscérale, inconsciente, du système nerveux.

L'état psychophysiologique que le cardiologue Herbert Benson nomme la « réponse de relaxation » peut servir d'antidote au stress [1]. La réaction parasympathique dans le système nerveux automatique domine lors de la décontraction. L'individu se sent calme, paisible, l'esprit vif et, parce que les nerfs ne leur envoient pas de messages, ses muscles sont presque mous. Benson et d'autres ont découvert que cette réponse est très semblable à l'état psychophysiologique atteint par la pratique de l'une des antiques méthodes de relaxation.

Tout comme l'état d'alerte est lié à des émotions telles que l'angoisse, la peur et la rage, l'état de détente est lié aux sentiments opposés. Des études récentes ont effectivement prouvé qu'il est impossible de s'angoisser lorsque son corps est détendu, parce que l'angoisse est un dérivé direct de l'éveil physiologique face au stress.

Quelle est la façon la plus courante de se détendre? Le sommeil est notre approche la plus fréquente de la relaxation. En rêvant, d'une façon encore peu comprise, le corps relâche une grande part de la tension du jour, nous permettant ainsi de nous réveiller quelque peu renouvelé. Il est intéressant de voir que ceux qui sont privés de rêve éprouvent une détresse psychologique au cours des heures d'éveil, même après avoir dormi une nuit entière. L'insomnie, ou le sommeil agité, gêne notre détente nocturne et peut même provoquer une grande détresse. (Les somnifères, en plus de leurs effets secondaires néfastes, gênent effectivement le temps de rêve nécessaire et ne devraient pas être utilisés pour sauvegarder le sommeil — et le bien-être diurne.)

En dépit de ses bénéfices, le sommeil n'offre pas de soulagement au stress de la vie. Même lorsqu'on dort, il existe un certain degré de tension physiologique; il ne peut donc nous protéger entièrement des maux liés au stress. Nous avons plutôt besoin d'une méthode de relaxation qui augmente le sommeil et les autres formes de repos diurne, et qui soulage mieux le stress.

L'exercice physique peut offrir une certaine détente. Cependant des procédés de relaxation conscients et éveillés — relaxation progressive, méditation, training autogène, auto-hypnose, visualisation psychique, pour n'en citer que quelques-uns — peuvent beaucoup mieux réduire le stress que l'exercice physique ou une bonne nuit de sommeil (quoiqu'un tel procédé ne puisse remplacer celui-ci). Ces alternatives ont un dénominateur commun : elles utilisent notre faculté naturelle à parvenir à un contrôle plus grand sur le système nerveux viscéral. Elles mobilisent des potentiels déjà présents en nous plutôt que de faire appel à des traitements chimiques externes.

Comme la plupart des êtres humains, vous avez probablement besoin d'un programme quotidien pour détendre les muscles contractés ainsi que pour diminuer l'inquiétude et l'angoisse et éviter les dégâts physiologiques qu'elles peuvent provoquer. Je vous suggère un procédé de relaxation éveillée pour vous permettre de faire face efficacement à la réponse-stress. Plutôt que de vous ordonner consciemment de vous détendre, vous pouvez atteindre cet état essentiellement en le laissant se produire. Ayant accompli ce contrôle de soi sur les réflexes autonomes et les tensions musculaires chroniques, vous posséderez une réponse au stress aussi puissante médicalement que les prétendues drogues miracles.

Le piège des pilules

Malheureusement, si vous demandiez au médecin moyen un soulagement au stress, il vous prescrirait vraisemblablement des tranquillisants, qui ne sont absolument pas un moyen de vous détendre. Ils ne font que masquer les effets du stress. L'alcool et le tabac agissent de la même façon.

Voici un dialogue typique tiré des conseils médicaux d'un magazine du dimanche, intitulé : « Vos ordonnances » :

> *Q.* Je viens d'avoir quarante ans. Mon mari me dit que je suis toujours en train de crier après lui et les enfants, et il m'a suggéré d'aller me faire examiner les nerfs. Le médecin m'a dit que j'étais en parfaite santé mais m'a prescrit un antidépresseur. Je m'aperçois aujourd'hui que tous mes amis en prennent. Une

femme m'a dit en prendre pour détendre les muscles de son dos. Qu'est-ce que ce médicament a de spécial et peut-on s'en passer après en avoir pris?

R. Un tranquillisant peut agir aussi sur les muscles. Parce qu'il relâche la tension ou les muscles, on le prescrit souvent dans les deux cas. Il peut créer une accoutumance et si vous vous apercevez que vous en prenez plus que ce que votre médecin vous a prescrit, il est temps de retourner le voir et de lui dire ce que vous faites. C'est un excellent médicament mais il ne faut pas en abuser. L'abus qu'on en fait n'est pas limité aux « gens de la rue ». Un grand nombre de ceux à qui leur médecin en prescrit en abusent aussi. Il ne faut jamais en prendre avant de boire de l'alcool. Lorsque vous approchez de la fin de votre traitement, consultez votre médecin pour voir si vous en avez encore besoin. Il réduira peut-être la dose ou vous dira de ne plus en prendre.

Les antidépresseurs constituent un médicament national comptant pour plus de $ 130 millions de vente en 1979, et représentant la drogue nationale la plus surutilisée. Ces tranquillisants mineurs sont principalement prescrits par les médecins de famille en réponse aux plaintes de leurs clients souffrant de stress, douleur, agitation, colère, angoisse et autres sentiments négatifs. Ils sont utilisés moins fréquemment par les psychiatres pour les raisons avancées par l'un d'eux, Gerald Klerman, directeur de la National Alcohol, Drug and Mental Health Administration :

> Les antidépresseurs ont une valeur dans le traitement de l'angoisse et de la tension associées à des états et des stress réactionnels aux situations. Ils semblent particulièrement valables pour les épisodes courts de symptômes névrotiques et les cliniciens expérimentés en découragent l'usage après un certain nombre de semaines. Ils sont largement prescrits et cela pose des questions importantes quant aux frontières entre les formes psychopathologiques de l'angoisse et de la tension et les changements émotionnels associés au

stress quotidien. Il existe une controverse animée quant aux implications morales de l'utilisation de ces composés dans la société américaine et quant à la question de savoir si oui ou non nous devenons une « société médiquée » ayant excessivement tendance à se reposer sur les drogues pour faire face [2].

Voici un scénario type : une femme au foyer, ressemblant à celle qui écrivait la lettre citée plus haut, éprouve une certaine détresse. Définissant comme maladie cette angoisse, elle cherche un médecin pour modifier son état d'esprit et ses sentiments intérieurs. Celui-ci, ne trouvant rien qu'il puisse changer ou qui nécessite de changer dans sa condition physique, lui prescrit des tranquillisants.

Ces pilules affaiblissent la conscience qu'une personne peut avoir de son stress, produisant l'effet « tranquillisant » qui leur donne leur nom. Mais, comme l'explique Klerman, ils n'ont aucun effet sur le système nerveux autonome, l'état d'alerte ou la réponse-stress par lesquels le corps réagit à la tension. Au contraire, ils masquent les symptômes. Ainsi, il n'est pas surprenant que lorsqu'un individu a recours à de tels médicaments comme unique traitement, l'amélioration ne soit que temporaire, à moins que la situation produisant le stress ou l'angoisse ne soit changée. Lorsqu'on considère les facteurs additionnés de la dépendance et des effets secondaires, l'opportunité de l'utilisation de telles pilules peut être tout à fait remise en question.

Cela n'empêche pas la plupart des médecins de continuer à les prescrire à des millions de patients. Éprouvant de vagues gênes et tensions, ces patients sont sûrs que leur médecin leur fournira une potion chimique qui leur permettra de se sentir mieux. Ils sollicitent rarement une aide pour surmonter les événements provoquant le stress. Pareillement, le médecin ne s'enquiert que rarement des sources de stress dans l'environnement du patient, s'en remettant plutôt à une drogue-masque.

En tant que société nous ne sommes pas mûrs pour la proposition d'Ivan Illich, qui suggère que nous augmentions notre capacité de souffrance plutôt que d'exiger des médecins des tentatives magiques et mal dirigées de lutter contre nos sentiments et nos stress [3]. En accord avec Klerman, je pense que les tranquillisants ne doivent être prescrits que pour aider à réagir à des difficultés de courte durée. L'utilisation de ces drogues est un problème médical grave, autant que les conditions qui attirent les gens vers elles.

Approches mentales de la relaxation et du soulagement au stress

Si l'antidote au stress n'est pas disponible en pilule, il est accessible sous de nombreuses formes, y compris celle du contrôle physiologique grâce à des exercices mentaux. La floraison récente d'approches mentales à la relaxation s'est produite pratiquement simultanément dans diverses cliniques. Si les formes superficielles de chaque méthode peuvent varier, elles répondent toutes aux mêmes règles essentielles.

Au début des années trente, en Allemagne, le psychiatre J. H. Schultz et son étudiant W. Luthe créèrent le « training autogène », traitement médical permettant de contrôler soi-même les fonctions autonomes [4]. Utilisé par des milliers de médecins européens confirmés, le training autogène a été le sujet d'une recherche beaucoup plus poussée que n'importe quelle autre technique semblable.

Le psychiatre Edmund Jabobson, de Chicago, fut l'un des premiers chercheurs à étudier le rôle de la tension musculaire et de l'angoisse dans la maladie. Il émit l'hypothèse que s'il était possible d'apprendre aux individus à libérer la tension qui réside dans leurs muscles, ils élimineraient les tensions psychologiques et l'angoisse ainsi que le stress physique. Il élabora un programme de « relaxation progressive » que de nombreux thérapeutes ont commencé à adopter comme traitement pour une grande diversité de troubles psychologiques et physiques [5].

L'auto-hypnose est encore une autre approche contemporaine de la relaxation. En utilisant cette technique, l'individu parle directement à son esprit inconscient, lui suggérant de se détendre. Toutes les formes de relaxation

— y compris le training autogène et les médications — sont, techniquement, des formes d'auto-hypnose. Mais l'hypnose mérite d'être mentionnée séparément car c'est une spécialité médicale organisée depuis une centaine d'années et qui fait aujourd'hui partie de la pratique médicale courante. Nous savons maintenant que toutes les formes d'hypnose sont volontaires et ne comprennent ni coercition ni domination sur l'esprit d'un individu. Au contraire, elles consistent en suggestions faites directement aux niveaux les plus profonds de la conscience.

La plupart des méthodes de relaxation que j'enseigne dérivent, directement ou indirectement, de la longue tradition de l'hypnose et de la méditation médicales. Les effets secondaires associés aux produits chimiques, ainsi que le sentiment illusoire de tranquillité dû à la drogue sont ainsi évités. La perte de conscience de son corps associée aux médicaments est du même coup éliminée puisque la relaxation tend à élever considérablement la sensibilité au corps. De plus, plutôt que d'avoir recours à un agent extérieur pour le détendre, l'individu dépend de lui-même et peut donc ressentir une réelle satisfaction lorsqu'il réussit.

A cause de ses avantages évidents, j'espère que le jour viendra où les médecins prescriront régulièrement des cours de relaxation, plutôt que des antidépresseurs, à leurs patients souffrant de stress chronique. Apprendre une technique de relaxation est facile; plus difficile est de s'engager à la pratiquer chaque jour. Pourtant son efficacité en dépend. Vous devez vous programmer à pratiquer ces exercices une ou deux fois par jour, pendant cinq à vingt minutes. Après plusieurs semaines ou mois, vous pourrez en tester l'efficacité. Alors que certains éprouvent immédiatement un effet positif, d'autres ne ressentent aucun bénéfice au début. Mais, même pour ces derniers, le changement se produira avec le temps.

Pour vous aider à créer cette habitude, je vous suggère de suivre un cours d'entraînement à la relaxation qui vous aidera et vous encouragera à pratiquer régulièrement cet excercice. Il vous faudra aussi tenir un compte quotidien de vos succès. Je propose ici un tableau qui vous permettra de suivre votre programme de relaxation et de voir les effets qu'il produit sur vous. Il se divise en deux blocs — l'un pour la période de relaxation du matin et l'autre pour celle de l'après-midi ou du soir. La colonne verticale à l'extrême gauche permet d'inscrire la date et les principaux événements et sources de stress qui ont précédé l'exercice ce jour-là. La colonne suivante vous invite à jauger l'intensité de votre stress juste avant la relaxation puis celle de votre détente après l'exercice. Juger d'après une échelle de 1 à 10; la relaxation parfaite étant 1 et le stress ou l'angoisse extrême, 10.

CARNET DE RELAXATION HEBDOMADAIRE

MATIN

Événements source de stress du matin	*Niveau de S/R*	*Expériences au cours de la relaxation*
LUNDI	*avant* — *après* —	
MARDI	*avant* — *après* —	
MERCREDI	*avant* — *après* —	
JEUDI	*avant* — *après* —	
VENDREDI	*avant* — *après* —	
SAMEDI	*avant* — *après* —	
DIMANCHE	*avant* — *après* —	

Avant d'entamer votre relaxation, notez dans la colonne n° 1 les événements qui ont provoqué un stress au cours de la journée précédant votre exercice. Dans la colonne n° 2, notez votre niveau de S/R (Stress/Relaxation) sur une échelle subjective de 1 à 10. 1 reflète la relaxation totale, 10 indique que vous êtes très tendu. Écrivez dans

Le but de votre relaxation devrait être de réduire autant que possible l'intensité de votre stress et, éventuellement, d'approcher ou même d'atteindre 1. Le tableau offre aussi un espace pour noter les expériences, sensations, pensées ou difficultés significatives au cours de chaque exercice. Ces dernières remarques vous rappelleront les expériences internes importantes et vous serviront de guide quand vous discuterez de vos problèmes avec votre instructeur. Complétez le tableau avant et après chaque période de relaxation, au moins pendant le premier mois.

CARNET DE RELAXATION HEBDOMADAIRE

APRÈS-MIDI OU SOIR

Événements source de stress du soir	*Niveau de S/R*	*Expériences au cours de la relaxation*
LUNDI	*avant* —	
	après —	
MARDI	*avant* —	
	après —	
MERCREDI	*avant* —	
	après —	
JEUDI	*avant* —	
	après —	
VENDREDI	*avant* —	
	après —	
SAMEDI	*avant* —	
	après —	
DIMANCHE	*avant* —	
	après —	

l'espace suivant « avant ». Puis faites votre exercice. Après, notez à nouveau votre niveau de stress ou de relaxation dans l'espace approprié : « après », utilisant toujours l'échelle de 1 à 10. Puis notez certaines de vos pensées, sensations, expériences corporelles et/ou autres événements remarquables survenus au cours de l'exercice, dans la colonne n° 3.

Exercices de relaxation simples

Parce que ce livre a pour but d'être un guide pratique, il est essentiel que vous validiez mes affirmations par votre propre expérience. Vous devez donc maintenant prendre le temps de pratiquer la relaxation avant de poursuivre. Si vous ne vous y mettez pas immédiatement, les exercices d'imagerie mentale et de dialogue des chapitres suivants vous sembleront difficiles car ils vous demandent d'atteindre rapidement et sans effort l'état de relaxation. Apprendre à se détendre est non seulement le premier pas vers le soulagement, mais aussi vers la plupart des formes de communication profonde avec soi-même.

Le meilleur moyen de pratiquer une technique de relaxation est de prendre un magnétophone à cassette et d'enregistrer lentement les instructions. (Certains exercices de relaxation préenregistrés par des thérapeutes et des instructeurs sont aujourd'hui disponibles.) Je vous suggère de pratiquer l'exercice une fois par jour avec la cassette puis une fois sans, en essayant de vous rappeler au mieux les instructions. Vous n'aurez bientôt plus besoin d'elle.

Les exercices de relaxation ne peuvent être efficaces qu'abordés avec ce qu'on appelle « l'attention passive » ou la « volition ». En d'autres termes, vous ne vous détendrez pas en vous y obligeant, mais en laissant cet état vous submerger. Le psychiatre Kenneth Greenspan explique : « En enseignant la relaxation vous enseignez aux individus à gagner les courses sans pédaler, à gagner sans se battre, le paradoxe ultime [6]. »

L'attention passive est difficile à décrire ; il faut en faire l'expérience pour la comprendre tout à fait. Si vous vous ordonnez de faire quelque chose, ou si vous vous concentrez ou essayez trop fort, vous obtiendrez un résultat inverse à celui qui est recherché. Pour certains, au début, l'exercice de relaxation provoque plus de tension. Quoi que vous puissiez rencontrer, il est important de continuer à pratiquer cet exercice car de telles sensations ne sont que les reflets du stress qui vous accable. Les muscles ou l'esprit libérant leur tension, ces expériences négatives peuvent pénétrer votre conscience. Lorsque cela arrive, essayez de rester calme et de ne pas lutter contre.

Au contraire, tout en restant le plus détendu possible, tournez votre attention sur la région qui provoque l'inconfort ou vers vos pensées déprimantes. Maintenez-y votre conscience. Dites-vous que cela passera finalement et attendez que cela se fasse. Dans la plupart des cas cela disparaît au bout de quelques minutes. Si vous apprenez la technique de relaxation dans une classe ou dans un programme d'entraînement, votre instructeur peut vous aider à traverser n'importe quelle expérience négative.

Commençons maintenant votre première période de relaxation. Vous pouvez choisir l'un des exercices suivants, les combiner ou essayer les exercices de relaxation progressive, autogène ou de méditation présentés plus loin. Si vous les essayez tous, vous en trouverez sûrement un qui vous correspondra et c'est celui-là qu'il vous faudra utiliser régulièrement.

1. Relaxation du corps.

Mettez-vous dans une position confortable. Allongez-vous sur un lit ou sur un tapis ou asseyez-vous sur une chaise. Si vous avez tendance à vous endormir, asseyez-vous plutôt. Une fois bien confortable, faites passer votre conscience depuis le monde extérieur jusqu'à l'intérieur de votre corps. Pour ce faire, fermez les yeux et prenez conscience de votre respiration. La respiration est la source de l'énergie vitale et le lien entre notre monde intérieur et le monde extérieur... Vous pouvez même imaginer votre respiration comme une vapeur entrant dans votre bouche, suivant votre trachée artère et pénétrant vos poumons, peut-être même descendant jusqu'à votre estomac et votre plexus solaire puis ressortant. Concentrez quelques minutes votre attention sur votre respiration... Respirez sans effort et spontanément. Laissez cela se faire sans forcer consciemment... A chaque fois que votre esprit se met à errer, ramenez-le simplement à votre respiration.

(Reposez-vous quelques minutes.)

Maintenant devenez sensible à votre corps tout entier. En commençant en haut de votre tête, placez votre conscience dans chaque partie de votre corps. Comment se sent et que voit l'œil de votre esprit dans le haut de votre tête? Êtes-vous conscient d'une tension ou d'une gêne? Si oui, respirez simplement dans cet endroit. Imaginez votre souffle pénétrant cet endroit, le nettoyant et le baignant d'énergie. En expirant, imaginez que vous rejetez toute la tension ou l'inconfort hors de cette partie de votre corps.

Laissez maintenant votre conscience descendre sur votre visage. Que ressentez-vous? Tension ou inconfort? Si c'est le cas, baignez de votre souffle cette région et, en expirant, relâchez la tension de votre visage. Sentez comme il est détendu maintenant.

Puis procédez de même avec chaque partie de votre corps... d'abord votre cou... puis vos épaules... vos bras (l'un après l'autre)... vos mains... poitrine... estomac... taille... parties génitales... hanches... jambes... pieds... Lorsque vous concentrez votre attention sur une partie, laissez l'air l'envahir et la baigner, la calmant et relâchant toute tension. Puis sentez le plaisir que vous procure cette partie lorsqu'elle est détendue.

Consacrez quelques minutes à tirer plaisir de votre corps détendu et du sentiment de calme qui l'accompagne. Reprenez conscience de votre respiration et, à chaque expiration, sentez encore la tension — les derniers vestiges — quitter votre corps... Continuez encore quelques minutes... puis, lentement, revenez dans la pièce.

Essayez de prolonger la sensation de bien-être, de détente et de paix en reprenant vos activités du jour. Chaque fois que vous êtes tendu, vous pouvez tout simplement vous asseoir et vous souvenir de cet état de relaxation; vous pourrez le recréer à volonté, de mémoire.

Fondamentalement, cela n'est que la simplification du programme de relaxation progressive de Edmund Jacobson. Les premières fois que vous pratiquerez cet exercice, passez une bonne demi-heure à scruter votre corps et à libérer la tension. Finalement, avec la pratique, vous apprendrez à évoluer dans votre corps en quelques minutes, libérant ou laissant s'échapper la tension où qu'elle se trouve.

Passons maintenant au second exercice de relaxation.

2. Relaxation mentale/Auto-hypnose

Asseyez-vous ou couchez-vous confortablement. Fixez des yeux un point, directement face à vous, jusqu'à ce que vos yeux se sentent fatigués et que votre vision devienne floue. Puis roulez des yeux vers le haut de votre tête et fermez vos paupières. Imaginez un nuage chaud baignant le centre de votre corps. En vous touchant, il réchauffe et décontracte cette partie du corps.

Imaginez ensuite que le nuage s'étend lentement depuis votre centre, grandissant et touchant l'une après l'autre chaque partie de votre corps de sa chaleur, de son énergie et de son calme. Vous baignez dans un nuage revitalisant qui libère toute tension en vous...

(Pause.)

Votre corps entièrement submergé par le nuage, sentez-le devenir plus léger, plus chaud et plus calme. Imaginez-vous en train de vous élever en flottant, totalement sans poids, à travers le ciel. Le nuage, avec vous en son centre, vous emmène vers un endroit spécial où vous pourrez vous détendre, vous calmer et atteindre une paix profonde. Regardez comme cet endroit est magnifique. Imaginez à quoi il ressemble, ce qu'il sent, ce qu'on y entend et le goût qu'il a. Reconnaissez aussi comme vous vous y sentez bien, comme vous êtes vif, chaud, alerte, détendu, sain et calme. Faites l'expérience du bien-être total.

(Pause.)

Lorsque vous décidez de revenir dans la pièce, imaginez-vous remontant sur le nuage et déposé légèrement dans votre pièce. Avant d'ouvrir les yeux et d'achever votre retour, pensez quelques instants à ce que vous ressentiez et souvenez-vous que vous pouvez refaire l'expérience de cette sensation à n'importe quel moment. Gardez avec vous pour la journée une part de ce sentiment de paix et de bien-être. Lorsque vous êtes prêt, ouvrez les yeux et restez assis tranquillement quelques instants.

3. Relaxation combinée

Asseyez-vous dans un endroit confortable. Vous trouverez peut-être plus agréable de garder les pieds à plat contre le sol et de laisser vos mains sur vos genoux ou sur les bras du fauteuil. Regardez ce point en face de vous sur le mur. Si vous êtes couché, fixez un point du plafond. En concentrant votre vision sur ce point elle deviendra de plus en plus floue, en commençant par la périphérie de votre champ visuel. Au fur et à mesure, tout devenant plus flou, vos paupières deviendront de plus en plus lourdes. Ne résistez pas. Laissez-les se fermer. Ce faisant vous ressentirez une vague de relaxation parcourir votre corps tout entier, depuis les yeux, à travers votre visage et votre tête, sur vos épaules et vos bras, tout le long de votre corps, vous vous sentirez très, très chaud, très, très calme et détendu.

Portez votre attention sur les sensations de votre corps; sentez la chaise ou ce sur quoi vous êtes étendu; les messages venant des différentes parties du corps. Puis, finalement, transférez lentement votre attention sur votre respiration — inspirez, expirez. En inspirant, dites : « Je suis... »; en expirant : « ... calme ». En prenant le rythme de votre respiration et en entendant, dans votre esprit, le refrain « Je suis calme », vous sentirez la tension et les choses extérieures vous quitter et vous ressentirez un profond contentement, un sentiment apaisant de relaxation profonde passer à travers tout votre corps.

Commencez à ressentir la relaxation s'étendre depuis vos yeux, qui sont déjà détendus, sur votre visage, votre cuir chevelu et, au fur et à mesure qu'elle parcourt votre corps, sentez-vous vous décontracter. Dites-vous : « Détends-toi », chaque fois que vous sentez une tension et vous la sentirez s'échapper de chaque muscle; vous sentirez la tension de votre mâchoire, la tension de votre bouche et de votre visage fondre. Vous pouvez imaginer que chaque fois que vous respirez, votre souffle est comme un million de petits doigts massant les muscles fatigués de votre corps et qu'à chaque fois que vous expirez, vous rejetez une tension qui s'est accumulée dans chaque muscle, chaque partie de votre corps, vous laissant, à chaque expiration, plus profondément détendu.

Concentrez maintenant votre attention sur votre cou, vos épaules; sentez-vous vous détendre et relâcher la tension qui peut résider dans votre cou et vos épaules. Bougez légèrement votre tête puis laissez-la tomber confortablement sur votre menton — détendant encore plus votre cou et vos épaules, relâchant tout. Sentez les vagues de relaxation traverser vos épaules et descendre le long de vos bras jusqu'à vos mains; sentez la décontraction tirer chacun de vos doigts l'un après l'autre, détendant vos mains, et sentez vos mains et vos bras reposer plus lourdement sur vos genoux ou sur votre fauteuil. Sentez ce grand soulagement qui s'installe quand vous libérez la tension de vos bras. Sentez la décontraction s'étendre sur votre poitrine et votre dos, rejetant par massage les tensions de votre respiration et vous verrez que vous respirez plus profondément à chaque souffle. En vous détendant un peu plus à chaque souffle, vous relâchez un peu plus de tension et vous ressentez une sensation très agréable — une sensation de légèreté ou de lourdeur, de paix, de bien-être, de chaleur, de décontraction. Laissez les fardeaux du jour, laissez les soucis du jour quitter votre corps à chaque expiration. En expirant, à chaque souffle, expulsez un peu de la tension, soufflez un peu de la frustration, laissez les inquiétudes de la journée couler hors de votre corps, vous laissant totalement détendu. Sentez la décontraction bouger à travers votre estomac, votre abdomen, sentez-la chauffer et adoucir votre estomac, les muscles en bas de votre corps; sentez-la parcourir votre fessier, vos parties génitales et descendre le long de vos jambes, détendant vos muscles, vous laissant dans un état de relaxation profonde. Inspirez profondément et, ce faisant, imaginez que cet air descend, descend dans votre estomac et au fond de votre abdomen, plus profondément que vous ne le pensiez possible. En sentant cet air évoluer au plus profond de vous-même, laissez-le détendre votre estomac, détendre toute votre zone abdominale. Expirez et lâchez tout. Sentez la décontraction passer sur vos jambes et descendre sur vos genoux, vos mollets, vos chevilles, vos pieds et vos doigts de pied et imaginez la tension s'écoulant de vos chaussures sur le sol. La tension s'échappant, un sentiment de paix profonde et de bien-être prend sa place.

Maintenant imaginez qu'une source de lumière, une source d'énergie et de paix émane du plus profond de votre cœur. Sentez la lumière s'étendre partout, vous baignant dans une aura calmante, réchauffante et relaxante, irradiant la décontraction comme une pierre jetée dans l'eau — les vagues, les rides s'éloignent dans toutes les directions, rien ne les arrête et vous vous sentez en paix, détendu. Je veux qu'en vous décontractant vous vous rendiez compte que c'est *vous* qui êtes à l'origine de cette détente, que je vous ai fait quelques suggestions mais que c'est *vous* qui les avez transmises à votre corps et que vous avez atteint cet état simplement en prenant soin de votre corps et de vous-même, quelques minutes, à n'importe quel moment de la journée, n'importe où. Vous pouvez créer un état de relaxation profonde tout simplement en fermant les yeux et en laissant agir la décontraction à travers votre corps.

Maintenant, très lentement, ramenez votre conscience dans la pièce, vers les gens qui vous entourent, vers votre environnement. Comptez jusqu'à trois, commencez à cligner les yeux et réveillez-vous : un (en gardant avec vous la décontraction mais en accentuant votre conscience du monde extérieur), deux (clignez les yeux plusieurs fois, asseyez-vous tranquillement), trois (reposez-vous un instant puis, très, très lentement, revenez à la vie active).

Méditation

Comme pour un grand nombre des techniques présentées dans ce livre, le but final de la méditation est de vous faire entrer en contact avec l'inconscient, de permettre à sa sagesse de vous guider dans le processus de traitement. Passez maintenant quelque temps à écouter votre monologue intérieur. Asseyez-vous tranquillement, les yeux ouverts ou fermés, regardez et écoutez les nombreuses impressions sensorielles, pensées et sentiments qui pénètrent votre esprit. Cela ressemble à la mise en marche d'une fontaine au jet interminable. Vos pensées et vos impressions sont diverses et sans but au fur et à mesure que le jet de la torche de votre conscience va et vient entre le monde intérieur et le monde extérieur. Même en vous coupant du monde extérieur, en vous enfermant dans un endroit isolé, vous recevriez constamment la visite d'un nombre incalculable de formes, pensées, sentiments, souvenirs et idées internes.

La Bhagavad Gita, guide hindou de la vie et de la méditation, précédant de plusieurs siècles Jésus-Christ, suggère que l'illumination consiste à débrancher ce flot de stimuli extérieurs et à se tourner vers son moi intérieur :

Le vent détourne le bateau
De son chemin sur les eaux :
Les vents errants des sens
Laissent dériver l'esprit de l'homme
Et de son chemin détourne son jugement.
Lorsqu'un homme peut arrêter ses sens
Je l'appelle illuminé.

Je suis sûr que vous avez ressenti des moments où votre esprit était immobile. Regarder un coucher de soleil, gravir une montagne, se concentrer sur un merveilleux morceau de musique ou une interprétation grandiose, faire l'amour, travailler son jardin, mettre en pot ou semer, jouer une partie de tennis intense ou poursuivre une idée créatrice — ce sont tous des moments où nous nous axons complètement sur une chose, excluant le flux et le reflux des pensées étrangères. Vous souvenez-vous de la beauté et de la plénitude de ces moments? Vous êtes-vous senti entier et vivant comme vous ne l'aviez jamais été? Le psychologue et humaniste Abraham Maslow a appelé ces moments : « expériences transcendantales ». Il les a mises en relation avec l'intégration de la personnalité, la créativité et l'épanouissement personnel. Selon Maslow, plus on est sujet à des expériences transcendentales, plus la vie devient meilleure et plus pleine [7].

Lawrence LeShan définit la méditation comme le procédé permettant d'apprendre à faire une chose à la fois [8]. En se concentrant sur une seule chose — que ce soit votre respiration, votre jardin ou votre jogging — vous pénétrerez dans un état de conscience modifié, vous atteindrez un état physiologique différent (et plus positif).

Laissez-moi vous présenter un exercice simple adapté d'une forme de méditation bouddhiste zen. Il est particulièrement efficace sur le plan thérapeutique car il met en avant la respiration qui est un processus physiologique. Il permet une respiration plus profonde exerçant un effet harmonisant et équilibrant sur le corps aussi bien que sur l'esprit.

Trouvez d'abord un endroit tranquille à l'abri des distractions. Parce qu'il vous faut habituer votre esprit à atteindre régulièrement un état de méditation, vous devez établir un moment et un lieu stables pour votre méditation quotidienne. Pour obtenir les meilleurs résultats, évitez l'heure qui suit un repas. Le lieu de méditation devient si spécial pour chacun qu'il le décore avec des objets personnels ou symboliques pour affirmer son importance. De tels gestes indiquent le sérieux de l'engagement envers le processus :

> Asseyez-vous tranquillement de façon que votre dos soit droit, soutenu si nécessaire par le dossier de la chaise. Fermez les yeux.
>
> Faites un rapide inventaire de votre corps, vérifiant s'il existe quelque tension ou gêne particulière. Comme vous l'avez appris au cours de l'exercice précédent, prenez conscience de toute tension ou contraction de vos muscles. Si vous en trouvez une, inspirez puis, en expirant, décontractez autant que possible vos muscles.

Votre évaluation physique terminée, faites un inventaire mental et émotionnel. Si vous trouvez une quelconque angoisse ou pensée désagréable, faites-en l'expérience quelques instants puis sortez-la doucement de votre esprit. Plutôt que d'essayer de la rejeter par la force, laissez simplement la pensée sortir de votre conscience en détournant d'elle votre attention. Vous ne pourrez peut-être pas oublier tous vos problèmes mais cette méthode vous fournira au moins un point de départ.

Vous devriez maintenant être détendu, physiquement et mentalement. Commencez à respirer sans forcer votre attention sur cet acte, c'est-à-dire utilisez la volition passive plutôt que la concentration active. Plutôt que d'essayer de chasser par la force les pensées qui vous font oublier votre respiration, laissez-les venir. Quand vous en avez pris conscience, retournez délibérément votre attention sur votre respiration. N'espérez pas que votre esprit reste facilement focalisé sur votre respiration. Au cours d'une méditation de dix à vingt minutes, vous pouvez vous attendre à ce que votre esprit divague plusieurs fois. Mais soyez patient. Vous méditez bien, même si votre esprit se promène effectivement. Le processus de méditation consiste à ramener votre esprit, coup après coup, sur votre respiration, jusqu'à ce que l'attention focalisée soit devenue une habitude.

Au lieu de vous concentrer simplement sur votre respiration, vous trouverez peut-être plus facile d'utiliser des variantes à cette approche. Par exemple, pour vous aider à visualiser votre respiration, essayez d'imaginer votre souffle comme une vapeur. Regardez-la entrer en flottant dans votre bouche ou votre nez puis descendre votre gorge pour pénétrer finalement vos poumons et votre corps tout entier. Vous pouvez voir la vapeur flotter dans l'abdomen, tourbillonner puis remonter et sortir quand vous expirez. Observez la vapeur se mélanger à l'air puis recommencez.

Un autre moyen est de compter les inspirations-expirations. En inspirant, comptez silencieusement

« un ». En expirant, dites « deux » et ainsi de suite jusqu'à quatre. Recommencez alors. Si vous perdez le compte, recommencez à « un ».

En vous concentrant sur votre respiration — en la visualisant, en comptant ou par toute autre méthode — n'essayez en aucune façon de la modifier ou de la contrôler. Au contraire, laissez-la se régulariser d'elle-même, spontanément et sans effort.

Dix à vingt minutes après le début de cet exercice, vous devriez être prêt à le conclure. Arrêtez de vous concentrer sur votre respiration. Cela vous ramènera à votre état de conscience normal. Clignez les yeux plusieurs fois puis ouvrez-les et restez assis tranquillement une minute ou deux. En vous levant, vous vous sentirez rafraîchi et revigoré.

On rencontre des réactions diverses au début de cet exercice de méditation. Certains se sentent immédiatement paisibles et détendus. D'autres, comme moi-même, ne sentent initialement que très peu de changements et doivent presque s'empêcher d'interrompre l'exercice en sautant de leur fauteuil. D'autres encore, tout en étant déterminés à réussir l'exercice, se retrouvent en train de rejouer leurs inquiétudes et leurs problèmes, ne pouvant pas immobiliser ces pensées.

En apprenant aux hommes et aux femmes à méditer et à se détendre, l'un de mes objectifs principaux est de les rassurer et d'encourager leur pratique quotidienne. Les individus entament habituellement la relaxation avec de nombreux préjugés et espoirs. Lorsqu'ils ne réussissent pas — lorsque l'esprit ne se mobilise pas instantanément ou continue de ressasser — ils estiment avoir échoué. Mais l'adresse à pratiquer la relaxation ne s'achète pas dans les supermarchés; il faut l'acquérir progressivement. Même lorsqu'il vous semble ne faire aucun progrès, l'exercice a sans doute quelque effet positif. En utilisant les mécanismes du bio-feedback, j'ai souvent montré à ceux qui doutaient que, même s'il leur semble ne rien faire d'autre que rester assis, leurs muscles sont détendus, leur respiration est plus profonde, leurs mains se réchauffent et leurs ondes cérébrales passent dans les longueurs alpha et thêta. De plus, comme l'a observé un chercheur sceptique, même en l'absence de tels avantages physiologiques, il est probablement sain d'amener un individu surmené à prendre le temps de s'asseoir et de réfléchir deux fois par jour.

Training autogène

Le training autogène consiste en fait en une série de messages appelés « orientations ». Au cours de l'entraînement, l'individu, confortablement assis et détendu, se suggère et s'imagine ces orientations. Ces messages activent une réponse viscérale qui approfondit la respiration et accroît même l'efficacité de la faculté du corps à se guérir lui-même. L'état atteint est dominé par la réaction parasympathique et permet le repos régénérateur, comme le suggère la description suivante :

> Les muscles du squelette, les « paires antagonistes », comme on les appelle, sont décontractés. On parle de perte de « tonus », c'est-à-dire de réduction de la tension musculaire permanente essentielle à un organisme actif. Les vaisseaux sanguins se dilatent, surtout vers leurs extrémités et charrient plus de sang. Le sang est distribué plus équitablement à travers le corps ; ce qui se perçoit subjectivement par un agréable sentiment de chaleur. Les rythmes biologiques — respiration et battements du cœur — trouvent leur propre cadence et travaillent moins intensément mais avec une efficacité optimale. D'où une sensation agréable de repos et d'harmonie. La cavité abdominale tout entière, en réponse à cette relaxation physique, fonctionne doucement et spontanément. Subjectivement, cela a pour effet, surprenant, d'attirer notre attention sur des parties de notre corps dont nous ne sommes généralement pas conscients et d'accroître un sentiment de bien-être [9].

Voici une forme simplifiée de training autogène : allongez-vous confortablement sur le dos ou sur une chaise longue et répétez : « Je suis calme. » Lentement, plusieurs fois pendant à peu près une minute. Ne vous *forcez pas* à vous concentrer dessus et, si vous sentez votre esprit divaguer, ramenez-le doucement. Après une minute de pratique, reposez-vous et recommencez. Continuez ainsi, alternant repos et concentration, plusieurs fois.

Après cette phase initiale, vous devriez être prêt à y ajouter, l'une après l'autre, les six orientations de base. Ce sont une série d'ordres, ou suggestions au corps. Elles provoqueront une mise en activité profonde, calme et reposée du système nerveux parasympathique. La liste suit. Elles doivent être mises en pratique l'une après l'autre, chacune pour une semaine ou plus. Pour obtenir le meilleur résultat, pratiquez cet exercice plusieurs fois par jour. Avant de passer à la suivante, vous devez être convaincu que votre corps a accepté chaque suggestion.

Les six orientations sont :

1. Mon bras droit est très lourd (pour les droitiers).
2. Ma main droite est chaude.
3. Mon pouls est calme et fort.
4. Ma respiration est calme et régulière.
5. Mon plexus solaire se réchauffe.
6. Mon front est agréablement frais.

Commencez par la première orientation. Passez une minute à suggérer doucement la lourdeur à votre bras (vous pouvez imaginer quelque chose tirant votre bras). Puis alternez avec une minute de repos, peut-être accompagnée de la suggestion « Je suis calme ». Pendant quelques jours ou une semaine, exercez-vous uniquement à cette orientation.

Puis commencez à travailler avec la seconde. Après une semaine d'entraînement à ce message qui doit vous chauffer la main, combinez ces deux premières orientations. Une fois que vous en posséderez la maîtrise pour le bras dominant, recommencez le processus avec l'autre bras et l'autre main.

Puis, l'une après l'autre, exercez-vous avec chacune des phrases suivantes. Au bout de deux mois à peu près vous serez capable de combiner toutes les orientations et d'accomplir en quelques minutes toute la série de changements dans votre corps.

Voici les instructions pour un exercice lié au training autogène :

Asseyez-vous ou allongez-vous dans un endroit confortable, défaites vos vêtements, enlevez peut-être vos chaussures et respirez simplement : prenez conscience de combien cet acte simple — avaler profondément de l'air, le retenir une seconde puis le relâcher — est une façon très très rapide et facile d'entamer le processus de relaxation. Respirez encore quelques fois et sentez votre corps commencer déjà à répondre à son désir interne de se détendre. Lorsque vous vous sentez prêt, laissez vos yeux se fermer lentement et prenez conscience de votre respiration. En inspirant, commencez à imaginer, penser ou répéter « Je suis... » et, en expirant, « ... calme ». Ceci constitue votre mantra de méditation personnelle que vous pouvez utiliser pour commencer à vous suggérer le sentiment de paix, de chaleur et de bien-être envahissant votre corps. Faites seulement attention à votre respiration : inspirant « Je suis », expirant « calme ». Sentez votre corps répondre « Je suis », « calme ».

Maintenant, je veux que vous vous répétiez « Mes bras sont lourds » et, en disant cette phrase plusieurs fois, je veux que vous sachiez si vous ressentez effectivement une lourdeur s'emparer de vos bras. Voyez si le pouvoir de votre esprit, votre imagination, peut amener des changements dans votre corps. Maintenant, j'aimerais que vous vous répétiez, encore et encore, la phrase « Mes mains sont chaudes ». En disant « Mes mains sont chaudes », vous pouvez imaginer que quelque chose se passe : vous êtes dans un endroit plus chaud, vous trempez vos mains dans l'eau chaude; commencez à imaginer cela et sentez vos mains se réchauffer. « Mes mains sont chaudes » : répétez-vous cette phrase plusieurs fois. Maintenant, combinez les deux phrases : « Mes bras sont lourds » et « Mes mains sont chaudes » et vous sentirez votre corps se mettre à réagir. Vos bras devenant lourds et vos mains chaudes, vous vous sentirez vous détendre. Maintenant, répétez-vous la phrase « Ma respiration est calme et régulière » et, ce faisant, vous en sentirez l'effet calmant, approfondissant, sur votre respiration.

Maintenant j'aimerais que vous vous répétiez, encore et encore, la phrase « Mon pouls est calme et régulier ». Imaginez, si vous le voulez, que votre circulation, le flot de votre sang, évolue sans effort dans votre corps, atteignant tous les recoins et que ce sang de vie vous rend fort et sain. « Mon pouls est calme et régulier » envoyant une suggestion directe à votre corps tout entier pour qu'il travaille plus efficacement à défendre votre santé. Répétez « Ma respiration est calme et régulière » et « Mon pouls est calme et régulier ». Laissez simplement ces deux phrases faire écho dans votre esprit pour qu'elles puissent avoir un effet sur votre corps, relaxant et transformant votre corps vers la santé.

Revenez maintenant à la phrase « Je suis calme ». Sentez comme votre corps a répondu aux suggestions « Je suis (inspirez) calme (expirez) ». Sentez l'immense sensation de bien-être et de détente que vous avez pu atteindre en vous répétant les cinq phrases : « Je suis calme », « Mes bras sont lourds », « Mes mains sont chaudes », « Ma respiration est calme et régulière », « Mon pouls est calme et régulier ». Répétez chaque phrase et voyez comme elle a commencé à affecter votre corps; voyez l'effet que la phrase a eu sur votre fonctionnement physiologique. Maintenant, très lentement, reprenez conscience de la pièce, emmenant avec vous pour le reste de la journée, un sentiment de bien-être, une sensation de paix atteints grâce à cet exercice. De nouveau, très lentement, clignez les yeux et revenez dans la pièce.

Relaxation progressive/Désensibilisation

La relaxation progressive doit s'accomplir allongé sur le dos. Si les autogènes utilisent les ordres mentaux et les images pour affecter le corps, la technique de relaxation de Edmund Jacobson emploie la rééducation physique pour toucher l'esprit et le système nerveux viscéral. Les images mentales sont utilisées pour se désensibiliser des stimuli ou des situations sources de stress ou de peur.

Pour commencer cet exercice, prenez un seul groupe de muscles — par exemple la main et le bras — et examinez la sensation que vous procure le fait de tendre et de relâcher chaque muscle l'un après l'autre. En serrant le poing ou en tordant la main, notez la sensation de tension. Avec de la pratique, vous apprendrez à percevoir la tension puis à vous détendre.

Jacobson pense que nous portons en nous la tension musculaire chronique, ainsi que l'anxiété qui l'accompagne, car nous avons perdu le contact avec l'étendue réelle de la tension dans nos muscles. Sa technique de « relaxation progressive » a pour but de permettre de prendre conscience de ce que les muscles ressentent lorsqu'ils sont tendus et lorsqu'ils sont décontractés. Puis, lentement et en s'appliquant, l'individu apprend, groupe de muscles après groupe de muscles, à détendre chaque muscle. Lorsqu'il parvient à la relaxation volontaire des muscles du squelette, l'esprit et les muscles viscéraux se détendent de même.

La phase de désensibilisation de l'entraînement implique la capacité d'atteindre la relaxation dans des situations de stress ou d'angoisse. Vous pouvez essayer de lire, ce qui nécessite une tension de la main et du bras, tout en maintenant votre corps dans un état de relaxation. Vous pouvez apprendre à ne tendre que les muscles que vous utilisez. Finalement vous serez capable de vous détendre dans les situations de stress quotidiennes. Face à la peur ou à une émotion négative, il vous suffira de vous dire de vous détendre. Une fois décontracté, il est impossible de se sentir angoissé ou tendu. Cet entraînement a été utilisé avec succès pour éliminer le trac, les tics, l'angoisse avant les examens, les phobies et les maux de tête dus à la tension.

Si vous vous entraînez à laisser vos muscles se détendre, un à un, ou à permettre à vos fonctions physiologiques de changer, vous y arriverez finalement. Quelqu'un d'entraîné est capable de décontracter tous ses muscles en quelques minutes.

Lorsqu'un individu est capable de réguler certains aspects de sa physiologie interne, il est prêt à pousser plus avant l'exploration d'autres types de contrôle de soi interne. Vous finirez par utiliser la connaissance acquise au cours de l'entraînement à la relaxation pour amasser les informations qu'offre votre inconscient sur la nature et les causes de la maladie. La technique de relaxation peut aussi être une étape importante vers l'encouragement de votre corps à soigner une maladie particulière.

14

LE BIO-FEEDBACK : APPRENDRE À CONTROLER SON FONCTIONNEMENT INTERNE

Les programmes d'entraînement peuvent établir et maintenir la santé psychosomatique. Si chaque jeune étudiant savait, à la fin de sa première année de biologie, que le corps répond à des données psychologiques qu'il engendre lui-même, que la circulation du sang, le comportement cardiaque, tout comme une foule d'autres processus organiques, peuvent être influencés à volonté, cela changerait les idées préconçues sur la santé physique et mentale. Il serait alors tout à fait clair et compréhensible que nous sommes individuellement responsables, jusqu'à un certain point, de notre état de santé ou de notre maladie.

Nous prendrions peut-être alors conscience que ce n'est pas la vie qui nous tue, mais plutôt notre réaction face à elle et que nous pouvons, jusqu'à un certain point non négligeable, la choisir nous-mêmes.

GREEN, GREEN et WALTERS

Ellen, une femme de cinquante-cinq ans, affligée de vagues douleurs et de symptômes de stress corporels, souffrait d'embonpoint et marchait maladroitement, preuve que son corps lui était en grande partie étranger. Bien qu'elle doutât de pouvoir maîtriser ses problèmes, son désespoir grandissait et elle avait peur de ce qui pouvait lui arriver.

Ma première intervention consista à rétablir une communication entre son corps et elle, à lui apprendre à connaître un peu sa douleur et à voir comment elle pouvait la contrôler. Parce qu'elle était réticente, il me fallait la convaincre de son propre pouvoir. Je décidai que le bio-feedback serait la méthode la plus efficace. Pour beaucoup de personnes, instruites ou non, la science et la technologie inspirent la même confiance et bénéficient de la même crédibilité qu'il y a un siècle la vérité religieuse et la volonté de Dieu. Avec l'équipement du bio-feedback, une technologie médicale perfectionnée aide le patient à observer et à contrôler les rouages internes de son corps.

Elle accepta de s'entraîner au bio-feedback, principalement à cause de sa confiance dans la technologie. De plus, sa compagnie d'assurances acceptait de la prendre en charge, alors qu'elle refusait de rembourser le coût de l'entraînement à la méditation. Pour elle, cela signifiait que le bio-feedback constituait un traitement valable.

Comme Ellen l'apprit rapidement, l'équipement du bio-feedback est compact; il ressemble à un trio de magnétophones à cassettes portables augmentés de quelques compteurs et cadrans. Mais les fils partant de la machine ne mènent pas à des haut-parleurs ou autres appareils, mais au corps, surveillant et mesurant la tension musculaire, la résistance de la peau, les ondes cérébrales, la pression artérielle et la température. Sur un petit écran ou par l'intermédiaire d'un son modulé, le sujet peut percevoir les plus infimes fluctuations de son fonctionnement interne.

Le technicien plaça plusieurs petits détecteurs, ou thermistors, sur le corps d'Ellen. Un sur son médius, chargé de mesurer la résistance de la peau à un courant électrique de faible intensité, et d'autres sur les muscles de son front de façon à mesurer la tension musculaire.

Au début de la séance, la température de la main d'Ellen était de 23,3°C ce qui n'est pas inhabituel pour les extrémités. Je lui expliquai que si elle se détendait, les vaisseaux sanguins se dilateraient et ses pieds et ses mains se réchaufferaient. Ayant compris cela, elle essaya, à ma demande, de réchauffer ses mains pour me prouver son contrôle. Très rapidement, les capteurs enregistrèrent un accroissement de la tension musculaire et une chute soudaine de la résistance de la peau, indiquant une augmentation de l'angoisse. Le cadran de lecture de la température de sa main, placé devant elle, indiqua une chute de près d'un degré.

Pourquoi les premiers essais d'Ellen au bio-feedback échouèrent-ils? Ses efforts conscients, en particulier la préparation à une épreuve difficile, avaient, par inadvertance, jeté son corps dans un état d'alerte. Ce faisant, ses vaisseaux sanguins se contractaient et le sang s'échappait des extrémités pour préserver le fluide vital au cas où la peau serait percée. Sa réponse était donc inappropriée et reflétait peut-être la façon dont elle réagissait à d'autres situations de la vie. Elle se préparait à tout défi ou toute responsabilité en se mobilisant pour la lutte ou la fuite.

Après avoir laissé s'écouler quelques minutes, je lui suggérai gentiment de ne rien forcer et lui dis que si elle pensait à quelque chose de reposant et d'agréable — une belle journée à la plage, par exemple — elle aurait peut-être plus de succès. Elle suivit mon conseil et, en peu de temps, la température de sa main augmenta légèrement, la résistance de sa peau s'accentua (signe de relaxation) et la tension musculaire sur son front diminua. Elle prenait le chemin de la relaxation. Tout en visualisant cette scène agréable qui faisait appel à des souvenirs d'un passé où elle ne souffrait pas, elle ne pensait plus à changer la température de sa main. Inévitablement, la température s'éleva et quinze minutes plus tard elle atteignait presque 32,2°. Pas si mal pour un premier essai!

Ellen était enchantée. « Comment est-ce arrivé? » s'écria-t-elle. Comment, par le simple fait de visualiser des situations où elle se sentait détendue, pouvait-elle avoir si bien réussi? Son expérience est en fait assez courante. D'autres réchauffent leurs mains en s'imaginant qu'ils les trempent dans un bol d'eau chaude ou qu'ils les font rôtir au soleil. Ellen réussit en adoptant la loi de la « volition passive » : n'essayez pas, laissez les choses se faire. Comme le propose le chercheur en bio-feedback, Barbara Brown, il ne semble pas y avoir de processus interne, depuis le fonctionnement des organes jusqu'au travail de chaque cellule, qu'un individu ne puisse apprendre à contrôler consciemment s'il a les outils pour le faire et peut correctement cultiver ses aptitudes[1].

Le fait d'« essayer », ce qui entraîne une concentration intense, agit sur notre système nerveux volontaire, nos muscles externes et notre système squelettique, mais ne permet pas d'atteindre le contrôle de soi interne. En voici une démonstration simple. Vous souvenez-vous avoir eu besoin, au cours d'un entracte, à un concert ou au cinéma, d'uriner très rapidement? Y êtes-vous parvenu? Très vraisemblablement, plus vous avez essayé d'accélérer le processus, plus cela est devenu difficile. Si vous voulez uriner, il faut vous décontracter et non *essayer*. Vous devez laissez votre vessie fonctionner et laisser faire. Si le cas se représente, pensez à une scène reposante et oubliez, à un niveau conscient, ce que vous faites. Votre rapidité augmentera de façon surprenante.

En utilisant le même principe, Ellen avait acquis deux techniques empiriques fondamentales. Elle pouvait contrôler les rouages de son corps et, pour ce faire, il lui fallait laisser les choses se produire passivement en utilisant l'imagerie mentale et l'absence d'effort conscient. Son succès la sortit de son ornière et la mit sur le chemin du changement.

Jusqu'à la fin de sa première séance, Ellen travailla rapidement et avec confiance. Elle fixa son esprit sur des scènes agréables et je pus la guider dans la détente des divers groupes musculaires de son corps. Une fois qu'elle eut relâché les muscles de son front, on brancha les capteurs sur d'autres groupes de muscles pour lui démontrer qu'elle pouvait les décontracter. La résistance de sa peau continua de progresser et sa température augmenta encore de deux degrés.

Nous parlâmes ensuite des problèmes et des crises qui encombraient sa vie. Chaque fois qu'elle abordait un sujet qui la troublait — son mariage, sa relation avec ses enfants, sa peur face à la déterioration de son état physique — sa température et la résistance de sa peau s'effondraient et sa tension musculaire augmentait. Cela montrait clairement la relation entre son état émotionnel et sa réponse physique. Les appareils eux-mêmes indiquaient que, lorsqu'elle était troublée, son corps créait les conditions — rigidité et éveil — favorables à l'implantation de la douleur.

Au cours des semaines qui suivirent Ellen entama un entraînement intensif, faisant appel à l'autohypnose, à la relaxation, aux techniques d'imagerie mentale pour contrôler la douleur ainsi qu'à des conseils individuels et familiaux pour l'aider à modifier les situations perturbantes de sa vie. Le bio-feedback ne devint pas une béquille, car il ne fut jamais central à son traitement. C'était plutôt un procédé qu'elle pouvait utiliser — se branchant et testant les aptitudes qu'elle avait apprises — pour évaluer ses progrès. Les lectures de la température de la main, de la résistance de la peau et de la tension musculaire permettaient de mesurer numériquement et objectivement son amélioration. Cela lui redonnait confiance en elle et prouvait que les procédés mentaux qu'elle utilisait avaient les effets psychologiques désirés. Telle est, par essence, la grande promesse du bio-feedback.

Rats et swamis : la réalité du contrôle de soi

Quelle est la valeur de l'information détaillée et continue apportée par le bio-feedback? Elle n'est utile que si elle peut aider à effectuer des changements durables dans votre corps. Deux types de recherche médicale ont poussé les scientifiques à examiner de près le contrôle volontaire qu'un individu peut exercer sur le fonctionnement de son corps : d'une part des études prometteuses faites sur des rats concernant l'influence consciente qu'ils avaient sur les fonctions internes; d'autre part, des recherches sur certains êtres extraordinaires qui semblaient capables d'accomplir des faits surhumains.

Emboîtant le pas au psychologue russe Ivan Pavlov, Neal Miller et ses collègues de la Rockefeller University démontrèrent que les fonctions autonomes peuvent être modifiées grâce à un processus d'apprentissage planifié. Travaillant d'abord sur des rats, dont le système nerveux volontaire avait été paralysé par de petites doses de curare, Miller démontra qu'ils pouvaient modifier leur pression artérielle, leur rythme cardiaque, les contractions péristaltiques et la formation de l'urine pour éviter des chocs électriques. L'emploi du curare assurait que les rats ne parvenaient pas à ce contrôle en utilisant le système nerveux volontaire pour resserrer les muscles autour des vaisseaux sanguins[2].

Ces études indiquent clairement que les rats avaient

modifié leurs réponses internes aussi automatiquement que le chien de Pavlov avait appris à saliver en entendant une cloche. Le travail de Miller démontra que les réponses autonomes pouvaient être contrôlées et modifiées en réponse à des récompenses et des punitions. Cela suggérait que, par une manipulation intelligente de récompenses et de punitions, les patients pouvaient aussi apprendre à réguler ces fonctions, responsables de nombreuses maladies.

En effet, le traitement du bio-feedback suit ce modèle simple (sans curare évidemment puisqu'ils n'est pas vraiment important de savoir si les individus se servent de leurs muscles volontaires pour aller mieux). Le patient est récompensé — par une bonne santé, un encouragement et un sentiment de puissance personnelle — lorsqu'il parvient à modifier ses fonctions autonomes dans le sens voulu. Il est intéressant de voir qu'il apprend habituellement à contrôler ses réponses sans savoir comment. Tout comme le rat, on peut même ne pas lui dire quelles fonctions corporelles sont surveillées et récompensées; le processus d'apprentissage tout entier peut être inconscient.

Mais le contrôle conscient est le but ultime du bio-feedback. Chaque patient devrait finalement être capable, volontairement, de diminuer sa pression artérielle, de relâcher ses muscles ou de changer n'importe quelle autre réponse physique que la science peut surveiller cliniquement : ondes cérébrales, température et résistance de la peau, rythme cardiaque.

Quelles sont les limites du contrôle conscient sur les processus internes? Certaines études ont été menées sur des sujets extraordinaires ayant atteint un contrôle interne étonnant. Ces individus sont souvent des produits de systèmes religieux non occidentaux, plus particulièrement de la tradition yogique hindoue, qui met en avant non seulement l'unité corps-esprit, mais aussi la prise de conscience et le contrôle de tous les fonctionnements internes de l'être. Vous avez sûrement entendu parler de yogis qui pouvaient dormir sur des lits de clous, marcher sur des charbons ardents, cesser de respirer ou vivre en extase permanente. Leurs exploits devraient nous inciter à spéculer sur la façon dont ils y parviennent et à chercher comment chacun peut apprendre à les imiter.

Ayant entendu dire que Swami Rama, enseignant hindou éduqué en Occident, pouvait arrêter son cœur, contrôler ses ondes cérébrales à volonté et accomplir divers autres actes surprenant, Elmer et Alice Green l'invitèrent à la Meninger Foundation pour pouvoir vérifier ces déclarations. Au cours d'une série d'examens de ses réponses physiologiques, Swami Rama fit preuve d'un étonnant contrôle sur la plupart de ses fonctions autonomes : rythme cardiaque, circulation sanguine, température, douleur, ondes cérébrales et la plupart des muscles internes.

Le dernier jour de son séjour, tout en étant branché sur divers appareils de contrôle, Swami Rama arrêta effectivement son cœur, manœuvre dangereuse et apparemment impossible. Pour y parvenir, il lui fallait contraindre les muscles de son cœur à se contracter si rapidement — plusieurs centaines de fois à la minute — que le sang ne puisse plus couler à travers. Et son cœur s'arrêta. Et ce, de façon contrôlable, près de trente secondes[3].

Enfant, l'enseignant américano-hollandais Jack Schwartz découvrit qu'il possédait un grand nombre de facultés extra-sensorielles et de pouvoirs de contrôle interne. Il peut se passer une aiguille sale à travers le bras sans provoquer de saignement ni d'infection. L'aiguille enlevée, la blessure se referme facilement et aucune cicatrice ni croûte n'apparaît. Schwartz enseigne sa technique de « conscience focalisée », semblable à la méditation, au cours de séances publiques. Des spectateurs sont alors capables eux aussi de se transpercer le bras avec l'aiguille[4].

Schwartz a été observé par divers chercheurs et médecins. Tous concluent qu'il est clairement possible de contrôler l'infection, le saignement et la conscience de la douleur. On comprend l'importance de cela dans les traitements chirurgicaux et médicaux.

Si quelques individus peuvent accomplir de tels faits, pourquoi d'autres n'en seraient-ils pas également capables? Il est peu probable que ces adeptes soient des monstres génétiques et, en ce qui concerne Jack Schwartz, il ne lui a pas fallu passer par une longue et difficile période d'entraînement. Ces facultés peuvent-elles être enseignées? Cette question a permis la mise en place et le développement du traitement par le bio-feedback. Le contrôle de soi interne et volontaire est potentiellement plus sûr et plus puissant que les médicaments; pourquoi ne pas étudier l'ensemble des facultés naturelles de l'homme?

Certains chercheurs demandèrent simplement aux adeptes comment ils accomplissaient ces faits extraordinaires. Des réponses qu'il reçut, Erik Peper, ancien directeur de la Bio-feedback Society of America, conclut que deux facteurs communs permettent de parvenir à un contrôle de soi viscéral : 1. l'attention passive, plutôt que la tentative active et 2. l'accent mis sur le processus lui-même ainsi que l'attention qui lui est portée plutôt que sur la conséquence ou sur le but[5]. Les adeptes disent entrer dans un état particulier de conscience dans lequel leur attention est concentrée non sur un but final objectif mais sur les sensations présentes, ici et maintenant, dans le corps*. Ni Swami Rama, ni Jack Schwartz, ni même Ellen n'ont appris à s'autoréguler en s'y forçant.

Peper nota que lutter pour atteindre un but et l'anticiper dérangent le processus de contrôle physiologique de soi puisque ces deux actes contribuent au raidissement des muscles et à la mise en place de la réaction d'alerte, processus autodestructeurs. Selon lui, il faut se laisser aller et permettre au changement d'avoir lieu. Cette sagesse est à la base de toute détente, méditation et exercice de maîtrise de soi.

Le bio-feedback, phénomène d'apprentissage

La machine du bio-feedback est un engin de reproduction sensible et objectif qui ne doit être considéré que comme un outil — un appareil de mesure — faisant partie d'un processus complet d'apprentissage. Malheureuse-

* « États modifiés de conscience » ou « états psychophysiologiques modifiés » : cf. Yujiro Ikeni in Science et Conscience, les deux lectures de l'univers, Stock (Ndt).

ment, le bio-feedback est parfois simplement associé aux machines, ce qui revient à confondre le chirurgien et ses outils. L'adresse, l'assiduité et l'engagement de celui qui apprend ainsi que la qualité du processus d'apprentissage en sont les éléments cruciaux.

Quelle utilité peut-il y avoir pour la guérison de s'asseoir dans un laboratoire, branché sur une machine de contrôle et de recevoir des récompenses (des centimes peut-être) pour chaque clignotement d'une ampoule (signifiant, par exemple, une diminution de la tension musculaire ou de la pression artérielle)? Pas grand-chose. Les électrodes enlevés, le patient peut partir et avoir une crise cardiaque une heure plus tard s'il est soumis à un stress. Le contrôle conscient, hors du laboratoire, est donc primordial; avec ou sans machine.

Neal Miller et ses collègues furent confrontés à ce dilemme lorsqu'ils cherchèrent à rendre cliniquement utiles leurs découvertes. S'ils pouvaient enseigner à un individu à produire une réponse en laboratoire, tout comme pour les rats, le changement n'était parfois que temporaire. Le patient devait donc apprendre à percevoir et à contrôler consciemment sa vie de tous les jours.

L'une des premières patientes de Miller fut Robin, une jeune femme qui souffrait d'un léger trouble cérébral, aggravé d'une hypertension artérielle essentielle (un accroissement dangereux de la pression artérielle sans cause évidente). Bien qu'elle ne ressentît aucune gêne particulière, l'élévation chronique de sa tension pouvait la mener à d'autres maladies plus graves, durcissement des artères ou crise cardiaque. Les médicaments par lesquels on traite habituellement l'hypertension ont des effets secondaires indésirables. Miller pensait que Robin, qui était hospitalisée et qui pouvait donc suivre un traitement à long terme — et strict — pourrait apprendre à diminuer sa tension artérielle grâce au bio-feedback.

Robin fut reliée à une machine qui mesurait les changements de pression du sang coulant à travers ses veines. Au début, les fluctuations semblaient survenir au hasard. Sa pression artérielle augmentait ou diminuait irrégulièrement. Elle ne savait pas du tout à quoi cela était dû. Et cependant, que se passerait-il si elle prenait conscience de ce que sa pression artérielle augmentait chaque fois qu'elle ressassait sur sa maladie? Et que chaque fois qu'elle pensait à se détendre chez elle, et à retrouver la santé, sa pression diminuait? Finalement, en obéissant à des impressions et des indications subtiles et en se sensibilisant à l'écho immédiat de ses progrès rapides, elle apprit à ramener sa tension à un niveau acceptable. Cela lui prit néanmoins des semaines de travail acharné avec l'aide de la machine.

Lorsque sa pression artérielle diminuait, une lampe, sur l'appareil dont se servait Robin, s'allumait. Elle ne réagissait pas lorsque sa tension se stabilisait ou s'élevait. Le but de Robin était de maintenir la lampe allumée; cela signifiait que son corps travaillait dans la bonne direction. Sa récompense — la lumière brillante et une santé meilleure — ne venait que lorsqu'elle atteignait une pression artérielle plus faible.

Grâce au succès de son apprentissage, Robin put arrêter de prendre ses médicaments. Immédiatement, sa pression artérielle augmenta. Mais, après quelques jours de plus à la machine de bio-feedback, elle fut de nouveau capable de la faire baisser.

Le bio-feedback changea-t-il la conscience que Robin avait de ses fonctions organiques? Ou n'était-ce qu'une réaction inconsciente, comme celle des rats? Ce qu'elle raconte de son entraînement porte à croire que cela tenait un peu des deux :

> J'étais décidée à réussir. Il me semblait que c'était la seule partie de mon entraînement sur laquelle j'avais la moindre influence et, de naissance, je suis quelqu'un qui tient au succès. Au début, il me sembla que baisser ma tension n'était qu'une ruse musculaire. Je pensais qu'il suffisait de relâcher mon estomac, ma poitrine, ma respiration, mais rien de cela ne marchait. Je m'aperçus que je pouvais la diminuer en jouant avec mes muscles mais que je ne pouvais la maintenir plus faible qu'en « détendant » mon esprit. Tout cela semblait dépendre du fait que je libère mon esprit de toutes les pensées sources de stress. C'est presque comme pour le yoga, pratiquement de l'autohypnose... Aug-

menter la tension est beaucoup plus facile que la diminuer. Il suffit de respirer un grand coup et de penser à des choses irritantes — je me souvenais par exemple de quelque imbécile que j'avais connu et sa bêtise me remettait en colère. Mais n'importe quel effort mental, même pour additionner un tas de gros chiffres, semble avoir le même effet...

En faisant très attention, je crois que je peux dire quand ma pression est élevée ou faible, mais il ne m'est pas toujours facile de la maintenir faible : quand j'essaie de la diminuer, je sais que parfois elle augmente et je le sens. Mais ma manœuvre pour la réduire met quelques secondes avant de marcher. Je ne sais pas très bien pourquoi. Il semble y avoir comme une vibration dans ma tête lorsque ma tension est forte. Un jour, juste avant de quitter l'hôpital, je fus consciente du sang se ruant vers mes artères; je savais que ma tension était élevée et cela m'effraya un peu. J'appelai une infirmière. Elle me prit ma tension : 22. Bien au-delà de ce qui était alors normal pour moi. J'essayai de la diminuer grâce aux techniques que j'avais apprises puis je lui demandais de la reprendre. Elle était redescendue à 14[6].

La pression artérielle est donc très variable et répond particulièrement au stress de la vie. Les hauts et les bas se reflétaient clairement dans les changements de tension de Robin. Il est certain que l'entraînement du bio-feedback lui avait appris à la diminuer en laboratoire. Mais, ce qui est beaucoup plus important, elle avait acquis une conscience aiguë de la signification des sensations internes et des sentiments, ce qui lui permettait de poursuivre son contrôle en dehors du laboratoire.

Comme beaucoup de patients du bio-feedback qui ont réussi, Robin avait besoin de revenir périodiquement aux machines pour renforcer ce qu'elle avait appris. Elle s'apercevait parfois que lorsque des sentiments négatifs ou des stress l'assaillaient, sa tension augmentait. Mais elle en prenait presque immédiatement conscience. Malgré son long entraînement, elle ne pouvait pas toujours diminuer sa tension sans retourner au laboratoire. Cependant, après quelques jours de révision, elle pouvait la ramener à un niveau acceptable. Le bio-feedback est donc un processus continu.

De nombreux patients me demandent de leur faire suivre le traitement du bio-feedback comme s'il s'agissait d'une nouvelle pilule. Ils semblent prêts à jouer le rôle traditionnel du patient, la soumission passive, et ne reconnaissent pas celui qu'ils doivent jouer pour vaincre la maladie. Beaucoup pensent qu'ils peuvent se brancher sur la machine et changer instantanément.

Ils ont tort. Le bio-feedback est un long traitement qui exige des heures d'entraînement pour apprendre à atteindre le contrôle de soi. De surcroît après avoir travaillé avec l'appareil, le patient doit consacrer de nombreuses heures chez lui à essayer de reproduire le succès remporté en laboratoire.

Ce malentendu disparaîtrait si les individus comprenaient que le bio-feedback n'est pas un traitement médical mais plutôt un processus d'éducation ou de développement d'aptitudes. Pour parvenir au moindre changement physiologique significatif, le bio-feedback exige plus de vingt séances d'entraînement d'une heure en laboratoire ainsi qu'une pratique et un examen de soi-même quotidiens chez soi. Cependant les récompenses qu'offre cet engagement vers le changement peuvent être immenses.

Naturellement, la valeur du bio-feedback comme outil clinique a ses limites. Il sera inutile si les fonctions physiologiques particulières qui ont besoin d'être surveillées ne sont pas facilement accessibles — sans avoir recours, par exemple, à une piqûre intraveineuse. De plus, la fonction doit aussi pouvoir être contrôlée — c'est-à-dire que certains processus physiques (la tension artérielle par exemple) ne semblent réceptifs qu'à une régularisation limitée, inférieure à ce qui peut être cliniquement nécessaire.

Les fonctions internes les plus faciles à modifier grâce au bio-feedback sont évidemment les plus proches de la conscience. La tension musculaire, par exemple, est facile à détecter à la surface de la peau et, parce que certains muscles sont sous contrôle conscient, l'individu peut rapidement apprendre à relâcher la tension musculaire grâce à un type de bio-feedback appelé EMG (électromyographe).

Évidemment, le bio-feedback fonctionne mieux lorsque l'individu n'est gêné que par un seul symptôme localisé. La maladie de Raynaud (étranglement de la circulation du sang provoquant des extrémités anormalement froides), un rythme cardiaque anormal, une atrophie particulière d'un muscle sans dégât organique, la brycomanie (grincer des dents) et d'autres cas liés à la tension chronique dans un groupe de muscles précis ainsi que certains types de maux de tête sont tous des troubles contre lesquels le bio-feedback peut être durablement efficace. Certains symptômes peuvent en fait être définitivement modifiés par la pratique du bio-feedback.

Bernard Engel enseigna à des patients atteints d'arythmie cardiaque (un symptôme relativement faible semblable à l'hypertension qui peut avoir de graves conséquences sur la santé) à reconnaître l'irrégularité de leur rythme cardiaque en regardant des signaux lumineux. Au bout d'un certain temps, ils purent non seulement la sentir, mais aussi la contrôler. Une étude effectuée plusieurs années après révéla qu'un grand nombre de ces patients avaient gardé leur sensibilité et maintenaient le fonctionnement régulier de leur cœur. Plusieurs n'avaient même plus besoin de médicaments : preuve clinique impressionnante[7].

En général, les réactions physiologiques qui produisent la maladie étant complexes, interdépendantes et délicates à mesurer, il est difficile d'utiliser le bio-feedback pour les soigner. Mais, dans certaines situations, le bio-feedback peut certainement être efficace, surtout s'il est combiné avec une méthode de méditation ou de relaxation.

Parce que l'équipement du bio-feedback est cher et que l'entraînement peut être ardu, ceux qui pratiquent la médecine holistique se sont souvent tournés vers un entraînement non technologique destiné à permettre une conscience et un contrôle de son corps. Certains n'utilisent le bio-feedback que pour effectuer un diagnostic et évaluer leurs résultats cliniques. Les techniques telles que la méditation, la relaxation et l'imagerie mentale peuvent être facilement apprises, sans équipement, en quelques séances. Elles aident globalement à détendre et à modifier la réponse du corps au stress.

Un programme d'entraînement au bio-feedback

Un programme d'entraînement au bio-feedback suit plusieurs étapes (applicables à tout traitement holistique) :

1. Diagnostiquer et observer clairement le problème et son contexte dans la vie du patient.
2. Choisir une stratégie et des modalités de traitement.
3. Pratiquer, en clinique comme chez soi, cette nouvelle aptitude.
4. Pratiquer cette nouvelle aptitude dans les conditions particulières où la plupart des problèmes surgissent.

Il s'agit tout d'abord de déterminer et d'observer avec exactitude ce qui ne fonctionne pas correctement dans votre corps et les fonctions qui ont besoin d'être modifiées. Pour cela, il faut évaluer le degré de tension ou de stress qui pèse sur votre vie et reconnaître les événements ou les situations qui le provoquent. Pour rassembler des informations physiologiques, vous pouvez utiliser les approches médicales traditionnelles ou appliquer certaines techniques introspectives d'autodiagnostic. Il vous faudra peut-être tenir un carnet consciencieux de vos symptômes, difficultés ou habitudes — de jour en jour ou même d'heure en heure — pour évaluer clairement les changements nécessaires.

Ensuite vous devez choisir le traitement approprié, le suivre et le pratiquer régulièrement. A ce stade vous pourrez apprendre à pratiquer le contrôle interne dans le laboratoire de bio-feedback tout en essayant de découvrir les moyens de reproduire ces succès hors de la clinique. Il est essentiel que vous poursuiviez chez vous non seulement l'entraînement bio-feedback mais aussi la méditation, la relaxation et les techniques d'imagerie mentale. Le but est d'aiguiser votre conscience du mauvais fonctionnement de votre corps au moment où il se produit et de développer votre faculté à renverser immédiatement une réponse psychophysiologique inappropriée ou inefficace.

Enfin, il vous faut apprendre à modifier vos réponses dans les situations qui causent réellement le plus de dégâts. La femme qui s'entraîna dans le laboratoire de Miller, par exemple, avait en fait besoin de maintenir à un faible niveau sa tension artérielle au cours de situations de stress émotionnel particulier. Finalement, il vous faudra apprendre à modifier votre réponse aux situations de la vie qui provoquaient dans le passé — et pourraient le faire encore — des problèmes menant à un dysfonctionnement physique ou à une maladie.

Une de mes patientes souffrait de douleurs dans le bas du dos. Lors d'un cours qui incluait des conférences et des discussions, je lui parlai d'abord de la santé et de la guérison en général. Elle accepta ensuite de suivre un traitement.

Elle se mit à examiner les facteurs de sa vie qui avaient pu aggraver sa douleur. Elle reconnut des liens entre sa douleur et son emploi (qu'elle détestait), d'une part et la maladie de son mari (qui, pensait-elle, l'énervait par sa dépendance) d'autre part. Elle fit une liste des périodes de la journée où sa douleur la faisait le plus souffrir et de ses activités, sentiments et besoins à ces moments-là. Elle nota aussi ce qui la faisait se sentir mieux, comme prendre de l'exercice.

La consultation et l'examen physique de son médecin ne révélèrent aucune lésion évidente et éliminèrent donc toute nécessité d'une approche médicale traditionnelle. Elle fut alors prête à se créer un plan de traitement personnel, faisant appel à un entraînement à la relaxation, en cours comme chez elle. Pour qu'elle puisse apprendre à détendre ses muscles dorsaux, on l'initia aussi au bio-feedback. Elle acquit finalement la faculté de détendre son corps tout entier, plus particulièrement son dos, quand elle le voulait. J'explorai aussi avec elle les moyens de modifier ses conditions de vie chez elle et à son travail et parlai avec son mari des exigences de la vie de couple.

En quelques semaines elle devint une adepte de la relaxation. Son mari de même. Il s'en servit pour faire face au stress de sa propre vie. Les tensions conjugales diminuèrent et elle changea d'emploi.

Maintenant, chaque fois qu'elle ressent un certain stress, elle fait immédiatement ce qu'il faut pour se détendre ou libérer la tension. Au lieu de se transformer en pelote de nerfs, elle a appris à répondre en se calmant. Ses symptômes dorsaux sont de plus en plus rares.

L'un des bénéfices secondaires attirants dans cette approche holistique est un sentiment de confiance en soi et de bien-être. Avant notre coopération, elle se sentait impuissante à contrôler son corps et sa douleur. En fait, elle s'attendait à ce que son corps la trahisse chaque fois qu'elle avait besoin d'énergie ou de vigueur. Tout cela a changé. Elle est maintenant capable de mobiliser son corps pour satisfaire ses désirs.

Par ailleurs cette confiance et ce pouvoir s'étendent souvent à d'autres aspects de la vie d'un individu. Celui qui achève avec succès un traitement holistique faisant appel au bio-feedback acquiert souvent une image de lui-même plus positive et une nouvelle foi en sa capacité d'accomplir ce qu'il veut dans d'autres domaines.

Il apparaît clairement aujourd'hui que l'instrument médical le plus efficace pour soulager le stress pathologique semble être le même que celui qui a permis à l'humanité de domestiquer le monde extérieur : la conscience et le contrôle de soi. La révolution médicale engendrée par le bio-feedback représente donc une étape vers l'intériorisation et un franchissement de la frontière artificielle séparant le corps de l'esprit qui nous aident à mieux connaître notre fonctionnement interne et à prendre conscience des ressources mentales trop peu utilisées qui maintiennent notre santé en équilibre.

15

CONTRÔLER LE COMPORTEMENT AUTODESTRUCTEUR

Les individus ne s'inquiètent de leur santé qu'au moment où ils la perdent. Les tentations propres à une civilisation dont l'économie dépend d'une production et d'une consommation élevées déjouent les timides tentatives pour vivre plus sainement... Nous connaissons l'injure du temps; nous savons comment améliorer notre santé ; et cependant nous ne faisons rien pour... Prévenir la maladie exige l'abandon des mauvaises habitudes dont tant d'individus tirent plaisir : manger trop, boire trop, prendre des pilules, veiller tard dans la nuit, coucher avec n'importe qui, n'importe où, n'importe comment, conduire trop vite et fumer des cigarettes. Ou, si vous préférez, prévenir la maladie implique de faire des choses nécessitant un effort particulier : prendre régulièrement de l'exercice, aller chez le dentiste, utiliser les contraceptifs, garantir une vie familiale harmonieuse, se soumettre à des examens médicaux approfondis. L'idée de la responsabilité individuelle vole dans les plumes de l'histoire des États-Unis qui a vu un peuple s'attacher à sanctifier la liberté individuelle tout en la limitant progressivement en développant un État de bienfaisance... La paresse, la gloutonnerie, l'alcoolisme, les comportements de chauffards, le délire sexuel et la tabagie se paient aujourd'hui par une responsabilité nationale et non plus individuelle... Je crois que l'idée d'un « droit » à la santé devrait être remplacée par l'obligation morale pour chacun de préserver sa santé — par un devoir civique, si vous voulez.

John KNOWLES

Depuis quinze ans, Lynn, qui venait d'atteindre la quarantaine, prenait régulièrement du poids. Elle entra dans notre clinique après un diagnostic de tension artérielle dangereusement élevée. J'appris qu'elle avait, au cours des années, perdu des dizaines de kilos grâce à des régimes draconiens et des cures thermales, mais qu'elle les avait chaque fois repris. Souffrant de troubles graves en partie dus à ses habitudes alimentaires, elle avait suffisamment peur pour essayer de changer de façon durable. Elle voulait bien se soumettre à un régime spécial — faible en cholestérol, sel et calories — essentiel à un contrôle efficace de sa tension artérielle.

Comme beaucoup, Lynn entretenait avec la nourriture et avec son corps un rapport émotionnel complexe. Comme le lui avaient appris ses parents, elle considérait les aliments riches et savoureux comme des cadeaux. Elle se sentait totalement dénuée de volonté quand il s'agissait d'éviter de manger. Son corps ne lui avait jamais semblé aimable ; elle s'était toujours perçue comme grosse et laide. Mis à part son visage et ses mains délicatement dessinés, l'image qu'elle se faisait d'elle-même était ronde et informe. Ses parents lui avaient appris dès son plus jeune âge que son corps n'était pas là pour lui apporter du plaisir. Elle n'avait qu'une faible conscience de son corps et l'exercice n'était pour elle que pur esclavage.

Pour lui faire prendre conscience de ses habitudes, sentiments et comportements face à l'alimentation et à la santé, je commençai le traitement par une période d'auto-observation. Elle garda sur elle un carnet où elle notait quotidiennement ce qu'elle mangeait, où et quand, comment elle se sentait, avant et après les repas, l'exercice qu'elle prenait et les événements stressants de la journée. Après une semaine passée à s'observer, elle s'angoissa et se déprima en voyant combien elle était « mauvaise » et combien son état était désespéré. L'énormité du processus l'obsédait et, dans son esprit, son pouvoir à se contrôler lui semblait inférieur à la tâche à accomplir.

Un individu a besoin, pour changer, de faire, dès le début, l'expérience de quelques succès qui lui démontrent qu'il peut modifier ses habitudes et sa vie. Je décidai que la première tâche de Lynn serait d'accroître sa conscience de son corps et son contrôle du stress, tous deux contribuant indirectement à son alimentation. C'était une tâche facile et plaisante. Et, en l'accomplissant correctement, elle se sentirait peut-être plus motivée pour entreprendre les exercices plus difficiles qui suivraient. Parce qu'elle avait toujours échoué à modifier ses schémas d'alimentation, je pensai que ce qu'elle mangeait ne devrait être abordé qu'après qu'elle eut réussi à effectuer d'autres changements.

J'enseignai d'abord à Lynn un exercice de relaxation à l'aide d'une cassette. Je lui suggérai d'essayer de se détendre lors des périodes les plus tendues de la journée et plus particulièrement aux moments où elle avait l'habitude de manger. Mon but était de lui enseigner une nouvelle réponse au stress : remplacer son alimentation autodestructrice et inefficace par l'habitude agréable de la relaxation.

Pour l'aider à trouver des moyens d'utiliser facilement son corps de façon agréable et adaptée à son mode de vie, je lui fis entreprendre un programme d'exercices. Elle aimait nager et faire de la bicyclette. Je lui suggérai d'en faire avec un ami, ce qui l'obligea à s'engager plus avant dans l'exercice. Elle remplaça son café et ses gâteaux matinaux par une baignade et une randonnée à vélo. Après seulement deux semaines de ce régime, elle se sentit physiquement mieux, plus confiante, vivante et moins oppressée. Incidemment, au cours de cette période, je lui avais dit de ne pas se peser et de manger ce qu'elle voulait pour qu'elle oublie ce problème.

Alors seulement nous nous attaquâmes à ses habitudes alimentaires, en visant des buts faciles. Parce que c'était elle qui préparait les repas de sa famille comme le sien, cette phase du programme nécessita la coopération et la participation des membres de la maison et plus particulièrement de son mari. Il était mince et sain et le poids de sa femme ne le préoccupait pas vraiment. Il la taquinait quand elle suivait des régimes et lui demandait toujours de grands repas. Ses fils, adolescents athlétiques, aimaient les aliments riches en calories et en sucre. Cela laissait prévoir des conflits directs si Lynn voulait changer.

Comment encourager sa famille à aider Lynn à changer? En fin de compte, sa santé devint une motivation suffisante. Lorsque Lynn s'inscrivit à un cours spécial de cuisine diététique, les alternatives moins riches en calories devinrent plus agréables pour les autres.

Elle accepta de se servir de plus petites quantités de nourriture, de manger plus lentement et d'éviter les desserts. Tout le monde abandonna le vrai café pour le décaféiné. Son mari récompensa ses efforts par des massages et d'autres attentions.

En fait, les repas familiaux n'étaient pas le plus important problème de Lynn. Son alimentation la plus désastreuse survenait quand elle était seule chez elle, angoissée, inactive ou oppressée. La nourriture de mauvaise qualité qu'elle gardait dans ses placards favorisait cette attitude.

Le changement de comportement de Lynn nécessitait donc trois étapes. D'abord, restructurer son environnement. Un grand nombre d'aliments furent ainsi éliminés des listes de courses. Elle se mit à éviter consciemment la cuisine. Les conversations familiales sur la nourriture furent restreintes. Lorsque la tentation de manger devenait trop forte, elle devait faire autre chose : sortir de la maison, téléphoner à un(e) ami(e) ou se rappeler son engagement envers le changement et les bénéfices qu'elle en tirerait.

Il lui fallut ensuite analyser les pensées et les sentiments les plus profonds qu'elle associait à la nourriture, au poids, à la santé et à son corps. Lynn découvrit, par exemple, qu'elle n'était pas sûre de plaire et d'attirer si elle était mince. Après avoir clairement pris conscience de la façon dont elle liait la nourriture à l'autorécompense, elle se créa un nouveau système de croyances : elle décida qu'elle se récompenserait en *ne* mangeant *pas* et qu'elle se sentait vraiment mieux lorsqu'elle limitait sa quantité de nourriture.

Elle se mit finalement à examiner les buts positifs qu'elle voulait atteindre. Concluant que le fait de manger n'avait servi qu'à lui cacher un sentiment de vide intérieur et un manque de relations significatives, elle chercha un emploi et modifia quelque peu ses liens conjugaux.

Lynn perdit régulièrement du poids pendant un an. Elle s'inscrivit à un groupe de soutien au sein duquel d'autres individus tentaient eux aussi de transformer leur vie. Sa tension artérielle diminua et, par conséquent, elle eut moins besoin de médicaments. Elle se sentit mieux et plus optimiste quant à son avenir.

Certaines des choses que Lynn ne fit pas valent d'être notées. Elle ne se pesa pas quotidiennement et ne chercha pas à savoir si elle prenait ou perdait du poids. Elle ne s'astreignit pas non plus à un régime strict et ne compta pas les calories. Au lieu de cela, elle modifia ses attitudes fondamentales : schémas et comportements face à l'alimentation, à l'exercice, à son corps et à elle-même. La nourriture — manger ou non — perdit de son importance, cédant la place à d'autres aspects de sa vie. En l'espace d'un an elle réussit à changer de façon permanente son comportement autodestructeur.

Le problème dont souffrait Lynn est celui d'une majorité d'Américains : alimentation automatique et inconsciente devenant peu à peu dangereuse pour la santé. Certaines études indiquent que près de 90 % d'Américains mourront prématurément de maladies de civilisation provoquées, directement ou indirectement, par les rapports qu'ils entretiennent avec la nourriture, l'exercice et l'environnement [1].

Nous sommes presque tous conscients des facteurs de risques courants que nous devons affronter. Rares sont ceux d'entre nous qui n'ont jamais essayé de suivre un régime ou de faire de l'exercice. Je connais un grand nombre de personnes qui semblent multiplier les tentatives de changement, mais ne réussissent jamais.

Peut-être vous êtes-vous demandé pourquoi il est si difficile, après avoir décidé de parvenir au contrôle de soi, de se consacrer honnêtement à cet effort. Le plaisir à court terme du comportement inadéquat — et la nature tardive de ses conséquences négatives — en est certainement une des raisons. Il est beaucoup plus facile de devenir un demi de mêlée en fauteuil que de faire activement du sport. De plus, l'effet désastreux de votre vie sédentaire peut ne pas se faire sentir avant dix, vingt ou même trente ans. Certains préfèrent faire face à la vie en joueur, pariant de ne jamais contracter de maladie cardiaque ou de cancer. La négation de la mort par la société occidentale et son ignorance des limites du corps et du soin approprié entretiennent cette attitude.

Mais, même ainsi, notre corps nous dit un jour ou l'autre de changer. Nous commençons à ressentir les effets de notre comportement négatif et décidons par conséquent de modifier nos habitudes alimentaires, notre consommation de tabac et de mieux traiter notre corps. Nous canalisons notre énergie pour résister au courant des habitudes et des désirs apparents. Cependant, quelle que soit notre volonté, nous retombons souvent dans nos vieilles habitudes.

Confronté à une telle situation, il vous faut appliquer les principes psychologiques fondamentaux du comportement et des connaissances acquises. Plutôt que d'essayer de vous imposer un changement, suivez progressivement — peut-être avec un guide, un aide ou au sein d'un petit groupe pour vous faciliter la tâche — un programme complet et efficace de transformation du comportement. Quels que soient les habitudes ou les schémas que vous voulez changer, le même principe général s'applique.

Habitudes et santé

La plupart des activités quotidiennes sont automatiques et inconscientes. Quand je me réveille, je suis mes rituels du matin : je prépare parfois le petit déjeuner et j'aide mes enfants à commencer leur journée sans être conscient de ce que je fais. Je conduis, je fais la cuisine, je nettoie, je marche, je tape à la machine et accomplis des dizaines de choses sans jamais me demander comment m'y prendre. En fait ma vie serait totalement différente si je devais ordonner à mon corps d'accomplir chaque mouvement et d'y penser en envoyant chaque ordre. Mais, heureusement, mon corps effectue tous les schémas complexes des mouvements sans que j'intervienne consciemment.

En fait, la plus grande partie de nos activités quotidiennes, tout comme nos processus organiques internes, prennent donc habituellement place hors de notre conscience mais peuvent être délibérément modifiées. Bien que nos habitudes soient nos serviteurs, elles peuvent aussi nous tourmenter et nous nuire. C'est pourquoi il est courant de les nommer « bonnes » ou « mauvaises ». Avec le temps, les mauvaises habitudes peuvent mener à la maladie et aux troubles physiques.

« Les gens savent ce qu'ils doivent faire et ne le font pas! » Telle est la complainte que j'entends le plus souvent, venant non seulement de médecins, mais aussi de patients et d'amis. Une société qui s'est vouée à la plus grande liberté individuelle se trouve aujourd'hui prise au piège : il lui faut inventer des stimuli pour pousser chaque individu à se comporter sainement quand ses amis et son environnement l'entraînent dans l'autre direction. Malheureusement, il est plus difficile de briser une habitude que de s'en créer une.

La recherche récente de Lester Breslow, doyen de la School of Public Health à l'UCLA, démontre les bénéfices potentiels de la plus élémentaire hygiène. Sept mille personnes âgées, actives et en bonne santé, demeurant en Californie, dans l'Utah et au Nevada furent questionnées sur leur comportement quotidien et leur passé médical récent. Leur état de santé fut ensuite observé pendant six ans.

Les résultats indiquent que sept habitudes simples peuvent considérablement déterminer l'état de santé et l'espérance de vie d'un individu. Plus ces sept habitudes font partie de sa vie quotidienne, mieux se porte l'individu. La santé de celui qui les suit toutes les sept équivaut à celle d'un homme de trente ans plus jeune qui les ignore toutes. L'espérance de vie dépend étroitement du nombre de ces habitudes suivies : un homme de quarante-cinq ans qui en suit trois ou moins peut espérer atteindre soixante-sept ans, alors que celui du même âge qui en suit six ou sept devrait vivre jusqu'à soixante-dix-huit ans. (Évidemment ce ne sont pas des prédictions, mais des corrélations statistiques fondées sur le passé comportemental et sanitaire d'un grand nombre d'individus [2].)

Voici les habitudes qui peuvent allonger notre vie et améliorer notre santé :

1. Trois repas réguliers par jour; peu d'en-cas.
2. Petit déjeuner régulier.
3. Exercices modérés deux ou trois fois par semaine.
4. Sept ou huit heures de sommeil par nuit (pas plus).
5. Ne pas fumer.

6. Maintenir un poids raisonnable.
7. Peu ou pas d'alcool.

Combien de ces habitudes avez-vous adoptées? et votre famille? La plupart des individus questionnés par Breslow n'en suivaient en moyenne que deux ou trois.

Faites une liste de vos habitudes, routines et comportements qui peuvent nuire à votre santé. Après quelques jours d'auto-observation et de réflexion, certains individus ont dressé des listes de plus de cent éléments. Inscrivez les omissions — ce que vous ne faites pas tout en sachant que vous le devriez — ainsi que les techniques que vous utilisez pour traiter ou soulager vos maux et qui ne font que masquer les symptômes sans en explorer ou en modifier les causes. Par exemple, un grand nombre d'individus prennent une aspirine pour soigner un mal de tête sans essayer d'en comprendre l'origine ou les conditions stressantes qui l'ont provoqué et le reprovoqueront très certainement.

Programme de contrôle du comportement en cinq étapes

En psychothérapie, deux approches fondamentales permettant de changer et de contrôler le comportement dysfonctionnel s'opposent. La première méthode, issue de la théorie psychanalytique de Freud, suggère qu'un tel comportement est dû à des sentiments négatifs et refoulés. Le traitement vise à changer les sentiments cachés en espérant que le changement de comportement s'ensuivra automatiquement.

La seconde approche, plus récente, est appelée modification du comportement. Elle suppose que toutes les habitudes, négatives ou positives, sont apprises et que l'on peut donc nous enseigner à agir différemment grâce à certains principes fondamentaux. Ces techniques comportementalistes sont des ramifications du simple concept de la carotte et du bâton : éliminez ce qui, dans l'environnement, provoque les habitudes de santé néfastes et remplacez-les par de nouveaux facteurs favorisant un comportement plus positif. Les sentiments qui se cachent derrière le comportement sont sans rapport *.

Les deux écoles se sont attaquées à la maladie psychosomatique avec un certain succès. Mon travail associe ces deux visions. Toutes deux sont valables et ne s'excluent pas mutuellement. Un comportement négatif peut n'être qu'une mauvaise habitude. Mais il peut aussi avoir un rapport avec certains sentiments négatifs plus profonds ou qui s'expriment de façon détournée.

Le programme que j'utilise pour renverser les comportements dysfonctionnels comporte cinq étapes :

1. Observez-vous pour prendre conscience de la nature de l'habitude et de son contexte.
2. Mobilisez cette « force interne floue » que l'on nomme « motivation ». C'est elle l'énergie, la détermination qui vous guidera pendant tout le processus de changement.
3. Créez-vous une stratégie de changement et passez avec vous-même un contrat d'action spécifique.
4. Apprenez ou exercez-vous à réagir différemment aux situations qui vous mènent à répondre selon des habitudes; créez-vous-en de nouvelles mieux adaptées.
5. Trouvez un soutien dans votre entourage pour éviter de retomber dans un schéma répétitif.

Cette série peut être utilisée pour transformer pratiquement tous les types de mauvaises habitudes — depuis l'impuissance sexuelle, l'obésité, la timidité, les conflits conjugaux destructeurs jusqu'aux symptômes de stress, maux de tête, incontinence nocturne, douleur dorsale et insomnie. Chacune de ces mauvaises habitudes a été apprises par inadvertance et le traitement consiste à modifier l'environnement de telle sorte qu'il exige ou soutienne un comportement différent.

Examinons en détail chaque étape. Tout d'abord il vous faut étudier attentivement l'habitude, passer une semaine, un mois, à vous observer pour découvrir exactement quand, où et en quelles circonstances l'habitude s'est créée.

---

* *Behaviour Therapy :* forme de psychothérapie fondée sur la théorie de l'apprentissage. Syn. : thérapeutique de conditionnement. Cf. Rycroft, *Dictionnaire de psychanalyse* et *Apprendre à changer,* Dr G. Appeldorfer, coll. Réponses, R. Laffont éd. (N.d.T.).

Je vous conseille d'avoir sur vous papier et stylo, comme l'a fait Lynn, pour noter à quels moments certains types d'habitudes ou de sentiments apparaissent. Vous établirez ainsi, chaque jour, un inventaire des types de réponses, émotions et situations associées à votre problème.

Si, comme Lynn, vous voulez modifier vos habitudes alimentaires, portez sur la liste chaque bouchée que vous avalez, notez comment vous la mangez, où vous la mangez et ce que vous faites ou ressentez à ce moment-là et après. Ceux qui souffrent de maux de tête ou d'autres douleurs devraient porter sur leur liste l'intensité de leur malaise ou de leur stress, à intervalles d'une heure (sur une échelle de 0 à 5); ce qu'ils font et éprouvent à ce moment-là; comment ils y réagissent, sans oublier le médicament qu'ils utilisent.

Cette liste permet souvent à l'individu de se rendre compte pour la première fois de la place que prend la douleur ou le stress dans sa vie. Nous sous-estimons souvent la sévérité de nos difficultés. Nous ne voyons pas que nos réponses sont des habitudes. De plus, certains schémas apparaissent : certains d'entre nous, par exemple, ne souffrent de maux de tête ou de rhumes que le week-end et pendant les vacances.

J'ai traité une femme qui avait souffert de migraine presque toutes les semaines pendant de nombreuses années. Grâce à son inventaire, elle découvrit que ces maux de tête apparaissaient, de façon caractéristique, peu de temps après avoir accompli une chose qu'elle ne voulait pas faire ou après s'être mise en colère. Je lui demandai ensuite d'incorporer à sa liste quotidienne ce qu'elle faisait qui la rendait furieuse ou qu'elle n'aimait pas faire. La séance suivante, elle me dit qu'elle n'avait pas eu assez de papier pour les noter toutes. Cet exercice l'aida enfin à comprendre les réponses émotionnelles refoulées qui contribuaient à ses maux de tête.

En ce qui concerne le contrôle du poids, les schémas sont évidents. Notre vie de tous les jours nous oblige, pour être sociable, à manger souvent avec d'autres personnes. Nous mangeons aussi quand nous nous sentons seuls ou frustrés. Manger est ainsi souvent une tentative primitive (et inefficace) pour contrôler l'anxiété et le stress. Beaucoup le font de façon si inconsciente qu'ils sont incapables de s'ordonner d'arrêter. Mais, si vous tenez une liste, cela deviendra un acte conscient.

A ce stade, l'individu peut entamer la deuxième phase : la quête de l'insaisissable « motivation », cette énergie qui permet le changement. Elle est souvent considérée comme une force intérieure qui nous pousse à faire ou ne pas faire diverses choses. Mais les comportementalistes perçoivent la motivation, ou la volonté, comme le résultat final d'un certain nombre de facteurs internes et externes, dont un grand nombre sont contradictoires. Si la somme de ces facteurs est positive, nous agissons; sinon, nous n'agissons pas.

Quand un individu parle de trouver ou d'avoir une motivation, il entend peut-être par là se créer suffisamment de stimuli, ou éliminer suffisamment d'obstacles, pour accomplir un but précis. Par exemple, si nos salaires dépendaient de notre respect d'habitudes de santé correctes ou si le sucre, le tabac, l'alcool et les additifs alimentaires étaient des drogues interdites dont la possession entraînait un châtiment, nous nous porterions sans doute mieux. Cependant nous vivons dans un monde où la publicité nous persuade d'acheter et d'ingurgiter ces substances sans retenue. Nos vies sont faites pour satisfaire à court terme et non pour favoriser une santé durable.

Pour vous construire des motivations positives, notez d'abord toutes les raisons que vous voyez à chacune de vos mauvaises habitudes. Cette liste doit inclure tous les facteurs dus à l'environnement qui vous tentent ou vous persuadent de garder cette habitude : individus, situations, sentiments... Notez-y aussi les bénéfices obtenus de ces mauvaises habitudes. Si vous êtes malade, par exemple, vous êtes sans doute l'objet d'attentions, de soins, et d'aides de la part d'autres individus. Il peut être difficile d'abandonner une douleur dorsale — et la sollicitude qui l'accompagne — quand cela signifie retourner à un travail lugubre.

Faites ensuite une autre liste (souvent plus courte) des raisons de changer. Pour un grand nombre d'individus, la première est : « Le docteur me l'a dit. » Quand il ressent effectivement les conséquences d'une mauvaise habitude

— souffle court, douleur continue... — l'individu se sent encore plus poussé à changer.

Incidemment, il n'est pas inhabituel de ressentir une perte en abandonnant une habitude qui a pu être agréable. C'est pourquoi la motivation et les stimuli poussant vers un nouveau comportement doivent être puissants. Il vous faut donc dresser une troisième liste établissant une nouvelle stratégie vous permettant d'obtenir chacun des bénéfices que vous aviez jusqu'alors tirés uniquement de vos mauvaises habitudes. Vous pourrez, par exemple, demander une certaine attention ou prévoir un repos quotidien à heure fixe au lieu de vous plaindre de votre corps.

La troisième étape est primordiale. Elle exige que vous examiniez vos listes de stimuli, positifs et négatifs, et que vous établissiez un programme de changement. Un grand nombre d'individus s'attendent à ce que le médecin ou le thérapeute le fasse à leur place. Mais cette attitude passive inhibe l'engagement vers le changement.

Vous devez travailler de concert avec votre médecin ou votre guide à la création de ce programme. Il peut consister en un plan général et en petites étapes hebdomadaires ou mensuelles, mettant en avant certains changements. Les buts doivent être clairement définis et précis. Au lieu de lutter pour « perdre du poids », vous devez essayer de « perdre quinze kilos en six mois en modifiant le comportement alimentaire et en adoptant un programme d'exercices rigoureux ». Les raisons et les stimuli poussant vers le but, ainsi que les obstacles et les dissuasions, doivent être spécifiés.

Pour renforcer votre engagement, le programme doit être écrit et signé par vous, votre médecin et peut-être même un membre de votre famille ou un ami intime qui peut vous aider à le suivre. Vous trouverez peut-être aussi utile d'incorporer à votre régime des récompenses particulières. Par exemple, après avoir atteint vos buts de la semaine, faites quelque chose que vous aimez ou offrez-vous quelque chose de spécial. C'est un bon moyen de fortifier votre motivation.

La quatrième étape du programme de changement vous demande d'adopter de nouvelles habitudes plus saines. Comme n'importe quelle habitude consciemment choisie, au début de la période d'adaptation, elle ne semble pas naturelle. Il vous faut donc la pratiquer avec conviction. Elle deviendra rapidement automatique et facile.

Jouer un rôle — ou essayer réellement de nouvelles réponses dans des situations imaginaires — peut favoriser l'apprentissage de nouvelles habitudes. Par exemple, pourquoi ne pas prendre l'habitude de dire non ou même de quitter la table quand on vous offre de la nourriture, quand les autres fument autour de vous ou quand vous vous sentez en colère? Examinez les situations qui vous créent des problèmes et travaillez à y trouver de nouvelles réponses.

Cet apprentissage implique aussi de contrôler son environnement. Nous agissons souvent par réaction à lui. Si des aliments sont à portée de main, nous les mangeons peut-être sans y penser. Si nous nous accablons d'impératifs horaires irréalistes ou si nous nous levons trop tard pour prendre un petit déjeuner, jogger ou méditer, nous nous préparons à des ennuis de santé.

Le dernier pas vers la modification d'habitudes dysfonctionnelles est de vous assurer un soutien continu. L'environnement ordinaire faisant habituellement peu de cas d'un comportement sain, il vous faudra probablement recruter un groupe — par exemple votre famille — qui vous encourage. Évidemment, si vous essayez de perdre du poids, il est bon de vivre dans une maison qui ne renferme pas d'aliments riches en calories. Si vous venez d'arrêter de fumer, il est utile que votre famille et vos amis ne fument pas devant vous. En fait, il est plus facile pour une famille tout entière (ou un couple) que pour un individu seul de suivre un régime, de cesser de fumer ou d'adopter un programme d'exercices ou de relaxation. Une famille qui travaille de façon unie à modifier ses schémas comportementaux et qui s'amuse à le faire, se louant et s'encourageant mutuellement, offre le cadre le plus efficace.

Autre excellent moyen d'encourager un nouveau comportement : le groupe d'entraide, constitué d'hommes et de femmes ayant le même problème [3]. L'un des plus anciens, les Alcooliques Anonymes est entièrement fondé et dirigé par d'anciens alcooliques. A.A. a créé l'un des rares moyens efficaces de persuader les individus d'arrêter de boire. Ces dernières années ont vu naître d'autres groupes d'entraide qui recouvrent presque toutes les difficultés et les maladies. Ces groupes * soutiennent et encouragent le comportement adaptatif et viennent s'ajouter aux stimuli positifs présents dans l'environnement. Il peut vous sembler absurde de payer pour acquérir le privilège de vous mettre au régime et de vous peser publiquement chaque semaine, mais les applaudissements de vos pairs et la peur de les décevoir semblent des encouragements puissants pour perdre du poids et rester mince.

Je pense que vous l'avez maintenant compris : je ne peux offrir de programme miracle pour parvenir au contrôle du comportement pathologique. Je m'aperçois souvent que ceux qui cherchent de telles cures magiques, ou des changements faciles, tiennent en fait à préserver leur comportement. Parvenir au contrôle interne des habitudes destructrices exige un travail ardu : observer de près ces schémas, comprendre leurs racines et restructurer l'environnement de façon à encourager un nouveau comportement et de nouvelles habitudes.

* Cf. les Weight Watchers.

16

SE LIBÉRER DU PASSÉ ET CRÉER SON AVENIR

Écarter le noyau même de l'essence de l'homme sous prétexte de son invisibilité et de sa subjectivité c'est commettre la falsification la plus grave, un raisonnement subjectif qui laisse de côté la moitié vraiment décisive de la nature humaine. Sans ce flux subjectif sous-jacent, tel qu'on en fait l'expérience dans la rêverie éveillée, dans les rêves, dans les pulsions organiques, dans les idées non clairement formulées, dans les projections et dans les symptômes, le monde ouvert à l'expérience humaine ne peut être décrit ni rationnellement compris. Quand notre époque aura assimilé cette leçon, elle aura fait le premier pas vers la récupération par l'homme du terrain vague mécanisé et électrifié qui est en ce moment déblayé au bulldozer, perdu à jamais pour l'homme, au bénéfice de la Megamachine.

Lewis MUMFORD

Irving Oyle, fréquemment appelé le « médecin de famille » du mouvement holistique, épouse une position tout à fait radicale quant à la maladie, dérivée de conceptions de la réalité qui sont les bases de la physique relativiste moderne. Selon lui, en tant qu'êtres humains, nous créons, seconde après seconde, notre réalité. Parce que vous avez été malade il y a une semaine, un mois ou un an, cela ne veut pas dire que vous êtes forcément malade aujourd'hui. Ce dont vous avez besoin, conseille-t-il, c'est de vous libérer de l'idée que votre réalité actuelle est profondément enracinée dans votre passé. Alors seulement pourrez-vous vous façonner un futur qui corresponde à vos désirs [1].

Un grand nombre de programmes contemporains d'entraide psychologique individuelle reflètent cette vision. Pour eux, le passé est important car il permet de définir qui nous sommes, mais il ne doit pas nous empêcher de changer.

Les questions que se posent certains patients en entamant un processus d'autodécouverte et de modification du comportement peuvent se résumer ainsi : « Si je ne suis pas conscient du trauma initial ou des premières expériences qui m'ont mené à mon symptôme de stress ou à mes troubles actuels, puis-je vraiment les découvrir? Puis-je entrer en contact avec ma mémoire apparemment incomplète et imparfaite et retrouver les origines de ma réponse physique au stress? Et si je peux me souvenir ou repérer un schéma négatif qui m'affecte encore aujourd'hui, serai-je alors capable de le changer et d'ainsi accroître au maximum mes chances de parvenir à une bonne santé? »

A ces questions je réponds oui. Grâce à certaines techniques spéciales telles que la visualisation psychique et l'imagerie mentale, il est possible de se souvenir d'une grande part de notre passé qui semblait oubliée depuis longtemps. Ayant compris comment nous nous sommes empêtrés dans nos problèmes, nous pourrons finalement découvrir l'information qui nous aidera à résoudre nos difficultés.

Revivre son passé

J'espère qu'au point où nous en sommes vous tenez une sorte de journal quotidien de vos sources de stress, de vos habitudes négatives ou de vos symptômes. Parallèlement, j'aimerais que vous essayiez maintenant un simple exercice d'imagerie qui vous permettra de remonter le temps — souvent jusqu'à votre plus tendre enfance ou même jusqu'à votre naissance — de façon à explorer les expériences passées ayant un rapport avec vos préoccupations actuelles. Cette technique est modelée sur le processus d'hypnose connu sous le nom de *régression*, utilisé pour fouiller le passé d'un individu [2]. Mais, comme d'autres techniques que j'emploie, elle ne nécessite pas de médecin ou de thérapeute pour vous guider. Elle peut se pratiquer chez soi, tout seul, et, dans la plupart des cas, les résultats peuvent être aussi révélateurs que ceux obtenus chez le médecin.

Le premier pas à faire, comme dans tout exercice d'imagerie mentale, est de se mettre dans un état de relaxation profonde. En détendant votre corps, vous libérerez aussi votre esprit de pensées et d'inquiétudes particulières. Cet état de relaxation est identique à celui d'une légère transe hypnotique ou d'autohypnose. (Reportez-vous au chapitre 13 si vous avez besoin d'aide pour atteindre cet état.) Vous pouvez pratiquer cet exercice en écoutant un enregistrement des instructions ou en les lisant plusieurs fois et en vous en souvenant.

Une fois détendu, imaginez-vous empruntant un escalier mécanique comme ceux des grands magasins. Il est très long et vous êtes seul. En descendant vous vous sentirez de plus en plus calme. Sentez-vous descendre encore plus loin, votre main sur la rampe, glissant sans effort. Chaque instant vous détend un peu plus.

Vous arrivez maintenant en bas de l'escalier mécanique. En posant le pied sur le sol, vous vous retrouvez dans une pièce. En regardant autour de vous, vous vous rendez compte que vous êtes dans un petit théâtre privé. C'est votre propre théâtre magique où vous pouvez vous asseoir confortablement et, en état de relaxation profonde, découvrir et refaire l'expérience de maints événements lointains de votre vie.

Comme vous le remarquez rapidement, les fauteuils de ce théâtre sont rembourrés et confortables. En vous enfonçant dans les coussins, vous vous apercevez que vous n'avez sans doute jamais été aussi détendu. Assis tranquillement dans votre fauteuil, vous vous détendez encore *.

Maintenant levez les yeux vers les planches désertes devant vous. Dans un instant vous allez assister à une scène. Elle sera tirée de votre passé. Elle se situera quelques minutes avant l'instant précis où vous avez, pour la première fois, fait l'expérience de votre mauvaise

* G.-Ch. Godefroy, *La Dynamique mentale,* coll. Réponses, Robert Laffont éd. (N.d.T.)

habitude, de votre douleur ou de votre symptôme particuliers; ou juste avant que vous ayez répondu par le comportement que vous cherchez à modifier. Attendez quelques instants que la scène apparaisse d'elle-même. N'essayez pas de la créer consciemment. Si vous êtes patient, elle surgira spontanément. Vous ne ressentirez alors ni angoisse, ni douleur, ni malaise car elle commence avant que votre symptôme ou votre comportement habituel soit devenu nécessaire.

L'action va-t-elle commencer? Quand elle le fera, examinez-la attentivement. Comme il s'agit d'un théâtre magique, vous vous apercevrez peut-être que vous êtes capable d'entrer dans les esprits et les corps des personnages et de ressentir les mêmes choses qu'eux. En revivant cette scène, essayez d'y ajouter le plus de détails possibles. Quels en sont les acteurs? A quoi ressemblent-ils? Que font-ils? Que ressentent-ils? Que pensent-ils?

Votre état de relaxation attentive se poursuivant, laissez la scène se dérouler lentement et dans sa totalité. Regardez la situation se développer. Sans tension, angoisse ni douleur, pouvez-vous détecter le moment où vous commencez à ressentir un certain malaise (sur scène, pas dans votre fauteuil)? Que se passait-il ou que ressentiez-vous, qui a provoqué votre réponse? Regardez-vous attentivement réagir à la situation par votre symptôme habituel ou votre comportement dysfonctionnel.

L'action se poursuivant, assurez-vous que vous restez bien détendu. Si vous vous troublez ou si vous vous tendez, coupez simplement l'image quelques instants et appliquez-vous à vous resuggérer la relaxation. Dès que vous êtes de nouveau détendu, poursuivez l'exercice.

La scène touchant à sa fin, regardez-vous y participer. Comment le « vous » acteur se sent-il? Que retirez-vous de la situation? Qu'avez-vous acquis de votre réponse? Que reste-t-il à régler ou à compléter? Laissez-vous percevoir clairement le schéma complet qui vous a mené à cette réaction qui vous est nuisible ainsi qu'à votre corps.

Maintenant laissez l'image disparaître des planches. Cette scène sera stockée dans votre esprit et vous pourrez facilement la faire resurgir après avoir quitté l'état de relaxation. Il n'est pas besoin d'essayer de s'en souvenir consciemment. L'image évanouie de votre esprit, concentrez votre attention sur votre corps et approfondissez votre relaxation.

Cet exercice peut être répété. Vous pouvez retourner à un autre moment de votre vie pour vous regarder créer un autre comportement dysfonctionnel, une douleur ou une difficulté. En règle générale, on peut revivre deux ou trois scènes au cours d'une seule période de relaxation. Après l'exercice, en revenant à votre état de conscience habituel, notez chaque expérience dans votre journal et datez-la approximativement. En décrivant par écrit chacune d'entre elles, vous pouvez vous mettre à y réfléchir : pourquoi vous êtes-vous senti forcé d'adopter une telle réponse et quels autres choix aviez-vous?

Si je vous conseillais dans mon cabinet, je vous enseignerais cet exercice puis vous renverrais une semaine ou deux avec instruction de vous souvenir et de noter au moins deux scènes de votre passé chaque jour. Généralement, à la fin de la deuxième semaine, certaines des images se situeraient assez tôt dans votre vie et offriraient à l'examen une grande quantité de matériau oublié. Muni d'un journal qui contient non seulement vos expériences et vos problèmes actuels, mais aussi une vingtaine de situations passées, vous êtes prêt pour la phase suivante : utiliser l'imagerie mentale autant que le changement de comportement pour modifier votre réponse.

Un quart, à peu près, des scènes dont mes patients se souviennent au cours de cet exercice remontent à l'enfance. Beaucoup sont dramatiques, révélatrices et émotionnellement libératrices. Cependant, tout comme j'hésite à accepter l'idée que la maladie n'a qu'une seule cause physique, je doute que ces traumatismes passés soient les seuls responsables de l'habitude ou du symptôme. Par leur puissance émotionnelle même en raison de l'extrême suggestibilité des enfants, ils apparaissent certainement comme des maillons importants de la chaîne de fabrication des symptômes. Mais j'hésite à les choisir comme l'unique force qui détermine un problème particulier.

Un autre facteur doit être considéré. Certains thérapeutes argueraient que ces événements n'ont en fait jamais eu lieu. Par exemple, après avoir entendu un grand nombre de patients décrire des expériences apparemment incroyables de séduction parentale, Freud conclut que ces événements n'étaient que des fantasmes, des désirs ou de faux jugements de situations innocentes. Cependant, que ces souvenirs soient réels ou imaginaires, la puissance émotionnelle de la scène pour le patient influe de toute façon sur les réponses actuelles.

Je me souviens d'une femme qui s'était fait opérer plusieurs fois, en particulier de la vésicule biliaire et de nombreux calculs. Au cours de l'exercice décrit plus haut, elle revécut un incident de sa vie qu'elle n'avait pas, jusqu'alors, considéré comme important. Elle venait de quitter son petit ami avec qui elle avait vécu quelques années et elle avait abandonné ses études. Après une succession d'emplois, n'ayant pas d'endroit où vivre et rejetée par sa famille, elle décida de téléphoner à son ancien petit ami. Ils passèrent la nuit ensemble. Il fut brutal. Le matin venu, il lui annonça qu'il se mariait le lendemain. Elle le quitta ahurie et se sentit émotionnellement engourdie pendant pratiquement des années. Quelques mois plus tard, elle subit sa série d'interventions chirurgicales. Mais elle n'avait jamais auparavant fait le rapport entre ses troubles et cet événement traumatisant.

Il est intéressant de voir que cet exercice n'a souvent pas besoin de vous projeter plus de quelques jours ou semaines en arrière. Un jeune cadre découvrit que ses douleurs stomacales, qui semblaient le mener à un ulcère, apparaissaient chaque fois qu'il réussissait dans un emploi qu'il n'aimait pas. Les douleurs d'une femme surgissaient au cours de conflits, comme lorsqu'elle s'amusait à une soirée à laquelle son mari ne pouvait assister.

En vous familiarisant avec l'auto-observation, vous abandonnerez peu à peu vos réponses négatives et ne les considérerez plus comme l'unique moyen de faire face à votre environnement. En explorant le passé et en examinant le présent, vous découvrirez d'autres façons de réagir. Le but de ce processus exploratoire est d'acquérir une vision qui permette de modifier le comportement actuel.

Remanier le scénario

Dans un sens, vos schémas d'habitudes et vos symptômes physiques constituent un scénario que votre corps suit inconsciemment chaque fois que surgissent certaines situations. Comme vous l'avez probablement découvert, il existe des moyens de changer ce scénario en réorientant votre esprit, votre corps et votre comportement vers de nouveaux schémas.

Vous devriez vous exercer non seulement à un nouveau comportement (comme je l'ai suggéré dans le chapitre précédent) mais aussi à de nouveaux modes de pensée. Utilisez les techniques d'imagerie mentale qui, à leur tour, indiquent au corps comment vous voulez qu'il réagisse dans des crises et des situations stressantes. Ainsi, en choisissant et en créant consciemment des réponses physiologiques et comportementales positives et bénéfiques pour la santé, vous remaniez le scénario de votre vie en vue d'un dénouement heureux.

L'exercice au cours duquel vous avez revécu des épisodes difficiles de votre passé est un modèle que vous pouvez utiliser pour récrire votre scénario. Vous pouvez revivre chaque scène, non seulement telle qu'elle a eu lieu, mais aussi telle qu'elle aurait pu se dérouler. Bien protégé par votre imagination, vous pouvez vous exercer à des réponses variées.

Comme je l'ai noté au chapitre 13, la « désensibilisation systématique » aide la rééducation des réponses à l'environnement. Elle exige de l'individu qu'il explore les situations spécifiques qui lui causent angoisse, peur et toute réponse physique ou émotionnelle négative. Il en établit un classement, par ordre croissant de difficulté et d'angoisse. Puis, en état de relaxation profonde, il s'imagine dans chaque situation, en commençant par la moins troublante. Il se voit la revivre calmement et y répondre positivement.

En se servant de cette technique, les individus apprennent à affronter des situations et des crises qui les terrifiaient auparavant. Une fois que vous serez capable de faire l'expérience de ce dont vous avez peur, dans votre esprit, tout en restant profondément détendu, vous serez prêt à mettre en pratique un nouveau comportement dans des situations réelles. Vous serez capable de contrôler les événements avec moins de tension musculaire et moins de peur.

Supposons que vous ressentiez des symptômes physiques négatifs dans certains types de stress professionnels ou scolaires — affronter votre patron, passer un examen ou répondre à un impératif horaire, par exemple. Pourquoi ne pas vous imaginer faisant face à ces événements sources de stress, sans tension, sans réaction physique et en agissant plus positivement? Après vous y être exercé en esprit, mettez-le en pratique dans la situation réelle. Le travail d'imagination, en créant un schéma physique à l'intérieur du corps, agit inconsciemment pour vous aider à opérer le changement dans la réalité.

Dans mes groupes de guérison et de contrôle du stress, j'insiste pour que les situations et les alternatives envisagées soient aussi précises et concrètes que possible. L'imprécision et l'ambiguïté des plans et de l'imagerie mentale d'un individu peut gêner l'actualisation ultérieure de ce comportement. Mais si vous envisagez avec force détails comment vous affronterez certaines de ces situations sources de stress, ce que les autres individus impliqués diront peut-être et comment vous-même répondrez, vous augmenterez vos chances de réagir positivement.

S'il est possible de pratiquer et d'apprendre cette technique tout seul, le meilleur moyen est d'y travailler en petit groupe. Dans le cadre d'une classe, les individus assimilent ensemble les exercices puis font seuls leurs devoirs du soir : pratique quotidienne, auto-examen et possibilités alternatives. Au cours de chaque séance, ils partagent leurs progrès et utilisent d'autres membres du groupe pour s'exercer à jouer leur rôle. Ils établissent ainsi des contrats avec le groupe, promettant d'essayer de modifier certaines choses précises puis font part de leurs succès et de leurs échecs.

Imagerie positive et affirmation de soi

Essayez de prendre conscience des nombreuses façons dont vous vous critiquez. Peut-être vous injuriez-vous?

Peut-être exprimez-vous votre frustration face à vos limites? Chaque fois que vous dites quelque chose contenant une charge émotionnelle négative, cela a un effet nuisible, faible mais mesurable, sur votre corps. Il y a une différence considérable entre l'autocritique, qui peut facilement mener à l'autopunition et à la haine de soi, et une reconnaissance constructive de ses fautes et de ses limites. La première situation peut engendrer une douleur psychique — inquiétude, dépression et angoisse — ou une maladie physique.

Par contre, que se passerait-il si, périodiquement, vous preniez le temps de vous complimenter, de vous rappeler votre potentiel, votre bonté fondamentale, combien vous méritez la santé et le bonheur? Si votre vision de vous-même et de votre corps est négative, des rituels d'apparence aussi simpliste peuvent tout à fait vous aider. Se répéter d'un ton détendu et doux des suggestions positives et qui permettent de s'affirmer peut aider à fortifier votre foi en votre avenir et en votre capacité à vous soigner tout seul.

La puissance thérapeutique de la prière vient sans doute en partie de ce rituel d'acceptation et d'affirmation de soi. Quand nous prions, nous reconnaissons notre valeur intrinsèque et nous nous considérons comme partie intégrante d'une plus grande communauté humaine. La prière peut être envisagée comme un processus de relaxation et comme une initiation à l'imagerie mentale positive et autoguérissante pouvant peut-être renverser un grand nombre de schémas mentaux et physiques négatifs profondément enracinés. De la même façon, la puissance du médecin — et de son allié, le placebo — repose en grande partie sur la capacité de stimuler des espoirs. Dans de nombreuses traditions spirituelles et thérapeutiques, le pouvoir de l'image mentale positive a été une source importante de guérison et de changement. Aujourd'hui, la nouvelle religion, c'est la science. Maintenant que nous savons comment l'esprit affecte le corps, nous disposons d'interprétations techniques pour ce qui était autrefois expliqué par l'intervention divine.

Au début de ce siècle, Émile Coué, pharmacien français, fonda une clinique utilisant l'imagerie positive pour parvenir à une meilleure santé. Sa célèbre phrase, qu'il faisait répéter à ses patients plusieurs fois par jour, était : « Chaque jour et à tout point de vue je vais de mieux en mieux. » Cette suggestion fondamentale, associée à des formules correspondant à chaque trouble, avait pour but d'utiliser l'imagerie et la suggestion pour affecter les réponses physiologiques. Au temps de Coué, la théorie des microbes était tout à fait récente; les progrès technologiques et les drogues miracles n'existaient pas — ils n'apparaîtront que des dizaines d'années plus tard. La suggestion et l'hypnose faisaient donc partie des éléments les plus puissants de la trousse du médecin. L'un des apports majeurs de la nouvelle médecine holistique est la redécouverte et la réutilisation de cet ancien outil, en association avec les progrès modernes de la médecine et de la physiologie.

Lorsqu'on se sert de la suggestion pour se guérir soi-même, l'élément crucial est la création et le développement d'une vision d'un futur état positif. Cette visualisation a vraisemblablement un effet physiologique : elle pousse votre corps, votre esprit et votre comportement dans ce sens-là. En vous représentant une image idéale de vous-même, vous entamez le processus de création du type de futur que vous désirez. Une graine est plantée qui réoriente l'esprit vers un but particulier et, à travers lui, le corps est influencé.

J'aimerais que vous terminiez chaque période de méditation ou de relaxation par quelques images, buts et messages positifs concernant votre futur. Si vous êtes malade, par exemple, visualisez un temps futur où vous aurez recouvré la santé. Soyez concret et, à l'aide du maximum de détails, imaginez ce dont vous aurez l'air et ce que vous ressentirez. Et surtout, visualisez ce que vous serez en train de faire alors.

J'ai travaillé avec une femme qui souffrait de graves douleurs chroniques. Quand elle imaginait son avenir, elle se voyait retourner au travail. Cependant, elle trouvait son emploi abrutissant et, quand je la poussai à aller plus loin, elle admit qu'elle préférait avoir mal que travailler. Je pensais qu'il était essentiel qu'elle rejette cette image négative de son futur. Elle accepta finalement de chercher un autre emploi lorsqu'elle aurait retrouvé la santé.

Ceux qui n'arrivent pas à envisager leur avenir avec optimisme ne disposent que de peu de stimuli, et donc d'énergie, pour guérir. Il faut souvent du temps pour se forger une image positive du futur. Et pourtant, elle est nécessaire au rétablissement.

Comme le démontrent de nombreux exemples, la suggestion d'images positives peut affecter considérablement nos capacités physiques, mêmes sportives. Le « tennis intérieur » de Timothy Gallwey aide les individus à améliorer leurs coups et à laisser le corps faire passivement le reste. Le tennis devient ainsi une forme de méditation [3].

Bruce Jenner a raconté comment il avait accordé à l'imagerie une place centrale lorsqu'il s'entraînait pour la médaille d'or olympique de décathlon. Plusieurs fois par jour, il visualisait, avec force détails, chaque mouvement. Il savait qu'il n'avait droit à aucun faux pas ou calcul erroné. Il programma donc les réponses correctes dans son corps. L'imagerie lui permit de donner, instinctivement, le meilleur de lui-même.

Des athlètes, dans d'autres disciples, se sont aperçus que la visualisation fait autant partie de leur entraînement que la mise en condition physique. On sait que les basketteurs qui s'exerçent à imaginer la balle glissant doucement dans le panier se perfectionnent autant que ceux qui s'entraînent réellement avec une balle et un panier. Edmund Jacobson, qui fut le premier à encourager l'utilisation de la relaxation progressive, a démontré que ceux qui visualisent leur corps marquant des points ne contracteront au moment de l'action que les muscles appropriés [4].

Que vous soyez athlète ou non, d'autres suggestions peuvent vous aider à atteindre vos buts. En essayant de surmonter la maladie ou les symptômes de stress, je demande aux patients de créer une série de phrases ou de messages positifs dont il leur faut se souvenir et de les écrire sur une carte. Ils doivent ensuite la coller sur la glace de leur salle de bains et se répéter les phrases plusieurs fois par jour, les laissant pénétrer leur inconscient.

« Je peux obtenir l'amour que je désire sans avoir à manger » ou « Je me sentirai en pleine forme, vif, sain et respirerai librement chaque jour où je ne fumerai pas » ou encore « Je traiterai avec amour et respect mon corps » : de tels messages servent à contrecarrer les schémas négatifs qui se sont mis en place des années auparavant.

Beaucoup trouvent utile d'inclure sur leur carte des déclarations qui leur permettent de s'affirmer : ils savent alors qu'ils méritent de bien se porter, d'être aimés ou de prendre une direction positive et d'atteindre certains de leurs buts. Cela peut sembler bête, mais suggérer quelque chose suffisamment souvent a un effet puissant.

Voici un exemple d'une méditation fondée sur une image affirmative créée par un patient avec qui j'ai travaillé. Il se la répète trois fois par jour, disant chaque phrase plusieurs fois.

— Chaque jour, et à tout point de vue, je vais de mieux en mieux.

— Mon esprit est calme et immobile.

— Mon esprit est calme et heureux.

— Je me détache de mes parents.

— Je me sens en sécurité et solide.

— Je ne fais qu'un avec tout ce qui vit.

— Chaque jour et à tout point de vue je deviens plus vivant.

— Je me suis libéré des besoins de mon enfance.

— J'utilise ma conscience pour me libérer des forces extérieures.

— Je suis plein d'énergie.

— J'abandonne mes espoirs professionnels et familiaux irréalistes.

— Je suis stable et bien enraciné.

— Je me suis libéré de toutes pressions extérieures.

— Je possède en moi tout ce qu'il me faut pour jouir de chaque instant.

— Chaque jour et à tout point de vue je deviens de plus en plus sain.

— Je m'accepte complètement.

— Mon corps est calme et détendu.

— Je me sens en sécurité et en paix.

Notez que toutes ces phrases sont au présent. Elles s'appliquent maintenant. Il ne s'agit pas d'espoirs ou de souhaits. Il y a beaucoup de répétitions et les déclarations sont simples et directes.

Après plusieurs semaines, ce patient écrivit, sur son

expérience de la méditation affirmative : « Je trouve cela tout à fait utile. Je suis parfaitement conscient que je n'avais jamais essayé jusqu'alors de me parler d'une façon constructive. »

Je suis constamment émerveillé par la puissance des images positives de la méditation permettant de s'affirmer. L'imagerie mentale a libéré un grand nombre d'individus du poids de leur pessimisme, surtout ceux qui ne s'étaient jamais considérés comme sains et méritants.

Évidemment, l'affirmation de soi n'est pas un traitement miracle contre les problèmes psychologiques profondément enracinés. Cependant, les exercices que je vous ai présentés peuvent vous aider à remodeler votre avenir — d'abord en imagination puis dans la réalité. Si les conseils d'un thérapeute professionnel sont utiles, je crois cependant que pour le plus grand nombre une partie de ce travail peut s'effectuer à travers l'auto-examen et par le renversement des symptômes de stress et des habitudes de santé autodestructrices, à l'œuvre depuis longtemps.

17

LA PUISSANCE THÉRAPEUTIQUE DE L'IMAGERIE MENTALE

Pour prévenir la maladie, ou pour la soigner, la puissance de la Vérité de l'Esprit Divin doit briser le rêve des sens matérialistes. Pour soigner par le verbe, trouvez le type du mal, nommez-le et disposez votre défense mentale contre l'attaque physique. Affirmez d'abord mentalement, silencieusement, que le patient n'a pas de maladie et faites que cette certitude détruise l'évidence du mal. Insistez mentalement sur le fait que la réalité c'est l'harmonie et que la maladie n'est qu'un rêve passager. Donnez corps à la présence de la santé et à la réalité de l'être harmonieux jusqu'à ce que l'organisme corresponde aux conditions habituelles de santé et d'équilibre.

Mary BAKER EDDY

Imaginez une table recouverte de vos aliments préférés. Un steack cuit comme vous l'aimez, des légumes fumants et des fruits frais. Laissez votre esprit créer cette image jusque dans les moindres détails, visuels et olfactifs.

Maintenant, visualisez-vous en train de mordre dans le mets le plus délicieux. Mâchez une pêche mûre imaginaire — ou ce que vous avez trouvé sur votre propre assiette idéale. Sentez sa fraîcheur (ou sa tiédeur) envahir votre bouche; goûtez-la tandis qu'elle se pose délicatement sur votre langue. Sentez votre estomac répondre avec espoir, attendant l'arrivée de la nourriture.

Puis, essayez une autre image : imaginez-vous sortant dans une rue et voyant tout d'un coup un énorme camion vous foncer dessus. Il se jette sur vous à 80 kilomètres-heure et ne pourra vraisemblablement pas s'arrêter avant le croisement où vous vous tenez. Ressentez-vous une réaction viscérale — angoisse, respiration courte, contraction de l'estomac et d'autres muscles?

Il est clair que les images mentales affectent directement votre corps. L'esprit est tout à fait capable de modifier les fonctions physiologiques.

Essayons encore un exercice. Cette fois, vous allez essayer de modifier une réponse physiologique précise : la température de votre main. Voici comment :

Représentez-vous mentalement un bol d'eau glacée plein de cubes de glace à moitié fondus. L'eau est atrocement froide et de la condensation se forme sur les parois du bol. Imaginez-vous maintenant enfonçant lentement votre main dans l'eau glaciale. Sentez le choc du froid et votre main frissonner puis s'engourdir, devenir lourde et raide. L'image devenant de plus en plus vivante dans votre esprit, votre main réagira en se refroidissant effectivement. Par l'imagerie mentale — l'imagination — vous pourrez modifier vos réactions physiologiques autonomes.

J'ai déjà, dans ce livre, établi une différence entre les fonctions organiques viscérales et volontaires : les muscles volontaires répondent à l'ordre direct, actif. Nous disons à notre main de bouger et elle le fait. Nous n'avons pas besoin de dire à chaque muscle de s'étirer ou de se contracter; nous émettons simplement l'ordre : notre inconscient sait exactement comment agir et fait le reste.

En ce qui concerne les fonctions organiques viscérales ou automatiques, qui prennent place largement hors de la conscience, nous avons appris qu'il faut utiliser un tout autre mode de communication — plus particulièrement le langage de l'imagerie, de la suggestion et de la volition passive. Au lieu de nous ordonner directement de nous détendre, de nous endormir, d'arrêter de manger n'importe quoi, de baisser notre tension artérielle, d'agir plus énergiquement, de cesser de ressentir la douleur, de soigner une lésion ou de tuer des cellules cancérigènes, nous pouvons amener notre corps viscéral à répondre en utilisant le langage de l'imagination, des images mentales et de la suggestion. Dans ce chapitre, nous continuons d'étudier la grammaire et le style de cette communication avec soi-même et de ce contrôle de soi.

Imaginez que votre corps est atteint d'une infection qui risque de s'étendre. Ou que des dépôts se sont accumulés sur les tissus de vos vaisseaux sanguins. Ou que votre corps ne produit pas suffisamment une enzyme importante. Dans ces cas-là, que pouvez-vous faire pour faciliter les changements nécessaires dans votre corps? Vous est-il possible d'imaginer vos globules blancs se ruant encore plus vite vers le lieu de l'infection, les dépôts se dissolvant ou vos usines chimiques augmentant la production de l'enzyme salutaire? Cela peut-il influer sur les performances habituelles de votre corps?

Si oui, vous utiliserez vos propres pouvoirs pour accomplir ce que d'autres demandent à des médicaments. Si votre état mental peut accroître, ne serait-ce que de 10 %, l'efficacité de votre organisme, vous pouvez alors effectivement augmenter d'autant l'effet de vos soins médicaux conventionnels. Et, dans de nombreux cas où les traitements externes sont impuissants, l'utilisation de l'imagerie mentale peut être le seul moyen de mobiliser votre corps pour l'action.

En tant que mode de traitement, l'imagerie possède des avantages précis : elle n'a aucun effet secondaire négatif qui puisse mettre en danger ou blesser le malade et ne peut ni entraver ni entrer en conflit avec d'autres thérapies. Un nombre croissant de médecins et d'équipes de soins expérimentent donc ces exercices en les ajoutant au traitement.

L'imagerie mentale, sous de nombreux aspects, semble tout à fait étrangère au traitement que prescrivent généralement les médecins. Imaginer des os brisés se ressoudant, la douleur disparaissant, les globules blancs, tels des chevaliers, luttant contre des cellules cancéreuses — tout cela va à l'encontre des conceptions traditionnelles de la médecine et de la guérison. Alors comment l'imagerie peut-elle aider? Comme le dit à ses patients David Bresler, directeur du Pain Control Unit de l'UCLA et chercheur célèbre dans le domaine de l'imagerie, « dans cette clinique je vais vous demander de faire des choses qui vous auraient fait enfermer il y a dix ans ».

Cependant, tout comme les exercices mentaux peuvent produire un état équilibré de méditation, le bio-feedback vous aider à contrôler certaines réponses autonomes, les images mentales peuvent affecter la rapidité et l'efficacité de la guérison [1]. Une fois que vous aurez appris le langage et le style de communication appropriés, vous pourrez aider votre médecin en exerçant un contrôle considérable sur les fonctions thérapeutiques internes.

Conscience divisée

Quoiqu'il reste encore beaucoup à apprendre sur l'imagerie, et plus particulièrement sur la façon dont elle affecte le corps, la recherche actuelle effectuée sur le cerveau fournit quelques informations intéressantes qui peuvent avoir un rapport avec cette forme unique de communication interne. Nous savons, par exemple, que le cerveau est divisé en deux hémisphères possédant chacun ses propres facultés et spécialités. L'hémisphère gauche contrôle toutes les activités et les sensations du côté droit du corps et vice versa. Le côté gauche dirige aussi la parole.

Robert Ornstein, parmi d'autres, suggère que différents types de pensées prédominent dans chaque hémisphère [2]. Celui de gauche est plus actif lorsque le cerveau s'engage dans la pensée rationnelle, logique, digitale. L'hémisphère droit, lorsque l'individu pense en termes métaphoriques, graphiques, musicaux, poétiques, symboliques ou analogiques. Selon l'activité, l'un des deux modes de pensée (et l'un des deux hémisphères) prédomine. Par exemple, quand on lit, parle, organise ou pense logiquement, les ondes cérébrales de l'hémisphère gauche prédominent, alors qu'au cours d'activités telles que fantasmer, dessiner, jouer de la musique ou méditer, l'hémisphère droit et sa conscience attenante prédominent. Selon moi, agir sur son inconscient par le biais de l'imagerie est clairement une fonction de l'hémisphère droit. Cela entraîne l'utilisation d'une conscience tout à fait différente de celle de notre activité rationnelle et volontaire.

Le psychologue Ernest Hilgard, qui a étudié l'hypnose, a cliniquement démontré que nous possédons deux types de conscience. Il travailla avec plusieurs patients qui, sous hypnose, n'étaient pas conscients de diverses sensations (douleur ou bruit fort, par exemple). Cependant, ces mêmes individus, par le biais de mécanismes inconscients tels que l'écriture automatique ou le mouvement d'un doigt, révélaient qu'une autre partie d'eux percevait effectivement cette douleur ou ce bruit. Hilgard en conclut que chacun possède deux consciences distinctes et séparées, si ce n'est plus. Donc, selon sa théorie, des techniques telles que l'hypnose et vraisemblablement la méditation et la relaxation profonde font passer l'individu de l'état de conscience ordinaire à des niveaux plus subtils [3].

Quand il parvient à un état détendu, réceptif et tourné vers l'intérieur, l'individu accède à un type de perception moins « dominatrice » qui le fait entrer en contact avec d'autres réalités, y compris ce que Hilgard appelle l'observateur inconscient. Par la relaxation, la méditation, les autogènes et l'imagerie, il s'entraîne à utiliser le type de conscience situé dans le cerveau droit. Dans cet état, il peut obtenir de lui-même des informations qui ne sont pas accessibles à sa conscience quotidienne et il peut envoyer des messages, des suggestions et des ordres à son inconscient et à son corps. Comme l'a fait remarquer C. G. Jung, seul le cerveau de droite comprend le langage qu'utilise l'inconscient. Il s'exprime par le symbolisme des rêves, des intuitions et des images métaphoriques et non par des phrases logiques. Pour pouvoir capter ces messages nous devons d'abord nous transporter dans ce mode de perception.

Si deux types de conscience, ou plus, existent indépendamment, il semble probable qu'ils puissent parfois entrer en conflit. De fait, un grand nombre de maux courants peuvent surgir de ce désaccord. Les techniques de l'imagerie thérapeutique peuvent cependant combler ce fossé en construisant un pont entre notre esprit conscient et notre esprit inconscient, lui qui sait pourquoi nous sommes malades, comment nous en sommes arrivés là et surtout comment recouvrer la santé.

Malheureusement nous sommes éduqués à utiliser principalement la pensée de l'hémisphère gauche. Parler, travailler, affronter le monde exige — et offre plus de place à — ce mode de pensée focalisé sur l'extérieur. Du coup, un grand nombre d'entre nous négligeons, ignorons ou minimisons les processus imaginaires de l'hémisphère droit bien que nous soyons capables d'entrer en contact avec notre conscience viscérale et d'affecter nos fonctions internes. La plupart des individus (mis à part certains artistes, danseurs, poètes et penseurs intuitifs) ont besoin de réapprendre à utiliser cette moitié du cerveau. Ils seront alors capables d'accroître leur conscience physique et de renforcer leurs pouvoirs d'autoguérison et de contrôle de soi.

Ensemencer des images thérapeutiques

Créer et utiliser l'imagerie thérapeutique est si simple qu'il faut pratiquement un acte de foi pour croire que cela peut effectivement favoriser la guérison interne. Voilà comment cela fonctionne :

Tout d'abord, relaxez-vous le plus possible en utilisant n'importe laquelle des méthodes présentées au chapitre 13. Après avoir détendu vos muscles et votre esprit, créez-vous une image mentale de ce que vous voulez que votre corps accomplisse. Cette image peut prendre diverses formes. Ceux qui ont des connaissances médicales ou un esprit technique peuvent se représenter précisément une activité physiologique particulière : demander à son organisme de produire plus d'une certaine enzyme; exiger de son système immunitaire qu'il détruise un virus dans son estomac. Pour s'informer sur leur maladie et son traitement, certains lisent des textes médicaux pour se préparer à créer l'image qui leur permettra de guérir.

L'image n'a cependant pas besoin d'être technique. Elle peut aussi être symbolique ou fantaisiste. Certains médecins utilisant ces méthodes estiment que le degré de réalité de l'image n'a aucune importance. Alors, plutôt que de visualiser une production accrue d'enzymes, vous pouvez imaginer des rayons de lumière emplissant votre corps d'énergie. Ou des petits hommes armés de pistolets-laser se ruant à travers votre corps, tuant un virus vert et dégoulinant.

Cette image, qui a pour but de vous guérir, doit vous sembler juste et avoir une signification personnelle. Dans les groupes de santé que j'organise, je consacre du temps à aider chaque patient, après lui avoir demandé de s'exercer une semaine à la relaxation, à se créer une image thérapeutique satisfaisante.

Essayez vous-même cet exercice de visualisation. En état de relaxation, focalisez votre esprit sur votre corps. Laissez votre attention se diriger vers l'organe qui vous cause inconfort ou trouble ou qui ne fonctionne pas correctement.

Dirigez toutes vos pensées sur cet endroit et laissez-vous envahir par ce qu'il ressent à ce moment précis. Au bout d'un certain temps une image liée à cet endroit apparaît; acceptez-la dans votre esprit : représentation détaillée de ce à quoi vous pensez qu'il ressemble ou représentation plus fantaisiste, reflétant les sensations que vous apporte cette partie de votre corps. Maintenez votre attention sur cet endroit jusqu'à ce que vous soyez satisfait de l'image que vous avez élaborée.

Visualisez maintenant le déroulement d'un processus qui permet à cette partie de votre corps de mieux fonctionner ou de guérir. Vous pouvez vous la représenter envahie d'énergie. Laissez votre imagination juger de l'à-propos de cette action. Une image thérapeutique forte peut réellement avoir un effet bénéfique immédiat.

Gardez cette image cinq à dix minutes dans votre esprit. Utilisez-la comme « pensée focalisante » pour une séance de relaxation. Si votre esprit divague, ramenez-le doucement à votre image. Cependant si elle se met à changer, laissez faire et regardez la transformation : vous pouvez parfois obtenir ainsi des informations importantes sur votre maladie.

Dans les semaines qui suivent, concentrez-vous quelques minutes sur votre image thérapeutique deux fois par jour. Faites-en un élément de votre processus régulier de méditation ou de relaxation. Un grand nombre d'individus découvrent que leur image reste toujours présente en arrière-plan. De temps en temps, au cours de la journée, ils se retrouvent en train de se concentrer spontanément sur elle et la laissent occuper leur esprit quelques instants. Alors que votre travail d'imagerie mentale conscient n'occupera que quelques minutes par jour, votre inconscient et votre corps, si vous ne les interrompez pas par un stress excessif ou des exigences extérieures, consacreront pratiquement tout leur temps au processus de guérison.

Pensez au contraste prononcé qui existe entre cette utilisation de l'imagerie et votre réponse habituelle à la douleur ou à la maladie. Trop souvent, vous serrez les poings, piquez une colère ou essayez désespérément d'ignorer la gêne, espérant que l'aspirine ou autre analgésique plus puissant soulageront la douleur. Une telle réponse vous tend encore plus, s'ajoute aux obstacles que votre corps doit surmonter. Mais, dans une méditation thérapeutique, vous faites face et attaquez de front le dysfonctionnement en mobilisant les forces positives qui peuvent vous aider dans le combat. Au lieu de travailler passivement et naïvement contre vous-même, vous stimulez toute puissance de guérison latente en vous. Vous n'avez rien à perdre et beaucoup à gagner à vous mobiliser sur cette expérience d'autoguérison.

Mon premier contact avec le pouvoir de l'imagerie thérapeutique vint de mon ami Mark, vivant exemple de la façon dont la visualisation peut fonctionner, parallèlement à la médecine traditionnelle. Lors d'une collision au volant de sa voiture, Mark eut les jambes écrasées, dont une pratiquement sectionnée au-dessous du genou. Elle était cassée en plusieurs endroits et ne tenait que par un peu de peau. Il souffrait atrocement et en était arrivé au point où les calmants n'agissaient plus. Les médecins conseillèrent de l'amputer des deux jambes : même si elles guérissaient effectivement, il ne remarcherait plus jamais et ne pouvait s'attendre qu'à une vie de souffrance. Malgré ce pronostic, il refusa l'opération.

Comme l'avaient prédit ses médecins, au cours des jours et des semaines qui suivirent, la douleur s'intensifia. La clinique de l'UCLA fit appel à un guérisseur hypnothérapeute, espérant qu'un tel traitement pourrait contrôler la douleur. Le thérapeute lui apprit à se détendre et à consacrer la plus grande partie de ses heures de veille à dire à ses jambes de guérir. Mark imaginait ses os brisés se ressoudant et son infection guérissant. Avec le temps, ses os guérirent, son infection disparut et il apprit à contrôler sa douleur si efficacement qu'il cessa de prendre la plupart de ses médicaments.

En deux ans Mark marcha en boitant légèrement. Ses médecins décrirent son rétablissement comme « sans précédent ». En méditant, en se détendant et en disant à son corps qu'il devait se réparer tout seul, Mark avait mobilisé quelques mécanismes de guérison puissants, innés et latents [4].

Il n'y a aucune raison de croire Mark différent des autres; ou que de tels pouvoirs n'existent pas en chacun. Les activités de rétablissement telles que la réparation et la régénération de tissus sont des processus que le corps accomplit seul. Les médecins ne peuvent que remettre un os à sa place et essayer de contrôler la douleur et l'infection. Le corps doit accomplir la guérison. Ces processus thérapeutiques naturels peuvent être renforcés par l'imagerie et la relaxation.

Le chirurgien orthopédiste Robert Swearingen utilise ces techniques dans sa salle d'urgence au Colorado où les skieurs blessés abondent. Il y a plusieurs années, Swearingen remarqua que certains secouristes lui amenaient des patients qui étaient beaucoup plus faciles à soigner et nécessitaient beaucoup moins de médicaments que d'autres. Après recherche, il découvrit qu'ils aidaient instinctivement les patients à se détendre et les traitaient avec sensibilité et considération. Swearingen se mit à enseigner à tous les secouristes à détendre leurs accidentés. L'utilisation clinique de médicaments contre la douleur diminua de 50 %! Il remit en place des fractures sans autre aide que l'imagerie thérapeutique pour contrôler la douleur. En plus de son travail d'orthopédie, Swearingen consacre du temps à expliquer à chaque patient comment son os brisé va se remettre et lui suggère, dans les semaines suivantes, de souvent visualiser ce processus. Les premières observations de Swearingen indiquent que l'utilisation de l'imagerie mentale pour influencer la guérison permet de réduire de 30 % le temps de plâtrage [5].

Joan, infirmière, est un autre vivant exemple de contrôle de la douleur et d'autoguérison. Elle naquit avec une difformité de la hanche. Il y a quinze ans, alors qu'elle souffrait de plus en plus, les médecins conseillèrent de souder son articulation coxo-fémorale, ce qui limiterait aussi énormément ses mouvements. Femme active et athlétique, Joan ne voulait pas de ce traitement traditionnel. En tant qu'infirmière, elle savait qu'un nouveau traitement — un remplacement complet de la hanche par une hanche artificielle — était en voie de mise au point et elle décida d'attendre que cette opération soit possible.

Entre-temps elle chercha un traitement auprès de l'un des quelques psychologues qui utilisaient alors la relaxation et l'autohypnose. Elle apprit à contrôler sa douleur sans limiter ses activités. Elle accrut sa conscience corporelle et, quand elle devenait sensible à la tension, elle se détendait systématiquement. On lui enseigna aussi les méthodes de contrôle de la douleur présentées plus loin dans ce chapitre.

Joan apprit aussi à prêter attention aux besoins particuliers de chaque partie de son corps, surtout de ses hanches et de ses jambes. Elle se mit à leur « parler », utilisant diverses méthodes d'imagerie et de dialogue qui seront décrites dans le chapitre suivant. Lorsqu'elle ressentait un certain inconfort, elle demandait à ses jambes ou ses muscles contractés ce qu'elle pouvait faire pour eux. Chaque fois qu'on l'invitait à un effort inhabituel, comme passer une journée sur un voilier, elle leur suggérait par exemple : « Si vous me laissez faire cela sans trop me faire souffrir, je vous promets de m'occuper de vous pendant les deux jours qui suivront. D'accord ? » Puis elle attendait une réponse affirmative.

En devenant particulièrement consciente des besoins de ses hanches et de ses articulations et en y pourvoyant, elle put jouir d'un grand nombre d'années actives et productives, relativement libres de souffrance, jusqu'à ce que l'opération soit au point. Ceci contredisait la prédiction lugubre de souffrance et de restriction émise par les médecins qui avaient recommandé l'opération de soudage.

Joan utilisa aussi les techniques d'imagerie pour se préparer à l'opération risquée. Elle en parla d'abord longuement avec son chirurgien et étudia son déroulement et ses effets. Puis, plusieurs fois par jour, en état de relaxation profonde, elle visualisait l'intervention et ce qui devrait se passer pour qu'elle réussisse. Elle imaginait l'opération même se dérouler sans un seul problème : les médecins parfaitement détendus; leurs mains évoluant avec efficacité et compétence. Il est vrai que ce qu'elle imaginait peut n'avoir pas eu beaucoup d'effet sur le personnel hospitalier, mais cela l'aidait à se calmer en prévision de l'épreuve et augmentait son optimisme.

Joan prépara aussi son corps à l'intervention. Elle demanda à ses vaisseaux sanguins de ne pas se rompre et indiqua à son système immunitaire comment agir. Elle ordonna précisément à divers organes ce qu'ils devraient faire après l'intervention. En fait elle conditionna son corps en vue du difficile processus de guérison à venir.

L'intervention chirurgicale fut un succès. Cependant une complication survint. Les nerfs d'une de ses jambes avaient été endommagés, ce qui la laissait insensible le long de l'os implanté. Elle était frustrée mais décida d'agir. Elle se mit à consacrer du temps chaque jour à imaginer ses nerfs grandissant et reprenant vie. Son médecin lui annonça qu'ils ne pousseraient peut-être que d'un millimètre par jour et qu'il leur fallait s'étendre sur toute la longueur de la jambe. Mais elle se les imagina poussant beaucoup plus vite et, finalement, des sensations réapparurent dans son membre. L'histoire de Joan démontre clairement comment l'imagerie et la relaxation peuvent devenir partie intégrante de la médecine clinique traditionnelle et, peut-être, accroître les chances de succès d'interventions médicales et chirurgicales à haut facteur de risque.

Le contrôle de la douleur sans médicament

On ne demande généralement pas au médecin la guérison mais le soulagement de la douleur et de la souffrance qui accompagnent la maladie ou la lésion. La douleur, qui peut entièrement désorganiser la vie d'un individu, est le signal avertissant que quelque chose ne va pas dans l'organisme. La souffrance physique — depuis le mal de dos chronique jusqu'aux maux de tête et jusqu'aux troubles digestifs — persiste souvent même en l'absence de problèmes physiologiques spécifiques et évidents. Les calmants ne peuvent soulager que partiellement cette gêne et, avec le temps, perdre de leur efficacité ou engendrer des effets secondaires négatifs (depuis les troubles digestifs jusqu'à l'accoutumance). Je pense que le contrôle de la douleur fait partie des problèmes les plus pressants auxquels sont confrontés les médecins.

La communauté médicale n'a pas encore établi de théorie satisfaisante sur la nature de la douleur. Toutefois, il est clair qu'elle est à la fois une expérience physiologique et psychologique. La sensation de la douleur elle-même naît dans l'esprit. Nous la reconnaissons très facilement quand elle émane d'une blessure ou d'un stimulus externe, tel qu'un poêle brûlant. Des récepteurs, répartis à travers le corps — intérieurement et extérieurement — enregistrent la douleur lorsqu'il y a dommage, intrusion, inflammation ou dysfonction.

Mais les messages du corps ne représentent qu'un aspect de la douleur. Il est intéressant de remarquer que la gêne peut durer longtemps après que les nerfs de cette zone ont été chirurgicalement sectionnés. La douleur peut même émaner de membres amputés, d'une région du corps saine et guérie.

Nous savons aussi qu'une douleur extrême peut être ignorée ou demeurer inconsciente, comme c'est le cas sur un champ de bataille ou sur un terrain de sport, des heures après la blessure. Certains souffriront beaucoup d'un certain type de lésion et d'autres pratiquement pas. Une personne sous hypnose peut être piquée avec une aiguille : la gêne ne sera pas consciemment enregistrée. Bien que « l'observateur caché » dans l'esprit s'en aperçoive à un autre niveau de conscience.

Il existe deux catégories de douleur — aiguë et chronique. La première réponse à une lésion ou une maladie est une indication physiologique importante de blessure et signale que la guérison est en cours, exigeant que nous nous reposions. Habituellement limitée dans le temps, elle est facilement contrôlable grâce à l'anesthésie locale ou aux médicaments. Par contre, la douleur chronique persiste malgré l'absence de problème grave évident. Ou elle accompagne un malaise physique qui ne guérira pas.

La gêne chronique lance un tout autre défi que la

douleur aiguë. La médecine traditionnelle la traite par les médicaments, ce qui ne fait rien pour en extirper les causes profondes. Ses symptômes sont souvent une réponse à un stress extérieur que les drogues ne soulagent pas. Et, bien sûr, l'utilisation continue de ces médicaments crée de nombreux problèmes médicaux.

Si les drogues ne sont pas une réponse efficace, que reste-t-il? Il est de plus en plus évident que les méthodes d'imagerie peuvent réduire le malaise, surtout lorsqu'il est récurrent. De nouvelles cliniques de la douleur surgissant à travers le pays utilisent avec succès non seulement l'imagerie mais aussi un grand nombre d'autres méthodes décrites dans ce livre : relaxation, suggestion, régimes, exercice, divers types de conseils individuels et familiaux [6].

L'anesthésie « manuelle » est une des approches les plus intéressantes et les plus efficaces au soulagement de la douleur. Elle est utilisée avec succès à la fois pour la souffrance chronique et pour la douleur aiguë. Voici comment :

Guidez-vous jusqu'à un état de relaxation en utilisant les techniques du chapitre 13. Puis imaginez-vous immergeant votre main dans de l'eau glacée jusqu'à ce qu'elle soit engourdie. En visualisant votre main dans l'eau glaciale, vous devriez pouvoir créer cette sensation de lourdeur et d'humidité froide.

Après avoir réussi à engourdir votre main, posez-la sur la partie endolorie de votre corps. Imaginez ensuite le froid passer de votre main à la douleur. L'endroit deviendra progressivement froid puis gourd, comme votre main. Laissez votre main sur la zone endolorie jusqu'à ce qu'elle ait perdu toute sensation. Pratiquer cet exercice vous permettra de soulager votre gêne de plus en plus rapidement.

Une autre méthode de contrôle de la douleur utilise l'imagerie thérapeutique. Quand un individu souffre — d'un mal de tête, par exemple — je le mets en état de relaxation et l'oblige à imaginer la douleur en train de s'affaiblir. Une femme visualisait la douleur comme une énorme tenaille la pinçant dans le dos : elle fut rapidement capable de la voir relâcher son étreinte. Du coup, sa douleur diminua. De même, une femme cherchant un soulagement à une douleur des bronches dégagea en partie ses poumons — et réduisit sa douleur — en imaginant les passages bloqués se dilatant et le fluide dégageant tout.

Une action inverse peut aussi provoquer un soulagement. Se concentrer sur la douleur, plutôt que l'éviter, peut être utile. Pour essayer cette méthode, relaxez-vous d'abord le plus possible. Concentrez ensuite votre attention sur la partie de votre corps qui vous gêne. Examinez dans les moindres détails les endroits qui vous font mal. Recueillez le plus d'informations possible sur la sensation de douleur. Remarquez que vous pouvez la tolérer et même l'accepter. A votre grand étonnement, après un certain temps, la gêne changera et vous en ressentirez un léger soulagement. A travers tout ce processus, vous devez rester parfaitement détendu. Si vous vous sentez vous contracter, ramenez votre attention sur votre respiration et remettez-vous en état de relaxation.

Pourquoi cette technique est-elle efficace? Pourquoi le fait de concentrer toute son attention sur un endroit douloureux aide-t-il à soulager le malaise? Plusieurs raisons expliquent cette situation apparemment paradoxale : premièrement, une grande part de la douleur ne provient pas, par exemple, de la blessure infligée, mais de la tension musculaire avec laquelle nous y avons réagi. Lorsque nous nous détendons et concentrons notre attention sur l'endroit douloureux, nous le faisons sans tension musculaire. Cela suffit parfois, surtout dans les cas de maux de tête ou de dos, pour réduire l'intensité de l'inconfort.

Deuxièmement, en se concentrant sur la douleur, nous l'affrontons directement, sans l'appréhension ou l'exagération généralement dues à notre peur. En nous focalisant sur chaque aspect du malaise et en y prêtant une attention absolue, il devient souvent, psychologiquement, moins effrayant, moins intense et plus contrôlable. En affrontant la douleur par la relaxation plutôt que par la peur, l'angoisse et la tension, nous nous libérons de facteurs qui ont tendance à l'intensifier. La relaxation est donc en elle-même une technique de contrôle de la douleur.

Découvrir les significations cachées derrière l'imagerie thérapeutique

Lorsque, pour faciliter la guérison, vous produisez dans votre esprit des images, prenez le temps de les examiner très attentivement. L'image que vous vous créez pour représenter votre maladie et sa guérison indique assez clairement ce que vous savez ou anticipez de votre affection. De plus, elle reflète ce que vous espérez, ce que vous attendez, ce que vous supposez de vous-même et ce qui, en vous, vous fait peur.

Dans ma pratique, je donne au patient un morceau de papier et une variété de crayons de couleurs et je lui demande de dessiner l'image thérapeutique qu'il s'est créé. Puis nous discutons de ce dessin. Les images sont toujours révélatrices, débordantes de vérités émotionnelles et de vivacité.

Le dessin n'est pas simplement interprété puis oublié. Après en avoir parlé un certain temps, je demande au patient de l'emporter chez lui et de le regarder régulièrement pendant la semaine. De préférence juste avant et juste après sa séance de relaxation ou de méditation. La puissance du symbole peut stimuler d'autres images et informations relatives à la maladie et à la vie du patient. De tels dessins aident constamment les individus à découvrir de nouveaux aspects d'eux-mêmes.

Essayez vous-même cet exercice et visualisez votre mal chronique le plus récent ou le plus grave. Un homme imagina son hypertension comme un énorme étau l'écrasant. Une femme dessina sa bronchite chronique comme un bouchon dans sa poitrine, bloquant sa respiration. Un autre homme vit son poids superflu comme une bouée intérieure qui lui permettait de flotter sur une mer déchaînée. Le cancer lymphatique d'une femme devint une invasion de termites. De telles images offrent un aperçu de la réalité psychique qui est comprimée en un symptôme et indiquent un chemin à suivre pour comprendre ce qu'elle veut dire.

Cet exercice d'imagerie mentale peut être développé de nombreuses façons. Un de mes patients, atteint d'ulcère, avait d'abord visualisé son trouble comme un estomac percé par une flèche. La deuxième fois qu'il s'essaya à dessiner, il se représenta un cœur avec un chemin menant jusqu'à son estomac. Lorsque nous en discutâmes, il me parla de son manque de relation intime et de sa volonté de nier son besoin de compagnie quand il se définissait comme un « solitaire ». Il se sentait seul et avait besoin d'ouvrir son cœur aux autres.

La description qui suit fut écrite par un patient atteint d'un cancer. L'imagerie qu'il choisit peut être interprétée comme un message de son corps et de son inconscient indiquant ce qu'il pense de sa maladie et comment il envisage la force de frappe de son corps face à elle. A cause de sa vigueur et de sa puissance, il est difficile de ne pas croire que sa lutte contre le cancer sera victorieuse.

> Je commençai par visualiser mon cancer — tel que je le voyais dans ma tête. J'en faisais un jeu. Le cancer était un serpent ou quelque autre animal vicieux. Le remède était des millions de chiens esquimaux blancs. Une confrontation entre le bien et le mal. Je voyais les chiens s'emparer du cancer et le secouer, le déchiqueter. Les forces du bien gagnaient. Le cancer diminuait — d'un grand serpent à un petit serpent — puis disparaissait. Puis la blanche armée de chiens léchait ce qui restait et nettoyait ma cavité abdominale jusqu'à ce qu'elle soit devenue immaculée [7].

Après avoir comparé l'imagerie créée par des centaines de patients atteints de cancer et avoir appris comment ils se portaient ensuite, Carl Simonton, Stephanie Simonton et Jeanne Achterberg peuvent maintenant prédire avec quelque certitude comment un patient réussira à influencer l'évolution de son cancer. Ils examinent la taille et la puissance respective des images des cellules blanches et du cancer. Les différences semblent annoncer le déroulement du combat. Généralement, l'élément le plus fort de l'imagerie gagne. Si le cancer est un animal dangereux et les cellules blanches des flocons de neige ou de coton, la situation n'est pas très favorable.

Ils citent l'exemple de la visualisation de fourmis. Ceux qui les choisissent spontanément pour représenter leur cancer semblent réussir faiblement et les Simonton lient cela directement à la réalité : dans le monde réel, il est impossible de faire totalement disparaître une invasion de fourmis : il semble toujours y avoir quelque traînardes pour survivre. Au cours du programme de traitement qu'ils appliquent à ceux qui résident dans leur clinique, ils essayent d'aider le patient à altérer ou à modifier son image (ainsi que ses attitudes) de façon que le cancer perde en fait le combat mental [8].

Utilisez les lignes directrices de ce chapitre pour évaluer l'efficacité de l'imagerie mentale que vous vous êtes créée pour guérir. Parlez-en avec un ami; tenez compte de ses réactions. Quels sentiments les images concernant le processus se déroulant en vous vous inspirent-elles ? Quelle partie de vous — les forces de la maladie ou celles de la guérison — se sent la plus forte, commande? Si vous n'arrivez pas à donner à votre processus de guérison une image plus puissante que celle de votre affection ou de votre symptôme, il vous faut explorer vos attitudes négatives face au bien-être. Peut-être partez-vous battu. Peut-être croyez-vous que rien, surtout pas l'imagerie mentale, ne peut agir.

Votre visualisation reflète votre attitude. Grâce à elle, vous pourrez observer vos sentiments, vos espoirs et vos expériences internes; évaluer et renforcer vos propres pouvoirs de guérison.

18

LE DIALOGUE AVEC LE SOI : UTILISER SON GUÉRISSEUR INTERNE

Il faut donc admettre que, chez certains d'entre nous du moins, la conscience la plus complète possible peut se diviser en des éléments qui s'ignorent mais coexistent, partagent entre eux les objets de la connaissance et — ce qui est encore plus remarquable — sont complémentaires. Donnez un objet à l'une des consciences, c'est l'ôter à l'autre ou aux autres. Mis à part un certain fond commun d'informations, la maîtrise du langage par exemple, ce que le Soi supérieur connaît, le Soi inférieur l'ignore et vice versa...

William JAMES

Si vous avez déjà suivi une psychothérapie, vous connaissez sans doute ce rituel patient/thérapeute qui apparaît au début du processus de traitement : le patient a raconté son histoire, présenté son problème personnel et ses sentiments puis se tourne vers le thérapeute et demande, silencieusement ou à voix haute : « Eh bien, que dois-je faire selon vous? » Les thérapeutes apprennent à résister à cette invitation : les patients doivent trouver leurs propres solutions et, de plus, les suggestions des thérapeutes ne sont de toute façon que rarement suivies. Au contraire, le thérapeute renvoie la question et demande au patient d'examiner plus profondément sa propre expérience. C'est le premier pas pour se sortir de sa condition présente.

Le principal fondement de la psychothérapie est que la sagesse permettant d'affronter, de comprendre et de résoudre de tels problèmes réside en chacun. Au cours du processus thérapeutique, le patient abandonne son espoir initial — la découverte viendra de l'extérieur (plus particulièrement de son médecin) — pour comprendre finalement que les réponses se dissimulent dans les recoins de son propre psychisme — de son inconscient, pour le nommer.

Au cours de ces dernières décennies, la théorie et la spéculation psychologique et psychiatrique se sont surtout attachées à la structure et à la nature de l'esprit. Comment les pensées et les images deviennent-elles inconscientes? Comment peuvent-elles être récupérées par la partie consciente, relativement réduite, du psychisme?

Nous avons déjà examiné plusieurs méthodes — la relaxation, la méditation et l'imagerie mentale — pouvant extirper de l'inconscient des messages personnels de la plus grande importance. Freud créa une autre méthode appelée « libre association * ». Selon lui, l'inconscient exige instinctivement des plaisirs et des gratifications, souvent sexuels, que notre esprit conscient ne fait qu'entr'apercevoir. Il pensait aussi que les expériences, les peurs et autres conflits affectifs sont « refoulés ».

Pour associer librement, le patient, en s'étendant sur un divan, entre dans un état de relaxation puis verbalise toute pensée ou tout sentiment qui pénètre son esprit. En fait, c'est un processus de méditation au cours duquel les mots s'attachent à des pensées au fur et à mesure qu'elles surgissent. Le patient se familiarise avec ses peurs, ses instincts, ses désirs cachés et ses souvenirs oubliés qui sous-tendent ses conflits actuels.

Carl Jung, premier disciple de Freud, se sépara de son mentor parce qu'il pensait que l'inconscient était en fait autre chose qu'une simple décharge d'expériences et de sentiments rejetés comme trop effrayants pour la conscience. Selon Jung, certains schémas humains universels s'expriment à travers la mythologie, les contes de fées, les rêves, la poésie, l'art et les rituels religieux ou culturels. Ces

* Expression consacrée mais traduction erronée pour le terme de Freud : *freier Einfall. Einfall* signifie « irruption », « idée soudaine » et non « association » et le concept se réfère à des idées qui se produisent spontanément sans effort *(N.d.T.).*

symboles et schémas universels sont génétiquement stockés à l'intérieur du système nerveux de chacun et représentent les efforts les plus profonds et les plus élevés des individus. Cet « inconscient collectif » contient des schémas et des buts communs à tous les êtres humains.

Jung ainsi que d'autres psychologues de ce qu'on nomme l' « école humaniste » croient donc que l'inconscient ne contient pas seulement les sentiments négatifs et effrayants que Freud découvrit, mais aussi les potentialités qui permettent aux êtres humains de s'accomplir, de découvrir les aspects les mieux cachés de leur individualité et de faire l'expérience de vérités spirituelles profondes. Explorer ces aspects de l'inconscient représente une tâche vitale considérable. Lorsqu'il entre en contact avec les parties créatrices les plus profondes de lui-même, l'individu peut les exprimer à travers l'art, les relations humaines et diverses activités. La faculté de chaque individu d'accomplir son propre destin unique a été appelée : « actualisation du Soi » — littéralement se rendre réel et présent. Le prix Nobel Albert Szent-Gyoergyi ainsi que d'autres biologistes indiquent que toute chose vivante semble posséder cette pulsion à se perfectionner et à s'exprimer pleinement [1].

Selon Jung, le psychisme consiste en de nombreux archétypes inconscients semi-autonomes qui ressemblent à des individualités demandant à s'exprimer consciemment. Au lieu d'avoir une seule personnalité, chaque individu est constitué d'une collection de personnes différentes, possédant divers talents, facultés et modes d'expression.

Certains des exercices présentés dans ce livre partent de la conviction que nous avons en nous des désirs, des personnalités ou des Soi différents qui entrent parfois en conflit. Jung lui-même créa de nombreux exercices d'imagerie mentale et sa théorie de l'individu, quoique incomplète et lourde de contradictions et d'ambiguïtés, convient parfaitement à des thérapeutes comme moi qui utilisent des méthodes de guérison et de psychothérapie fondées sur l'imagerie [2].

Le but des psychothérapies humanistes est donc d'aider l'individu à réaliser ses potentialités et à trouver un style de vie, de travail et de relation qui semble le mieux correspondre à un sens inné de ce qui est bon pour lui. En période de stress ou de crise, l'individu est souvent déchiré entre plusieurs besoins et voies à suivre contradictoires entre lesquels il lui est difficile de faire un choix. Il peut aussi avoir suivi un chemin qui ne lui apporte pas la satisfaction ou la paix qu'il espérait ou dont il avait besoin. En pareil cas, il lui faut découvrir le bon choix et la force de s'y tenir.

Comment réconcilier les différents talents, potentialités et personnalités (Soi) qui résident en nous. Comme pour la santé, la clef semble être dans l'équilibre. Si vous vous comprimez dans un moule trop étroit ou si vous niez des aspects de vous-même qui ont besoin de s'exprimer, ils se rappelleront rapidement à vous par le biais de messages qui prendront souvent la forme de symptômes ou de troubles. Si vous recherchez plus qu'un soulagement symptomatique, votre style de vie déséquilibré nécessite d'être exploré et changé.

Je me souviens d'un exemple révélant comment la négation de ses potentialités peut s'exprimer à travers un symptôme physique. Je traitais un jeune homme qui avait toujours réussi ce qu'il entreprenait et entamait une carrière dans une compagnie prestigieuse. Il était affligé de douleurs aiguës — en particulier de crampes d'estomac — et était obsédé par la peur de contracter une terrible maladie. Ce dilemme le poussait sans cesse à rechercher futilement un remède et l'empêchait de jouir de ses succès.

En explorant les schémas et les sources de son stress, nous découvrîmes qu'il souffrait plus particulièrement quand il réussissait professionnellement. Par exemple, il ressentait de façon caractéristique un malaise précis lors d'assemblées ou d'interviews.

Au cours d'une séance d'imagerie, je lui demandai d'essayer de se souvenir d'un incident important dans sa vie ayant eu un rapport avec ses symptômes. Il régressa jusqu'au lycée, moment où il avait décidé, presque consciemment, de renoncer à son style de vie libre et de « devenir vraiment sérieux ». Ses notes s'améliorèrent, mais du même coup il abandonna certains passe-temps satisfaisants tels que le basket-ball et la guitare. Ses symptômes apparurent alors et ne le quittèrent plus. Ses douleurs semblaient lui rappeler inconsciemment que son attitude « sérieuse » niait une importante partie de lui-même — son côté joueur, musicien et détendu. D'une certaine façon, il s'était convaincu que pour satisfaire ses parents et lui-même, il lui fallait vivre sans cesse « sérieusement ». Sa réussite se réalisa aux dépens de ses autres potentialités.

Notre discussion se poursuivant, la situation devint encore plus complexe. Il n'était en fait pas vraiment sûr de vouloir devenir un homme d'affaires. Il avait choisi cette carrière principalement pour faire plaisir à ses parents mais, sa douleur le gênant de plus en plus, il leur répétait qu'il se sentait mal. Lorsque son malaise devenait trop intense, il se faisait dorloter par sa femme et sa mère, ce qui lui assurait un certain bénéfice émotionnel.

Lorsqu'il se mit à comprendre la dynamique de son problème, il reprit la guitare et décida de satisfaire ses désirs de divertissements. Il cessa aussi de punir ses parents en se plaignant constamment à eux de ses symptômes. Il apprit des techniques de contrôle de la douleur efficaces et, quelques semaines plus tard, elle diminua. Sa peur d'une maladie grave disparut et il s'attaqua à ses problèmes plus importants et vitaux : ce qu'il désirait faire de sa vie et de sa carrière.

La maladie peut donc offrir l'occasion de s'examiner et d'enrichir sa connaissance de soi, la chance d'une transformation positive. C'est l'un des importants messages de ce livre. L'affection contient très souvent des informations significatives sur la nature d'une crise personnelle et sur ce qu'il faut faire pour la résoudre. Elle indique que quelque chose se passe dans le Soi. Elle trahit une scission fondamentale et un manque d'intégration et de développement chez l'individu.

Le dialogue

L'un des moyens les plus efficaces pour explorer les messages et les significations psychologiques et inconscients contenus dans un symptôme, une maladie ou une douleur est d'établir un dialogue entre le Soi conscient et le Soi inconscient qui leur permette de partager l'information et de travailler de concert dans un but commun : la réalisation de soi.

Un grand nombre de mes patients a réussi cette expérience de conversation intime avec son Moi intérieur en utilisant des méthodes courantes dans d'autres formes de développement interne.

Voici comment entamer le processus :

Pensez à un symptôme physique particulier ou à une maladie qui vous a fait souffrir. En état de relaxation profonde, imaginez-le prendre une forme humaine ou pensez qu'il a sa propre voix. Dans votre esprit, établissez un dialogue entre le symptôme, ou la partie douloureuse, et votre Moi conscient. Voici un exemple d'un tel dialogue :

Moi : Estomac, je veux savoir pourquoi tu me fais tant souffrir?

Estomac : Je veux te faire mal, espèce de ver de terre!

M : Mais qu'est-ce que je t'ai fait?

E : Tu travailles toute la journée sur cette chaise, à faire des choses qui te déplaisent et tu t'en inquiètes même. Tu es en train de te tuer à ce boulot.

M : Mais il faut bien que je gagne ma vie.

E : Oui, mais tu pourrais penser à autre chose.

M : Comme...?

E : Eh bien, tu pourrais laisser ton boulot au bureau quand tu rentres le soir et prendre plus de plaisir avec ta famille.

M : Mais c'est dur. Je m'inquiète tout le temps.

E : Ce dont tu as peut-être besoin, c'est d'apprendre à ne pas t'inquiéter.

Avec de la pratique, le dialogue concernant un conflit particulier ou un symptôme se déroule automatiquement, comme dans l'association libre. Les individus sont toujours surpris par ce qui remonte alors à la surface, surtout quand ils ont tout d'abord trouvé cette technique infantile ou ridicule. Par ce biais, ils ralentissent l'activité de l'hémisphère gauche du cerveau et parlent à leur Moi profond. Tout comme dans la méditation ou la relaxation, ils recueillent des informations importantes sur eux-mêmes.

Lorsqu'il est gêné par une douleur ou un symptôme, je suggère au patient de se mettre en état de relaxation et de demander à sa douleur ou à son symptôme pourquoi il existe. La réponse a toujours quelque chose à voir avec sa vie. Le matériau inconscient qui s'est cristallisé en un symptôme fait surface et peut être utilisé pour planifier un changement.

Cette auto-analyse ne nie pas que l'affection ait des causes physiques. En fait je conseille de consulter un médecin en cas de maladie. Mais ce dialogue est une autre voie, une autre source d'informations qui peut aider la guérison. Vous découvrirez très souvent des sentiments auxquels vous n'avez pas fait face ou une source d'angoisse ou de conflit dans votre vie qui vous a prédisposé à un trouble particulier.

Jung avertissait qu'en entamant ce dialogue avec notre inconscient, symboles et messages surgiraient si spontanément dans notre conscience réceptive qu'ils sembleraient venir de l'extérieur. Nous pouvons ne pas les reconnaître comme partie de nous-mêmes et établir avec eux un rapport, comme s'ils provenaient d'une source séparée et indépendante.

Au cours d'une séance de travail, je demandai aux patients d'effacer la tension chronique qu'un grand nombre d'entre nous maintient au niveau de la mâchoire. Je leur suggérai d'accomplir cela en se plaçant dans un état de relaxation puis en bougeant leur mâchoire jusqu'à ce que la tension semble disparaître. La plupart d'entre eux eurent du mal à aborder cet exercice. Une femme déclara tout haut : « Ma mâchoire semble agir comme si elle avait sa propre volonté. »

En un sens, elle avait raison. Notre corps, nos potentialités inconscientes, nos besoins et nos fonctions opèrent tous en nous comme s'ils avaient chacun leur volonté propre. Ils affectent notre comportement mais non notre conscience. Pour faire nôtre les diverses parties de nous qui sont cachées, un processus long et difficile est nécessaire : découvrir et assimiler le matériau inconscient, le joindre à notre Moi conscient...

Dans de nombreux cas de maladie physique grave le processus de guérison s'engage rapidement lorsque l'individu se rend compte qu'une partie de lui-même a été niée, oubliée, ignorée, rejetée ou méprisée. Bien que je ne comprenne pas totalement comment la potentialité désavouée se traduit en pathologie, cette prise de conscience est si aiguë et bouleversante que je suis convaincu de leur relation intime.

J'ai travaillé avec un homme qui méditait si consciencieusement qu'il en excluait toute activité, y compris les relations sexuelles et l'expression de la plupart de ses sentiments. Il fut atteint d'un ulcère en dépit de la relaxation profonde qu'il semblait obtenir de la méditation. Par le biais d'un dialogue intérieur, il s'aperçut qu'il niait et craignait ses pulsions sexuelles et agressives. Fort de cette information, il se mit à vivre de façon plus équilibrée et son ulcère commença de guérir. J'ai connu plusieurs autres adeptes convaincus de la méditation qui ont souffert de difficultés physiques ou psychologiques provoquées par des sentiments qu'ils refoulaient.

Voici un extrait d'une lettre écrite par une femme qui, grâce au dialogue interne, vainquit apparemment son cancer :

> Je me mis à communiquer par lettres avec mon cancer. J'ai appris que détester quelque chose, c'est lui donner une force qu'il peut retourner contre nous. Mais, quand nous lions amitié avec notre problème, il ne nous fait pas de mal. De plus, nous ne pouvons pas simplement rejeter quelque chose et le remettre entre les mains de Dieu. Nous devons d'abord l'accepter parce qu'après tout nous sommes responsables de son apparition.
>
> J'écrivis ce que je ressentais de mon cancer puis ce qu'il me disait. Je réussis à découvrir beaucoup sur moi-même : comment je n'extériorise pas mes vrais besoins et ne demande pas aux autres de m'aider. Je ne crois pas que j'aurais découvert cela autrement qu'en ayant un cancer. Il est cruel que les leçons de la vie aient besoin d'être dures, mais au moins j'ai finalement

fait attention aux choses. J'espère que vous apprendrez aussi à prendre soin de vous.

Une perception remarquable ressort de cette lettre : le cancer était peut-être le résultat final d'une vie de négation systématique de soi. Au cours de mon travail j'ai appris qu'aucun thérapeute ne peut révéler à un autre individu ce qu'il nie. Chacun doit découvrir tout seul son Soi caché. Celui qui aide ne peut servir que de guide, peut-être indiquer à celui qui a besoin de secours comment regarder en lui et l'encourager à le faire.

Ce que vous décidez de faire de l'information obtenue au cours du dialogue intérieur est souvent un problème complexe. Comment réagir à une voix intérieure qui vous dit : « Quitte ton boulot », « Quitte ta femme » ou « Affronte ta colère et ta frustration »? C'est sans doute pourquoi l'information est restée inconsciente si longtemps. Dans un prochain dialogue ou lors d'une consultation avec un thérapeute, il vous faudra chercher un équilibre. Le dialogue peut ouvrir des fenêtres mais ne facilite pas le processus qui consiste à suivre et à utiliser l'information.

Guérisseurs « internes », guides et conseillers spirituels

Le processus de guérison, selon les Grecs de l'Antiquité, nécessitait une transformation personnelle remarquablement semblable à celle décrite dans ce chapitre. Le malade voyageait jusqu'à un temple de guérison où il partageait sa difficulté avec un prêtre ou un guérisseur et entamait une période de purification. Au cours d'un processus appelé « incubation onirique », pendant laquelle il dormait dans un endroit particulier du temple, des visions lui apparaissaient que le prêtre l'aidait ensuite à comprendre. Il lui suggérait la nature de son affection et ce qu'il devait faire pour retrouver la santé.

Le psychologue Henry Reed a ressuscité ce rituel. Il voyage dans différentes parties du monde pour installer une « tente à rêve ». Les patients viennent le voir et partagent avec lui une difficulté ou un problème. Ils lui offrent un cadeau puis se préparent au rêve thérapeutique. Ils dorment dans la tente et, au réveil, parlent de leur rêve. Selon Reed, le rêve agit comme l'oracle d'autrefois en illuminant des aspects cachés du problème et en suggérant une nouvelle façon de le surmonter. Reed, ainsi que d'autres chercheurs (y compris Freud), avance que le rêve est une porte facilement accessible pour parvenir aux potentialités cachées de l'âme — un répertoire de sagesse et de beauté dont la connaissance peut nous être bénéfique [3].

L' « incubation onirique » est un processus à double sens. En réfléchissant sur la nature de nos difficultés et en faisant momentanément abstraction de nos soucis courants, nous envoyons un message ou une préoccupation à un conseiller intérieur hypothétique qui peut sonder notre sagesse inconsciente et nous la restituer sous une forme utilisable. Dans mon travail, je me suis aperçu que ce conseiller avisé, ce guérisseur interne, vit en chacun de nous. Nous savons tous exactement, à un certain niveau, ce qu'il faut faire pour guérir et comment nous y prendre, même si nous sommes parfois réticents à reconnaître le message ou à agir en conséquence.

La tâche la plus importante d'un guide est peut-être d'aider le malade à entrer en contact avec son propre guérisseur intérieur. Ce conseiller interne est la partie de nous qui effectue réellement la guérison, ressoude les os et coordonne la lutte contre les envahisseurs et les agents de stress externes. C'est elle qui reconnaît le comportement autodestructeur et qui peut nous en prévenir. Le guérisseur interne a accumulé toute la sagesse et la connaissance de notre corps et de notre psychisme qui échappent habituellement à notre conscience ordinaire plus limitée.

Votre guérisseur interne peut être d'une aide inestimable pour votre médecin car il est en contact direct avec votre état intérieur et vos processus organiques. Au Headlands Health Center de Bolinas en Californie, des thérapeutes ont fait équipe avec ces guérisseurs internes. Les médecins Irving Oyle et Michael Samuels ont aidé des milliers d'individus à entrer en contact avec leur guérisseur et ont longuement rapporté leurs expériences [4]. David Bresler, directeur de l'Unité de Contrôle de la Douleur de l'UCLA, fait aussi appel aux conseillers internes, pierres d'angle de son programme [5].

Il est facile d'entrer en contact avec votre conseiller interne. Commencez par vous mettre en état de relaxation ou de méditation profonde. Passez quelques instants à jouir de cet état, relâchez vos tensions physiques et libérez-vous de vos soucis et de vos sentiments. Quand vous êtes tout à fait détendu, visualisez-vous dans un endroit — réel ou imaginaire — que vous aimez particulièrement. Sentez-vous-y en paix. Ce peut être un parc, une plage, une montagne. Créez une image vivante de cet état et placez-vous-y en utilisant autant de sensations que possible. Examinez en détail votre environnement. Humez l'air. Sentez, entendez, regardez et goûtez cet endroit pour voir ce qu'il est exactement.

Qu'avez-vous choisi comme lieu magique? Certains se retrouvent dans de magnifiques cadres naturels où ils se sont toujours sentis détendus. D'autres créent une maison avec une chambre spéciale, pleine d'antiquités et d'ornements magnifiques chargés de symboles personnels. Quoi que vous choisissiez, souvenez-vous que c'est votre esprit qui vous y a guidé. Cela représente l'endroit où vous vous sentez à l'aise et ouvert à une rencontre avec le guérisseur qui réside en vous. Vous allez découvrir ici cette partie de vous-même qui peut vous aider à révéler vos incroyables ressources et vos richesses.

Si vous le voulez, reposez-vous et jouissez quelques instants de votre lieu magique avant de poursuivre l'exercice. Ne continuez pas avant de vous sentir calme et paisible dans cet endroit.

Une fois prêt, attendez tranquillement que quelque chose ou quelqu'un se joigne à vous. Ce peut être un individu : un vieil homme ou une vieille femme sage, un personnage de littérature ou un parent lointain; ou un animal, un héros de dessin animé, une plante ou un point de lumière. Si vous attendez calmement et dans un état réceptif, un être pénétrera finalement votre conscience. Quelle que soit sa forme, il est la partie inconsciente de vous qui vous indiquera comment vivre plus sainement, avec le plus d'énergie et de vitalité.

Si aucun être n'apparaît, essayez d'en créer un. L'individu a parfois besoin de savoir qu'il est à l'origine du processus de façon à être suffisamment libre pour découvrir son guérisseur. Si votre conseiller est timide, vous pouvez utiliser une autre approche : demandez-vous pourquoi vous ne voulez pas entrer en contact et voyez ce que vous apprenez. Une femme qui avait le plus grand mal à trouver son guérisseur interne apprit ainsi qu'elle ne voulait pas encore surmonter sa maladie. Ce n'est qu'après lui avoir expliqué que rencontrer son guérisseur ne présupposait pas qu'elle était prête à guérir qu'elle fit sa connaissance.

Lorsque vous rencontrez finalement votre conseiller, accueillez-le chaleureusement. Puis, dans votre imagination, parlez-lui comme à n'importe quelle nouvelle connaissance respectée. Vous pouvez lui demander son nom ou le questionner sur lui-même. Il est utile de le connaître mieux avant de vous lancer dans des questions importantes. Les guérisseurs — surtout ceux qui prennent la forme d'animaux ou d'énergie — parlent parfois de façon peu familière, lourde de symboles ou d'images ou même en charades. Il vous faudra de la pratique pour le comprendre.

Votre guérisseur ou votre conseiller vous révélera finalement ce qui ne va pas en vous, pourquoi vous êtes malade et ce qu'il vous faut faire pour surmonter votre trouble. Contrairement à votre médecin, qui s'occupe de la physiologie de la maladie, le guérisseur interne vous indiquera la signification intime de celle-ci à ce moment donné : peut-être êtes-vous malade parce que votre travail ou vos relations ne vous plaisent pas. Il peut même vous dire que vous n'êtes pas malade du tout.

Irving Oyle rapporte l'histoire d'une femme convaincue d'avoir un cancer alors que ses médecins ne décelaient aucune malignité. Son conseiller lui répéta qu'elle n'avait rien. Ce message émanant d'une source si intime, elle put l'accepter.

Parce que votre guérisseur interne fait partie intégrante de vous-même, il ne peut être dupé. Il est capable de reconnaître des choses que vous savez mais que vous n'avez pas encore admises. Il vous dira, par exemple, que vous n'êtes pas honnête avec vous-même. Il se moquera peut-être de vos prétentions ou vous affirmera que vous ne voulez pas vraiment suivre un régime ou changer d'emploi. Vous ne pouvez vous cacher de vous-même comme de médecins, d'amis ou de votre famille.

Parler à son guérisseur peut prendre une tournure mondaine, drôle, effrayante, émouvante ou désangoissante. Il est intéressant de voir qu'avec le temps la forme que prend le conseiller change ou qu'un nouveau apparaît. Une victime du cancer qui avait tout d'abord imaginé ses globules blancs sous les traits d'un ours blanc luttant contre son mal, découvrit que son conseiller était un ours féroce qui la protégeait. Mais, plusieurs semaines plus tard, il s'était transformé en un animal domestique qu'elle gardait chez elle comme compagnon.

Un homme souffrant de ses articulations rencontra un guérisseur interne ayant l'apparence d'une vieille femme sage ressemblant à celles qui peuplent les contes de fées et les légendes. Il devint vite ami avec sa conseillère; elle lui dit qu'elle l'aiderait à surmonter sa douleur. A cet instant, il sentit des tractions aux articulations de chacun de ses doigts et put ensuite bouger plus facilement et en souffrant moins.

Les dialogues avec ces guérisseurs sont habituellement simples, clairs et explicites. C'est pourquoi, quand je travaille avec un patient, je parle directement à son guérisseur, comme dans le cas d'une consultation menée avec un autre thérapeute. Il m'indique pourquoi le patient est malade et pourquoi il ne se rétablit pas. Il explique pourquoi l'individu peut avoir peur de nouer de nouvelles relations, pourquoi il ne veut pas suivre de régime ou pourquoi il travaille sans répit. C'est la partie de nous la plus sage, consciente, franche et responsable.

Identifier et entrer en contact avec ce guérisseur inné par le biais du dialogue intérieur est une façon efficace et facile de dédramatiser et d'affronter les forces de la santé et de la maladie qui luttent en vous. Il existe des forces négatives (Jung les appelle l' « ombre ») que vous avez tendance à ignorer. Négligées, elles peuvent avoir sur vous plus d'influence qu'il n'est désirable.

Il existe d'autres moyens de rentrer en communication

avec ces forces dissimulées derrière votre maladie. Supposons par exemple que vous souffriez de douleurs faciales aiguës. Si vous étiez dans mon cabinet, je vous suggérerais de vous relaxer et de concentrer votre attention sur l'endroit douloureux. Puis je vous demanderais de donner une voix (et peut-être même une forme ou un nom) à cette partie de votre visage et de lui parler. Je m'adresserais moi aussi directement à cette partie de vous qui s'est séparée de votre tout harmonieux et a décidé d'agir seule. De fait vous pouvez considérer la maladie comme une force qui s'est emparée d'une partie du corps.

Ce mode de guérison consisterait à demander à cette partie de votre visage ce qu'elle veut ou ce dont elle a besoin et ce qui, refoulé, provoque sa rébellion. La réponse sera souvent que vous n'aimez pas cet endroit et que vous en avez abusé ou l'avez négligé.

Ce processus se poursuivant, je vous suggérerais maintenant de demander à votre guérisseur interne ce qu'il faut faire. Un accord peut souvent être conclu. Votre conseiller ôtera peut-être votre symptôme si vous commencez à modifier votre comportement et à faire attention à votre besoin. Un grand nombre de douleurs et de maux courants peuvent être allégés en répondant positivement à ce qu'ils demandent : des choses aussi simples qu'un repos régulier, de l'exercice ou un régime. Vous pouvez être sûr que si vous persévérez dans l'ignorance de vos symptômes et des exigences de votre conseiller interne, votre douleur ne fera que s'accentuer.

Après avoir expérimenté des dialogues internes, analysez votre progrès. S'ils vous semblent toujours difficiles après plusieurs tentatives, vous pouvez essayer de communiquer d'une autre façon : dessinez votre message avec des crayons de couleurs ou de la peinture ; notez ou écrivez à la machine, comme moi, les questions et demandez les réponses. Laissez les mots apparaître presque automatiquement sur le papier ; ne les choisissez pas consciemment. Alors que la plupart des individus ont besoin de s'isoler totalement pour parler à leur conseiller, vous vous sentirez peut-être plus à l'aise en compagnie d'un ami intime ou d'un parent.

Vous devez rester détendu et réceptif à ce processus.

Vous aurez vite fait de reconnaître le dialogue intérieur comme un moyen important de passer à côté ou d'éviter les schémas mentaux, les croyances, les espoirs conventionnels et la réalité quotidienne. En court-circuitant ces modes de perception habituels, vous pénétrerez dans ce que le guide extérieur de Carlos Castañeda, Don Juan, ainsi que son guide spirituel interne nomment une « réalité séparée ». Les guides et les forces qui peuplaient le monde intérieur de Carlos Castañeda au cours de sa quête montrent comment les Moi d'un individu peuvent devenir autonomes, indépendants de la réalité quotidienne conventionnelle.

Le but

Votre but ultime devrait être de vivre en harmonie avec tous les aspects de vous-même. En entrant en contact avec votre guérisseur interne, d'autres personnalités et des parties de vous-même que vous rencontrez dans vos rêves, vos fantasmes et vos méditations, vous vous détendrez, vous vous ouvrirez et vous vous familiariserez avec vous-même. Et, lorsque vous aurez un problème, souffrirez d'une douleur ou d'une crise, vous pourrez faire appel aux ressources qui vous aideront à trouver une solution à votre dilemme.

Le processus se poursuivant, vous ressentirez des changements progressifs. Vous vous sentirez mieux dans votre peau, moins anxieux et moins sur la défensive face au monde. En cessant d'avoir peur et de vous défendre intérieurement, vous projetterez moins de conflits et de craintes sur le monde qui vous entoure.

Vous remarquerez aussi des changements dans la nature de votre univers intérieur. Le guérisseur inné vous en dira plus et vous ferez l'expérience de divers messages d'unité et de plénitude. Vous vous ouvrirez peut-être aussi à des expériences mystiques, spirituelles et apaisantes à qui on a attribué différents noms : « conscience supérieure », « accomplissement »... Cet état d'unité sera évidemment accompagné d'une meilleure santé. Et, en fin de compte, n'est-ce pas ce que nous recherchons tous?

A travers tout ce livre notre exploration de la maladie nous a amenés à enquêter sur nos désirs, nos besoins et nos buts les plus profonds. En scrutant le dysfonctionnement organique et la crise provoquée par la maladie, nous nous sommes aperçus que le processus nécessaire pour la surmonter exige de nous une compréhension de ce que nous sommes, de la nature de notre vie, de notre évolution personnelle et de nos plus grands espoirs.

L'injonction de Socrate : « Connais-toi toi-même » doit être appliquée à la guérison de la maladie physique. Celle-ci ne peut être séparée de notre vie. Elle nous reflète entièrement.

Lorsque les traitements physiques demeurent inefficaces, d'autres modes de thérapie doivent être explorés. Ma propre recherche m'a convaincu que s'analyser, se soigner et s'entraîner au contrôle de soi sont les outils les plus efficaces pour atteindre une santé optimale et vivre pleinement. Vous ne devez plus attendre de votre médecin qu'il joue votre rôle et maintienne votre santé et votre bien-être. Si vous voulez profiter plus de la vie dans l'avenir, il vous faut accroître votre vigilance et votre participation à la sauvegarde de votre organisme. Vous ne serez un être accompli et bien portant que lorsque vous aurez instauré une coexistence harmonieuse avec votre vie tout entière et votre environnement.

Images de la nouvelle médecine

J'envisage dans le futur un système médical plus conscient de la nature personnelle de la maladie, du rôle critique de l'autorégulation, de l'autoguérison dans la prévention et l'élimination des troubles. Lorsque les pouvoirs d'autoguérison de l'individu seront réellement reconnus, l'efficacité des traitements technologiques, médicaux, chimiques et chirurgicaux sera revalorisée. Les domaines de l'exploration individuelle et les techniques d'autoguérison que j'ai présentés feront partie intégrante d'un système de soins et de promotion de la santé holistique.

Les hôpitaux et autres centres médicaux devenant de plus en plus ouverts à cette focalisation sur l'individu tout entier, je me suis mis à imaginer l'évolution des soins médicaux. Mes jeunes fils trouveront peut-être dans leur école primaire et secondaire un programme de santé et d'éducation physique combinées. Non seulement ils apprendront à manipuler leurs muscles volontaires au cours d'activités sportives, mais ils seront initiés au contrôle individuel de leurs muscles viscéraux par le biais de techniques telles que la méditation. Leur « laboratoire de santé » incluera peut-être une variété d'instruments de bio-feedback avec lesquels ils apprendront à sentir la tension et la relaxation dans chaque zone de leur corps. Ils se sensibiliseront à leurs messages internes et aux fonctionnements des diverses parties de leur organisme. On leur enseignera aussi la meilleure nutrition et les meilleures pratiques sanitaires. En sortant du lycée, j'espère que chacun d'eux fera fondamentalement confiance à son corps et sera conscient de son être physique.

Dans le futur, chacun pourra se faire examiner régulièrement une fois par an ; pas seulement pour se faire tâter et sonder quelques minutes en laboratoire par un médecin mais plutôt pour une évaluation exhaustive de son système psychophysique tout entier. Je rencontre chaque jour de plus en plus de médecins qui s'engagent à travailler dans ce sens et qui en prennent le temps.

La famille tout entière subira ce processus : elle consacrera quelques soirées à évaluer la santé de chacun et la santé du groupe puis ira au centre de santé se faire examiner. Là, elle présentera à un conseiller ès santé son diagnostic et les domaines sur lesquels elle a déjà décidé de travailler. Chaque membre s'entretiendra ensuite séparément avec un médecin pour subir les examens médicaux habituels. Cependant, aucun examen ne sera entrepris sans connaître exactement sa signification. En découvrant un problème, le médecin et son patient discuteront ensemble de ses causes possibles.

Chaque individu et la famille tout entière créeront un programme de traitement pour les problèmes spécifiques détectés. Chacun établira aussi des buts généraux de santé et un plan pour les atteindre dans l'année qui suit. Si des transformations extrêmement difficiles s'avèrent nécessaires, l'individu suivra des cours de rétablissement ou participera à des groupes où il apprendra à s'aider lui-même. Un grand nombre de pratiques médicales ont déjà pris cette direction.

Je prévois aussi d'importants changements technologiques. Je pense que le cadre des salles d'urgence sera conçu pour diminuer le stress du patient et pour créer un environnement thérapeutique positif, relaxant et favorisant l'espoir. Un guide accueillera chaque individu et l'aidera à suivre des exercices d'imagerie mentale et de relaxation jusqu'à ce qu'un médecin puisse entamer un traitement. Si la chirurgie ou d'autres procédés d'urgence sont impératifs, ils seront précédés par une période de préparation psychologique, chaque fois que possible. Cette séance ressemblera beaucoup aux cours de préparation à l'accouchement : le patient apprendra à connaître la nature de l'intervention chirurgicale et les exercices qui détendront son corps avant l'épreuve, lui permettant de faire face à la douleur physique qui en résultera. Après, les membres de la famille useront de leur énergie pour renforcer le processus de guérison de celui qu'ils aiment. L'hôpital et l'environnement de la convalescence faciliteront la satisfaction des besoins humains fondamentaux — offrant entre autres la possibilité de passer du temps avec la famille, un repos suffisant et une aide.

Les futurs soins médicaux redeviendront une science permettant de vivre bien. Nous porterons un intérêt quotidien à notre bien-être et admettrons que seuls nos propres efforts nous assureront la santé. En agissant ainsi, nous cesserons de désespérer et reprendrons confiance en notre faculté d'atteindre le bien-être — et de le conserver.

NOTES

CHAPITRE 1

René DUBOS, *Mirages de la santé* (Denoël, 1961).

1. Lewis THOMAS, « On the science and technology of medecine », *in*: *Doing better and feeling worse: Health in the United States*, articles recueillis par John KNOWLES (New York : W. W. Norton, 1978).
2. David ROGERS, « The challenge of primary care », *in:* KNOWLES, *Doing better...*
3. Ivan ILLICH, *Némésis médicale* (Seuil, 1975).
4. Thomas MCKEOWN, « The determinants of health », *Human Nature* nº 4 (avril 1978).
5. Eugene VAYDA, « Keeping people well: A new approach to medecine », *Human Nature* I, nº 7 (juillet 1978).
6. John KNOWLES, « The responsability of the individual », *in:* Knowles, *Doing better...*
7. John KNOWLES, cité dans *Time*, 6 août 1976, p. 62.
8. Lewis THOMAS, « Science and technology ».
9. Elmer GREEN, A. GREEN et E. D. WALTERS, « Volontary control of internal states: psychological and physiological », *Journal of transpersonnal psychology* 2, nº 1 (1970).

CHAPITRE 2

Claude BERNARD, cité dans *Stress*, Walter MCQUADE et Ann AIKMAN (New York: Bantam books, 1975).

1. David BAKAN, *Disease, pain and sacrifice* (Boston: Beacon Press, 1968).
2. Claus B. BAHNSON et Marjorie B. BAHNSON, « Cancer as an alternative to psychosis: a theoretical model of somatic and psychologic regression », *in: Psychosomatic aspects of neoplastic disease*, recueil sous la direction de D. M. KISSEN et L. L. LESSHAN (Philadelphie: Lippincott, 1964).

NOTES

CHAPITRE 3

Virginia WOOLF, « On being III », *in: The moment and other essays*, (New York: Harcourt, Brace, 1948).

1. Susan SONTAG, *La Maladie comme métaphore* (Seuil).
2. William OSLER, cité dans Dubos, *Mirages de la santé.*
3. Charles PÉGUY, cité dans *The five points executive health program*, Research Institute of America, 589 Fifth Ave., New York, N. Y. 10017.
4. Rollo MAY, conférence pour l'Association for Humanistic Psychology, San Diego, Californie, avril 1977.
5. Lawrence L. LESHAN, « Some observations on the problem of mobilizing the patient's will to live », *in* KISSEN et LESHAN, *Psychosomatic...*

CHAPITRE 4

Arthur GUIDHAM, *A theory of disease* (London: Allen & Unwin, 1957).

1. Susan SONTAG, *La Maladie comme métaphore.*
2. Eliot FRIEDSON, « Client control and medical practice », *American Journal of Sociology* 65 (janvier 1960).
3. Talcott PARSONS et Renée Fox, « Illness, therapy and the modern urban american family », in *Patients, Physicians and Illness,* recueil sous la direction de E. G. JACO (New York: Free Press, 1958).
4. Barry BLACKWELL, « Treatment adherence », British Journal of Psychiatry 129 (décembre 1976).
5. Wilbert E. FORDYCE, R. S. FOWLER et B. DELATEUR, « An application of behavior modification technique to a problem of chronic pain », *in: Pain,* recueil sous la direction de Matisyohu WEISENBERG (St. Louis; C. V. Mosby, 1975).
6. Henry LENNARD, présentation informelle donnée à la conférence de l'American Orthopsychiatric Association, San Francisco, Californie, avril 1978.
7. Ernest BECKER, *The denial of death* (New York: Free Press, 1973).
8. Elizabeth KÜBLER-ROSS, *Derniers Instants de la vie* (Labor Fides, 1975) et, avec Moujardet: *Questions et réponses sur les derniers instants de la vie* (Labor Fides, 1977).
9. Sandol STODDARD, *The hospice mouvement* (New York: Stein & Day, 1978).

CHAPITRE 5

Norman COUSINS, « The mysterious placebo: how mind helps medecine work », *Saturday Review,* 1er octobre 1977.

1. Bruno KLOPFER, « Psychological variables in human cancer », *Journal of Protective Techniques* 21 (1957).
2. Jerome FRANK, « The faith that heals », *John Hopkins University Medical Journal* 137 (1975).

3. Henry K. BEECHER, « The powerful placebo », *Journal of the American Medical Association* 159, n° 17 (24 décembre 1955).
4. Cité dans Norman COUSINS, « Mysterious placebo ».
5. Henry K. BEECHER, « Surgery as a placebo », *Journal of the American Medical Association*, 176 (1961).
6. David B. CHEEK et Leslie M. LECRON, *Clinical hypnotherapy* (New York : Grune & Stratton, 1968). TCHOU, 1978.
7. CHEEK et LECRON.
8. Robert ROSENTHAL, « Self-fulfilling prophecy », *Psychology Today*, décembre 1968.
9. Don JOHNSON, « The function of diagnostic language », essai non publié, 1978.
10. O. Carl SIMONTON et Stephanie MATHEWS-SIMONTON, « Belief systems and management of the emotional aspects of malignancy », *Journal of transpersonal Psychology* 7, n° 1 (1975).

CHAPITRE 6

Hans SELYE, *Le Stress de la vie* (Gallimard, 1975).
1. Walter CANNON, *The wisdom of the body* (New York : W. W. Norton, 1939).
2. Alvin TOFFLER, *Le Choc du futur* (Denoël).
3. Konrad LORENZ, *L'Agression* (Flammarion); Arthur KOESTLER, *The ghost in the machine* (New York : Macmillan, 1968); SELYE, *le Stress de la vie;* A. T. W.
SIMEONS, *Man's presumptuous brain* (New York : E. P. Dutton, 1961).
4. SELYE, *Le Stress de la vie;* Hans SELYE, *Stress sans détresse* (Presse, 1974).

CHAPITRE 7

James J. LYNCH, *The broken heart* (New York : Basic Books, 1977).
1. La recherche de MEYER est mentionnée et discutée dans *Stressful Life events*, recueil sous la direction de Barbara SNELL DOHRENWIND et Bruce P. DOHRENWIND (New York : John Wiley and sons, 1974).
2. Thomas H. HOLMES et Richard H. RAHE, « The social readjustement rating scale », *Journal of Psychosomatic Research* II (1967).
3. Thomas H. HOLMES et Minoru MASUDA, « Psychosomatic syndrome », *Psychology Today*, avril 1972.
4. Richard RAHE, dans DOHRENWIND et DOHRENWIND, *Stressful life events*.
5. HOLMES et MASUDA, « Psychosomatic syndrome ».
6. C. M. PARKES, *Bereavement* (New York : International Universities Press, 1972).
7. R. W. BARTROP, étude rapportée dans *Lancet*, 16 avril 1977.
8. Lawrence HINKLE, dans DOHRENWIND et DOHRENWIND, *Stressful Life events*.

9. Polycopié fourni par Thomas HOLMES, Department of psychiatry, University of Washington, Seattle, WA. 98195.
10. George L. ENGEL, « Sudden or rapid death during psychological stress : folklore or folk wisdom ? », *Annals of internal medecine* 74 (1971).
11. William A. GREENE, Sidney GOLDSTEIN et Arthur J. MOSS, « Psychological aspects of sudden death ». *Annals of internal medecine,* 129 (1972).
12. Rapporté par LYNCH, *Broken Heart.*
13. Lawrence LESHAN et R. E. WORTHINGTON, « Some recurrent life history paterns observed in patients with malignant disease », *Journal of Nervous and Mental Desease,* 124 (1956).
14. Lawrence LESHAN, « Psychological states as factors in the development of malignant disease : a critical review », *National Cancer Institute Journal* 22 (1959).
15. Bruno KLOPFER, « Psychological variables in human cancer », *Journal of Projective Techniques* 21 (1957).
16. Lawrence LESHAN, *You can fight for your life* (New York : M. Evans, 1977); en cours de traduction chez Laffont, coll. Réponses.
17. George L. ENGEL et Arthur H. SCHMALE, « Psychoanalytic theory of somatic disorder : conversion, specificity, and the disease onset situation », *Journal of the American Psychoanalytic Association* 18 (1967).
18. S. MEYEROWITZ, « The continuing investigation of psychosocial variables in Rheumatoid Arthritis », *in : Modern trends in Rheumatology,* recueil sous la direction de A. G. HILL, 2e édition (New York : Appleton-Century-Crofts, 1966).

CHAPITRE 8

Peter MARRIS cité lors d'une conférence du National Institute of Mental Health sur les rapports entre l'économie et la maladie; American Psychological Association Monitor, 18 juillet 1978.
1. George L. ENGEL, *Psychological development in health and disease* (Philadelphie : Saunders, 1962).
2. Robert DEROPP, *The master game* (New York : Delacorte, 1968).
3. Caroline B. THOMAS, Selina M. WOLF et Marie V. BOWMAN, « The study of the precursors of essential hypertension and coronary heart disease : a program in preventive medecine, Book of population, Procedure and Forms » (John Hopkins University Department of Medicine, 1967).
4. Meyer FRIEDMAN et Ray H. ROSENMAN, *Type A behavior and your heart* (New York : Knopf, 1974).
5. David C. GLASS, *Stress and coronary prone behavior* (New York : Lawrence Erlbaum Associates, 1977).
6. John L. LACEY, Dorothy E. BATEMAN et Ruth VAN LEHN, « Autonomic response specificity », *Psychosomatic Medecine* 15 (1953).
7. Lawrence CHERRY et Hans SELYE, « On the real benefits of Eustress » *Psychology Today,* mars 1979.

8. Irving Z. JANIS, *Stress and frustration* (New York : Harcourt Brace Jovanovich, 1969).
9. James BARRELL et Donald PRICE, « Responses to stress : confronters and avoiders », *Psychophysiology* 14 (1977).
10. Cité dans *The five point executive health program.*

CHAPITRE 9

Elizabeth RIVERS, « The real healing », *New Age*, juillet 1978.

1. Wallace C. ELLERBROEK, « Language, thought, and disease », *CoEvolution Quaterly 17* (printemps 1978).
2. W. J. GRACE et D. T. GRAHAM, « Relationship of specific attitudes and emotions to certain bodily diseases », *Psychosomatic Medecine* 14 (1952).
3. P. D. MACLEAN, « Psychosomatic disease and the " visceral brain " », *Psychosomatic Medecine* 11 (1949).
4. Herbert WEINER, Margaret THALER, M. F. REISER et I. A. MIRSKY, « Etiology of duodenal ulcer : I. Relation of specific psychological characteristics to rate of gastric secretion (Serum Pepsinogen) », *Psychosomatic Medecine* 19 (1957).
5. HOLMES et MASUDA, « Psychosomatic syndrome ».
6. GRACE et GRAHAM, « Relationship of specific attitudes ».
7. Lawrence HINKLE, Jr., W. N. CHRISTENSON, F. D. KANE, A. OSTFELD, W. N. Thetford et H. G. Wolff, « An investigation of the relation between life experience, personality characteristics and general susceptibility to illness », *Psychosomatic Medecine* 20 (1958).

CHAPITRE 10

Margaret MEAD, « The concept of culture and the psychosomatic approach », *Psychiatry* 10 (1947).

1. Salvador MINUCHIN, *Familles en thérapie* (J. P. Delarge, 1979).
2. Sidney COBB, Stanislav V. KASL, John R. P. FRENCH et Guttorm NOTSEBO, « Why do wives with rheumatoid arthritis have husbands with peptic ulcers? », *Journal of Chronic Disease* 14, n° 3 (septembre 1961).
3. F. C. HOEBEL, « Coronary artery disease and family interaction : a study of risk factor modification », *in : The Interactional view*, sous la direction de P. WATZLAWICK et J. H. WEAKLAND (New York : W. W. Norton, 1976).
4. Salvador MINUCHIN, Lester BAKER et Bernice ROSMAN, *Psychosomatic families* (Cambridge, Mass. : Harvard University Press, 1978).
5. Warren M. BRODEY, *Family dance* (New York : Doubleday/Anchor, 1977).
6. Norman PAUL, « The use of empathy in the resolution of grief », *in : Readings in adult psychology*, sous la direction de L. R. ALLMAN et D. T. JAFFE (New York : Harper and Row, 1977).

NOTES

CHAPITRE 11

Cité in Henry M. Pachter, *Paracelsus : magic into science* (New York : Collier, 1961).

1. Joel Greenberg, « The americanisation of Roseto », *Science News* 113, n° 23 (10 juin 1978).
2. M. Pflanz, E. Rosenstein et T. Von Uexkull,« Sociopsychological aspects of peptic ulcer », *Journal of Psychosomatic Research* 1 (février 1956).
3. Thomas H. Holmes, « Multi-discipline studies in tuberculosis », *in : Personality, stress and tuberculosis,* sous la direction de Sparer (New York : International Universities Press, 1956).
4. August Hollingshead et Frederick Redlich, *Social class and Mental illness* (New York : John Wiley, 1958).
5. Émile Durkheim, *Le Suicide,* Presses Universitaires de France.
6. David Bakan, *Disease, pain and sacrifice* (Boston : Beacon Press, 1968).
7. Philip Slater, *Footholds* (New York : E. P. Dutton, 1977).
8. R. White et S. Liddon, « Ten survivors of cardiac arrest », *Psychiatry in medecine* 3 (1972).
9. Carl Rogers, *Le Développement de la personne* (Dunod, 1977).
10. Douglas Boyd, *Rolling Thunder* (New York : Delta Books, 1974).
11. Ross Speck et Carolyn Attneuve, *Family Networks* (New York : Pantheon, 1973).
12. Lawrence LeShan, *The medium, the mystic and the physicist* (New York : Ballantine, 1975).
13. Dolores Krieger, « Therapeutic touch », *in : Body, mind and health : toward an integral medecine,* sous la direction de J. Gordon, D. Jaffe et D. Bresler, National Institute of Mental Health monograph, 1980.

CHAPITRE 12

Don Johnson, *The protean body* (New York : Harper and Row; 1977).

1. Russell Lochhart, « Cancer in myth and dream » (Spring, 1977).
2. Seymour Fisher, *Body consciousness* (Englewood Cliffs, N. J. : Prentice-Hall, 1973).
3. Wilhelm Reich, *Introduction à l'orgonomie;* Moshe Feldenkrais, *La Conscience du corps* (Laffont, coll. Réponses, 1971); Alexander Lowen, *Le Langage du corps* (Tchou, 1977); Ken Dychtwald, *Bodymind* (New York : Pantheon, 1977).
4. Lonnie G. Barbach, *For yourself* (New York : Signet, 1977).

CHAPITRE 13

Edmund Jacobson, *You must Relax,* 4e édition (New York : McGraw-Hill, 1962).

1. Herbert Benson, *The relaxation response* (New York : William Morrow, 1975).

2. Gerald L. KLERMAN, « Psychotropic drugs as therapeutic agents », Hastings Center Studies 2, n° 1 (janvier 1974).
3. ILLICH, *Némésis.*
4. J. H. SCHULTZ et W. LUTHE, *Le Training autogène, méthode de relaxation par autodécontraction concentrative* (Presses Universitaires de France, 1977).
5. JACOBSON, *You must relax.*
6. Kenneth GREENSPAN, cité *in : Brain-Mind Bulletin* 2, n° 17.
7. Abraham H. MASLOW, *Vers une psychologie de l'être* (Fayard, 1972).
8. Lawrence LESHAN, *How to meditate* (New York : Bantam Books, 1976).
9. Karl R. ROSA, *You and autogenic training* (New York : Saturday Review Press/E. P. Dutton, 1976).

CHAPITRE 14

Elmer E. GREEN, Alyce GREEN et E. D. WALTERS, « Biofeedback for Mind-Body regulation : healing and creativity », *Fields within fields... within fields* I (1972).

1. Barbara BROWN, *Stress and the art of biofeedback* (New York : Harper and Row, 1977).
2. Neal E. MILLER, L. V. DI CARA, H. SALOMON, J. M. WEISS et B. DWORKIN, « Learned modification of autonomic functions : a review and some further data », *in : Biofeedback and self-control,* sous la direction de T. X. BARBER et *al.* (Chicago : Aldine-Atherton, 1970).
3. Douglas BOYD, *Swami* (New York : Random House, 1976).
4. D. M. RORWIK, « Jack Schwartz feels no pain », *in : Advances in altered states of consciousness and human potentialities,* sous la direction de Theodore X. BARBER, vol. I (New York : Psychological dimensions, 1976).
5. Erik PEPER, « Passive attention : the gateway to consciousness and autonomic control », *in : Mind/Body integration : essential readings in biofeedback,* sous la direction de E. PEPER, S. COLI et M. QUINN (New York : Plenum, 1979).
6. Gerald JONAS, *Visceral learning* (New York : Viking, 1973).
7. B. T. ENGEL, « Clinical applications of operant conditioning techniques in the control of cardiac arrhythmias » *Seminars in psychiatry* 5 (1973).

CHAPITRE 15

John KNOWLES, « The responsability of the individual », *Daedalus* 106, n° 1 (hiver 1977).

1. KNOWLES, *Doing better.*
2. N. B. BELLOC et Lester BRESLOW, « The relation of physical health status and health practices », *in : Preventive Medecine* I (août 1972); Lester BRESLOW, « Research in a strategy for health improvement », *International Journal of Health Services* 3 (1973).

3. Alfred KATZ et Eugene BENDER, *The strength in us : self-help groups in the modern world* (New York : Viewpoints, 1976); Lowell S. LEVIN, Alfred H. KATZ et Erik HOLST, *Self-care : lay initiatives in health* (New York : Prodist, Neale Watson Academic Publications, 1976).

CHAPITRE 16

Lewis MUMFORD, *Le Mythe de la machine* (Fayard, 1973, 1974).

1. Irving OYLE, *Guérir par l'esprit* (Millbrae, Calif. : Celestial Arts, 1975); *Magic, mysticism and modern medecine* (Millbrae, Calif. : Celestial Arts, 1976) ; *Time, space and the mind* (Millbrae, Calif. : Celestial Arts, 1976).
2. Emmett E. MILLER, *Selective awareness* (publié à titre privé, 1977 : Menlo Park, Calif.); CHEEK et LECRON, *Clinical Hypnotherapy;* William S. KROGER, *Clinical and experimental hypnosis,* 2e édition (Philadelphie : J. B. Lippincott, 1977).
3. Timothy GALLWEY, *The inner game of tennis* (New York : Random House, 1976). Laffont, 1977.
4. JACOBSON, *You must relax.*

CHAPITRE 17

Mary BAKER EDDY, *Science and health* (Boston Christian Science Publishing Society, 1903).

1. Mike SAMUELS et Nancy SAMUELS, *Seeing with the mind's eye* (New York : Random House/Bookworks, 1976); Jerome L. SINGER, *Imagery and daydream methods in psychotherapy and behavior modification* (New York : Academic Press, 1974); David BRESLER avec Richard TRUBO, *Free yourself from pain* (New York : Simon and Schuster, 1977).
2. Robert ORNSTEIN, *The psychology of consciousness,* 2e édition New York : Harcourt Brace Jovanovich, 1977).
3. Ernest HILGARD, *Divided consciousness* (New York : John Wiley and Sons, 1977).
4. Un compte rendu complet de ce cas a été publié dans la première lettre de la Unorthodox Healing Foundation, Los Angeles, Calif.
5. Robert SWEARINGEN, « Meditation in the emergency room », *in : Body, Mind and Health.*
6. BRESLER, *Free yourself from pain.*
7. Rapporté dans *Quest Magazine,* mai-juin 1977.
8. Jeanne ACHTERBERG et G. Frank LAWLIS, *Imagery of cancer* (Champaign, Ill. : Institute for personality and ability testing, 1978).

CHAPITRE 18

William JAMES, in *Scribner's Magazine,* 1890.

1. Albert SZENT-GYOERGYI, « Drive in living matter to perfect itself », *Synthesis* I, n° I (1974).

NOTES

2. June SINGER, *Boundaries of the soul* (New York : Doubleday/Anchor Books, 1976).
3. Henry REED, *Sundance Community Dream Journal* I, n° 1 et 2 (Virginia Beach, Va. : ARE Press, 1976) ; Russell a. LOCKHART, « Cancer in Myth and Dream », James SANFORD, *Healing and Wholeness* (New York : Paulist Press, 1978).
4. Mike SAMUELS et Hal BENNETT, *Spirit Guides* (New York : Random House/Bookworks, 1974).
5. BRESLER, *Free yourself from pain.*

REMERCIEMENTS

Dans ce livre je n'ai pas prétendu à l'originalité. Je n'ai fait que synthétiser la théorie et la pratique clinique de vingtaines de professionnels de la santé de plus en plus écoutés. Bon nombre sont des amis proches; d'autres m'ont influencé autant par leurs écrits qu'au cours de séances de travail et de séminaires. Je considère ce livre comme le fruit de cette communauté d'intérêts et je veux remercier ceux qui m'ont aidé à élaborer ma propre synthèse.

En premier lieu, le cercle intime de ceux qui m'ont directement assisté. Richard Trubo, dont les ouvrages sur la santé sont remarquables, qui me sauva après que j'eus terminé plusieurs essais en prenant en main le manuscrit et en me montrant comment communiquer ce que je voulais dire. Mike Hamilberg, mon agent, et Ashbel Green, mon directeur de publication, qui prirent tous deux ce projet à cœur quand ce n'était encore qu'un plan et eurent assez de foi pour m'encourager à le terminer.

Puis, mes collègues les plus proches, qui ont travaillé avec moi au développement d'un style et d'une pratique clinique. Yvonne Jaffe, ma femme, source immédiate et quotidienne de réflexion sur mon travail clinique. Nancy Solomon, docteur en médecine, qui créa avec moi la clinique « Éducation pour la Santé » à West-Los Angeles, a codirigé avec moi des groupes de santé et m'a aidé à chaque pas. David Bresler et d'autres associés au Center for Integral Medecine in Los Angeles m'ont aidé à développer les techniques d'imagerie mentale, les bandes et autres matériaux d'éducation puis à les diffuser auprès d'autres professionnels. Lawrence Allman m'a fait venir du Connecticut à l'UCLA pour établir un programme de thérapie familiale au Veterans Hospital de Sepulveda en Californie et m'a poussé à développer les théories sur les processus et les systèmes familiaux, concepts qui sous-tendent ce livre. Tous ont apporté une contribution essentielle à chaque étape de l'écriture de ce livre.

Parmi tous ceux que je dois remercier : Marilyn Fergusson,

rédactrice du *Brain/Mind Bulletin*, organisatrice infatigable et source inépuisable de matériau de recherches et d'informations cliniques que j'ai utilisé un nombre de fois incalculable. Jim Gordon, psychiatre au National Institute of Mental Health et Rick Carlson m'ont aidé à maintenir le contact avec l'Institution médicale et m'ont permis d'aborder dans mes écrits le problème plus global de la politique sociale. Parmi les pionniers dont les écrits et les exemples ont été importants pour me permettre de poursuivre mon propre programme : Carl et Stephanie Simonton, Ken Pelletier, John Travis, Lawrence LeShan, Mike Samuels, Hal Stone, Irving Oyle, Ross Speck, Barbara Brown, Bob Swearingen, Emmett Miller, Lynn LeCron, Brugh Joy, John Knowles, Eugene Gendlin, Don Johnson et Norman Cousins. Milton Greenblatt. Simon Sayre, Andrew Lewin, Norman Cousins, David Wellisch, Jim Gagne et Larry Allman, tous de l'UCLA, ainsi que Jerome Spitzer et Philip Kresky ont lu et commenté le manuscrit.

J'aimerais aussi remercier les journaux, lettres et périodiques suivants qui, en publiant des essais de chapitres, m'ont permis de recevoir un écho en retour : *Holistic Health Review, Hospital and Community Psychiatry, New Realities, Imagery* et *Alternatives*. Le National Institute of Mental Health a contribué à l'écriture des chapitres sur la famille, le contrôle de soi et l'imagerie mentale.

Finalement, j'ai travaillé dans de nombreux cadres cliniques qui m'ont influencé : le Center for Integral Medecine, le Holistic Health Center de Los Angeles, Pressure Partners Medical Clinic et le Center for Healing Arts, ainsi que ma propre Learning for Health Clinic. J'aimerais remercier les centaines de clients et de participants à mes classes et groupes de travail, aux thérapies familiales et individuelles dont les réactions et la présence active sont en fait au cœur de ce livre. Bien sûr, j'ai soigneusement déguisé leurs noms et leurs histoires. Sans leurs encouragements, réactions et engagements, je n'aurais rien eu à écrire.

TABLE DES MATIÈRES

TROISIÈME PARTIE : TRAVAILLER À SA SANTÉ : UN PROGRAMME D'AIDE PERSONNELLE

Cet ouvrage a été réalisé sur
Système Cameron
par la SOCIÉTÉ NOUVELLE FIRMIN-DIDOT
Mesnil-sur-l'Estrée
pour le compte des Éditions Laffont
le 7 avril 1988

Imprimé en France
Dépôt légal : 3e trimestre 1981
N° d'édition : 31131 – N° d'impression : 9181